JN432034

VIP 마케팅

염 대 성

청목출판사

머리말

최근 부자 또는 VIP마케팅이 기업의 화두로 떠올랐다. 경제가 장기 불황에 빠져 있다 보니 열악한 경영상황을 돌파하기 위해 기업들은 소득이 안정되고 지갑이 두둑한 부자들을 상대로 마케팅에 나서기 시작한 것이다.

VIP마케팅은 기본적으로 파레토법칙에서 출발한다. 전체 소득의 80%를 상위 20%가 차지하고 있다는 것으로 원용된다. 상위 소득층으로 가면 이 현상은 더욱 심해진다. 상위 5%가 소득의 60% 넘게 차지하고 있는 것이다. 그러니 기업들은 부자들을 상대로 마케팅을 펼치는 것에 사활을 걸고 있다고 해도 과언이 아니다.

이러한 현상은 거의 전 산업에 걸쳐 일어나고 있다. 가전, 자동차, 아파트, 음식료, 액세서리, 금융, 의류, 호텔과 여행업 등의 산업분야에서 제품과 서비스의 고급화가 이루어지고 있는 것이다.

2005년부터 부자들을 상대로 하는 마케팅을 강의해 온 저자는 산업에서 중요하게 생각하고 있는 VIP마케팅이 실전에서 흔하게 사용되고 있음에도 불구하고 번번한 교과서 하나 없다는 것에 의아하게 생각하고 있었다. 그래서 그 동안의 강의 노하우를 바탕으로 경영을 전공하는 대학생들에게 VIP마케팅 교과서를 만들어야겠다는 생각을 갖게 되었다.

VIP마케팅의 정의를 강의하고 나서 기업들이 VIP마케팅 사례들을 핸드아웃으로 자료를 나눠주고 강의 및 토론을 해왔다. 본인이 강의하는 학과는 관광서비스경영과이기 때문에 마지막에는 "부자들을 위한 여행의 마케팅기획서"를 만들고 발표하게 하였다. 또한 갤러리나 롯데 애비뉴엘 같은 명품관을 보유한 백화점들을 탐방하게 하고 기말레포트로 "부자인터뷰"를 제출케 하여 부자들의 속성과 습관도 알아보게 하었다. 본 교과서를 사용하게 되는 상황과 학과에 따라서 준용하면 될 것으로 생각된다.

본 교재는 각 기업들이 실제로 사용한 사례들을 중심으로 편집되어 있다.

거의 전 산업에 걸친 최근의 VIP마케팅 트렌드를 이해할 수 있도록 편집하였고 관련 이미지들도 마련해 보았다. VIP마케팅은 이미지적인 감각도 중요하기 때문이다. 하나금융경제연구소에서 발간한 "KOREA WEALTH REPORT"도 소개하여 체계적인 최근의 부자 동향도 알 수 있게 하였다.

마지막으로 세계, 그리고 한국의 부자들의 특성과 습관을 소개하고 부자가 될 수 있는 자질이 있는지 스스로 체크해 볼 수 있게 하였다.

아무쪼록 이 교재가 마케팅에 관심 있는 대학생들에게 체계적으로 VIP마케팅을 이해하고 응용할 수 있게 하는데 도움이 되길 바란다.

본 교과서가 세상에 나올 수 있도록 도와주신 많은 기업의 VIP마케팅 담당자들과 선후배 학자들에게 감사의 말씀을 전한다.

끝으로 첫 저술 때부터 항상 도움을 주고 계신 청목출판사의 유성열 사장님, 최명성 전무님, 심재국 상무님께도 진심으로 감사의 말씀을 전한다.

학술정보센타 505호에서

염대성

차 례

1
chapter

VIP 마케팅이란?

1. VIP마케팅의 기본 개념

가. VIP마케팅의 의의

VIP마케팅은 경제적 고소득층을 대상으로 기업이 마케팅 활동을 전개하는 것으로 흔히, 귀족마케팅, 프레스티지마케팅(Prestige Marketing), 하이엔드마케팅(High-Ends Marketing), 부자마케팅 등으로 불리어지기도 한다. VIP마케팅은 고소득층의 소비행태가 경기에 거의 영향을 받지 않기 때문에 기업의 매출을 안정적으로 유지할 수 있을 뿐만 아니라 기업의 이미지도 고급화될 수 있기 때문에 최근 금융산업 뿐만이 아니라 전산업에 걸쳐서 VIP마케팅이 메가트렌드로 자리 잡고 있다.

VIP마케팅의 출발점은 파레토법칙이라 할 수 있다. 이를 적용하면 상위 20%의 소비자가 전체 매출의 80%을 차지한다는 것으로서 기업은 당연히 상위 20%에게 관심을 집중할 수밖에 없는 것이다. 일반적으로 마케터는 1명의 대량 구매자를 얻는 것이 16명의 소량 구매자를 얻는 것보다 이익이 되며, 이 경우 마케터는 대량 구매자들이 판매에 기여하는 수준에 상응하는 서비스를 제공할 수 있다.

나. VIP마케팅의 특징

소비자를 소득에 따라 세분화하여 마케팅활동을 전개하거나 소득을 시장세분화의 기본변수 중 하나로 보는 것은 일반적인 마케팅전략 중의 하나이다. 고소득층은 하나의 독립된 틈새시장으로 여러 장점을 갖고 있다. 먼저 이들은 높은 가처분 소득으로 인해 각종 대형·고급 제품과 서비스의 주된 소비자이다. 고소득층이 빈번히 구매하는 제품으로는 금융서비스, 대형 아파트, 고급 승용차, 디자이너 의류, 향수와 희귀 보석류, 골프용품, 고급 문화상품, 대형 전자제품, 해외여행과 고급 휴양시설 등이다. 또한 고소득층의 소비패턴은 제품의 명성과 품질, 독특한 부대 서비스를 중요시하는 소비패턴을 보여 제품의 실질 가치나 성능대비 가격이 상대적으로 중시되는 다른 소득계층의 소비행태와 차이가 난다. 고소득층이 마케터에게 매력적인 또 다른 이유 중의 하나는 이들 시장에서의 소비행태가 다른 소득계층의 모방으로 이어진다는 것이다. 즉 상류층의 소비행태는 중상류층에 의해 모방되며, 중상류층은 다시 중류층에 의해 모방된다.

다. 금융서비스와 주거시설에서 나타나는 귀족마케팅의 사례

귀족마케팅의 사례로는 금융서비스, 주거시설, 승용차, 문화상품, 전자제품 등 많은 사례가 있다. 가장 두드러진 예가 은행이나 신용카드와 같은 금융서비스와 대형 아파트나 빌라 등의 주거시설이다. 신한은행, 하나은행, 국민은행 등은 프라이빗 뱅킹 센터, VIP클럽과 같은 고급스런 분위기의 고액예금자 전용매장을 두고 있다. 이들 매장에서는 일반 은행매장 거래의 번거로움 없이 간편하고 효율적으로 고급스럽게 모든 은행업무를 원스톱으로 처리할 수 있다. 또한 종합예금관리, 세무와 법률상담, 재테크 강연 등의 부대 서비스가 제공되며, 일부 은행에서는 골프 클리닉과 같은 은행업무와 직접적으로 상관없는 서비스도 제공하고 있다. 이와 같은 은행의 서비스도 고액 예금자 한명이 일반 예금자 수십 명, 경우에 따라서는 수백 명보다 은행에 기여하는 바가 크다는 경험에 근거한 것이다. 신용카드업계는 전체 고객의 약 1%이내의 고객들에게 서비스 이용한도 월 4백~5백만원, 신용구매한도 월 수천 만원대의 플래티넘카드를 발급한다. 발급대상자는 연체가 없는 고액사용자이며, 그 희소성이 높은 만큼 외국 공항의 전용라운지 이용, 유명호텔 할인, 각종 편의서비스와 프리미엄 여행 상해보험 등과 같은 부대서비스를 제공받게 된다.

고소득층의 가장 두드러진 소비행태 중의 하나가 주거시설이다. 고소득층의 이와 같은 특징을 파악한 건설업체들이 최근 뉴욕 맨해튼의 고급아파트를 본 뜬 초호화 아파트들을 고소득층 대상으로 짓고 있다. 이들 아파트들은 90평에서 125평 규모로 평당 천만원 이상에 분양되고 있으며, 20억원이 넘는 가격에 분양되는 경우도 있다고 한다. 이들 아파트들은 초고급 인테리어로 장식될 뿐만 아니라 아파트 주변환경과 부대시설도 고급호텔 수준으로 구성된다고 한다. 이들 아파트들은 대단위인 경우를 제외하면 적극적인 마케팅노력 없이 구전으로 분양되는 경우가 많다고 한다.

고급 승용차 시장도 귀족 마케팅이 빈번히 쓰이는 곳이다. 현대자동차의 최고급 세단 에쿠스의 경우 고소득 전문가집단 3만명 가량을 표적고객으로 하여 이들을 대상으로 VIP클럽을 운영하며, 이들에게 고급문화정보를 제공하고 있다. 에쿠스 구매자에게는 3년 6만km의 무보수 정비프로그램, 정비 주치의 등을 제공하며, 정비 후 세차까지 한 후 승용차를 고객에게 인도하는 등 고품질의 서비스를 제공한다. 이와 같은 고품질의 서비스는 정비서비스가 상대적으로 약한 수입 고급승용차들과의 차별화를 도모함과 동시에 보다 고급스러움과 세심함을 나타내 보이기 위한 것이다. 대우자동차에서도 체어맨과 아카디아 고객들을 위한 고급생활정보 클럽인 체어맨 클럽을 열고, 회원들에게 골프, 여행, 패션, 법률상담 서비스를 제공하고 있다.

롯데나 갤러리아와 같이 고소득층 고객을 많이 확보한 고급 백화점에서는 최고급 수입의류, 디자이너 브랜드, 모피 등으로 꾸며진 명품관을 고액 구매자를 대상으로 유지하고 있으며, 명품관은 백화점의 상대적인 품격을 나타내는 기준으로 여겨지기도 한다.

수입 브랜드와 겨룰 품질 경쟁력 갖추어야 우리는 고소득자에게 이중적인 태도를 갖고 있는 경우가 많다. 그들의 풍족함과 여유로움이 부럽기도 하고, 한편으로는 분명치 않는 반감을 갖고 이들을 과소비의 원흉으로 사회적으로 질시하기도 한다. 이와 같은 이유 때문인지 모르지만 우리 기업들은 고소득층이 수입제품만을 찾도록 방치해 왔다.

마케터들이 이들 고소득자층을 대상으로 한 마케팅활동에 관심을 갖는 것도 최근의 일이다. 분명 고소득층은 많은 장점을 가진 하나 혹은 여러 개의 시장이며, 마케터들은 이러한 고부 가치 시장의 기회를 포기해서는 안될 것이다. 이제까지 국내 제품의 문제점으로 지적되고 있는 어정쩡한 품질과 디자인 등은 우리 기업들이 국내와 국외의 고소득 소비자층을 타겟으로 삼는 과정에서 충분히 극복될 수 있을 것이다.

2. 관련 이론

가. 파레토법칙

이탈리아 경제학자인 빌프레도 파레토(Vilfredo Federico Damaso Pareto)는 1906년 이탈리아 토지의 80%를 이탈리아 인구의 20%가 소유하고 있다는 사실을 알아냈다. 그 후 파레토는 이 80%와 20% 사이의 상관관계를 다른 여러 분야에 적용하기 시작했다. (예를 들어, 정원에서 생산된 콩의 80%는 전체 콩깍지의 20%에서 만들어졌다는 것 등이었다). 시간의 흐름에 따라 이 80%와 20%의 상관관계는 전 세계적으로 유명해졌고, 이는 오늘날, "파레토의 원칙(Pareto Principle)", 혹은 "80:20 법칙"으로 알려지기에 이른다.

파레토의 원칙은 단순히 '힘없는 주류'와 '강한 비주류' 사이의 현상을 증명한 것만은 아니었다. 80:20의 법칙은 인간이 이런 객관적인 현실을 깨닫지 못하고 얼마나 비이성적이고 감정적으로 행동할 수 있는가를 반증하기도 한다.

사업에서의 80:20 법칙은 우리가 불필요한, 비생산적인 부분에 많은 시간과 자원을 낭비하고 있다는 것을 말해 준다. 별로 중요하지 않은 일 때문에, 꼭 필요치 않은 장비 때문에, 실적 올릴 가능성 없는 영업 때문에 사람들이 바삐 움직이고 시간이 투자된다는 것이다. 그리고 바로 이것이 우리 인간들이 자주 이성적이지 못한, 감정적인 행동양식을 보인다는 증거가 되는 셈이다. 적은 비율의 무언가가 대다수의 결과를 생산해 내는 것. 이는 모든 사업체들에게서 나타나는 공통된 현상이다. 반드시 이것이 80%와 20%의 비율로 나타나지는 않더라도 말이다.

- 회사의 전체 수익 중 상당 부분은 항상 소수의 고객에 의해 만들어진다.
- 항상 소수의 제품이 전체 주문의 상당 부분을 차지한다.
- 영업 인력 중 소수가 대부분의 수익을 올린다.
- 대부분의 과학 기술 혁신은 소수 과학자들에 의해 이루어진다.
- 회사에서 대부분의 불만은 소수의 직원으로부터 나오고, 결근을 하는 사람들도 항상 소수의 직원들로 정해져 있다.
- 대부분의 사고는 항상 정해진 소수의 그룹에 의해 발생한다. 등으로 원용된다.[1)]

나. 베블렌효과

일반적으로 제품가격이 오르면 수요가 줄어들게 마련이다. 그런데 가격이 올라도 수요에 변화가 없는 경우가 있다. 이런 현상을 흔히 '베블런 효과(veblen effect)'라고 한다. 쉽게 말해 가격이 오르는 데도 일부 부유층의 과시욕이나 허영심으로 인해 수요가 줄지 않는 현상을 가리키는 말이다. 이 용어는 미국의 사회학자 베블런이 1899년 출간한 저서 『유한계급론』에서 "상층계급의 두드러진 소비는 사회적 지위를 과시하기 위해 자각없이 이뤄진다"고 말한 데서 유래했다. 베블런은 이 책에서 물질만능주의를 비난하며 상류층 사회의 각성을 촉구한 것으로, 대표적인 사례로는 경기침체가 가중되는 가운데 최고급 수입차, 명품 가방, 최고급 가전제품, 고가의 귀금속류 등이 불티나듯 팔리는 현상을 들 수 있다. 물론 이중에는 제품이 꼭 필요해 사는 경우도 있지만 자신의 부를 남에게 과시하거나 허영심을 채우기 위해 구입하는 경우도 많다. 그러다 보니 고가 명품은 값이 오를수록 수요가 더 느는 반면 값이 떨어지면 구매를 기피하게 되는 현상이 발생하기도 한다. 이런 잘못된 소비행태는 명품족, 된장녀 등의 신조어를 발

---

1) http://www.itooza.com/common/iview.php?no=0000000000000016419

생시키고 가짜 명품인 이른바 '짝퉁'의 대량생산을 부추기고 있다.

불황이라고들 하지만 '사치품'의 인기가 어느 때보다 뜨겁다. 700만원을 웃도는 샤넬의 인기 핸드백은 없어서 못 팔고, 하룻밤 숙박료가 50만원을 웃도는 럭셔리 호텔 브랜드가 처음으로 국내에 진출해 서울 광화문 중심가에 오픈했다. 올해 상반기 벤틀리, 롤스로이드 같은 럭셔리카의 판매량은 전년 대비 각각 36%, 68% 늘며 급성장세를 지속하고 있다. 유명 핸드백 브랜드나 고급 패딩 재킷 브랜드들은 한국에서만 '한정판' 제품을 내놓을 정도로 한국의 명품족은 글로벌 브랜드들의 VIP가 돼 가는 추세다.

대표 럭셔리 브랜드인 샤넬의 행보가 대표적이다. 샤넬의 2.55 빈티지, 그랜드샤핑, 보이백 등 인기 핸드백은 이달 초 최대 7% 가격을 인상했다. 올해 3월 시끌벅적하게 20% 가격인하를 단행한 지 8개월도 채 안돼서다. 국내 브랜드였다면 엄두도 못낼 만큼 값이 춤을 춘다. 한 술 더 떠서, 샤넬은 매년 1, 2회는 가격을 조정할 것이라고 엄포를 놨다. 가격을 올릴지 내릴지, 그 시기가 언제가 될지는 본사의 뜻에 달려 있다.

그러나 앞서 언급된 인기 핸드백 모델은 현재 국내 매장에서 대부분 품절상태다. 제품 구매를 위한 별도의 예약서비스도 제공하지 않고 있어, 가방 구매를 위해서는 수시로 매장에 전화를 하거나 방문해야 할 정도다. 인터넷에서는 재고가 있는 매장 정보를 공유하기도 한다. 루이뷔통이나 에르메스도 마찬가지다. 이들 브랜드는 매년 가격을 인상하지만, 고객은 끊임없이 몰린다. 역시 인기 제품은 예약해도 구하기 어렵다.

한국인들만을 위한 특별한 제품을 내놓는 명품 브랜드들도 다수다.

프랑스 패션 브랜드 겐조는 한국사람들이 선호하는 쇼퍼백 모양의 플라잉 겐조 로고 쇼퍼백을 내놨다. 한국 단독 판매를 기념해 럭키박스를 선물하는 별도의 이벤트도 진행했다. 펜디 역시 '코리아 피카부 프로젝트'를 마련하고, 단 하나뿐인 특별한 피카부 백을 선보였다. '피카부 백'은 2009년에 탄생한 제품으로 대조적인 소재와 텍스처로 오랜 기간 인기를 끌어온 펜디의 시그니처 백으로 꼽힌다. 독일 명품 브랜드 아이그너에서는 50주년을 맞이해 시그니처 백인 시빌백 디자인에 서울을 모티브로 한 서울 에디션을 출시했다. 가방 안감에 고유 번호와 해당 도시 이름이 새겨져 있다.

업계 관계자는 "한국에서 성공하기 위한 3가지 전략은 '비싸게 팔고, 비싸게 팔고, 또 비싸게 팔아라'라는 우스갯소리도 있다"면서 "대한민국 소비시장이 장기 불황을 겪고 있지만, 럭셔리 시장은 별개의 시장이라고 봐야 된다."고 말했다.[2)]

다. 밴드왜건 효과

밴드왜건 효과는 퍼레이드나 행렬의 선두에 서는 악대차가 연주하면서 지나가면 사람들이 궁금해서 모여들기 시작하고 몰려가는 사람을 본 많은 사람이 무작정 뒤따르면서 군중이 더욱 불어나는 현상을 뜻합니다. 즉, 편승효과를 말한다. 많은 사람이 구매한 상품을 자신도 따라 사게 되는 구매행동입니다.

밴드왜건 효과는 미국의 하비 라이벤스타인(Harvey Leibenstein, 1922~1994)이라는 사람으로부터 시작되었다. 그는 '네트워크효과'라는 것을 1950년에 발표했고 서부개척시대의 역마차 밴드왜건에서 힌트를 얻었다. 즉, '밴드왜건 효과'는 '네트워크효과'의 한 종류이다. 당시 '밴드웨건'은 악대를 선두에 세우고 다니는 운송수단이었는데, 요란한 음악을 연주하여 사람들을 모았다. 당시 서부개척시대에 금광을 발견하기 위해 몰려드는 사람들이 많았는데 금광이 발견되었다는 소식을 들으면 많은 사람들을 이끌고 갔다. 이러한 현상을 기업에서는 충동구매를 유도하는 마케팅으로 이용하였고, 정치계에서는 특정 유력 후보를 위한 선정용으로 이용하였다.

2) "비쌀수록 좋아"…끝 모르는 '베블렌 효과', 아시아경제, 2015.11.09.

사실 소비자들의 구매는 제품의 장점을 근거로 이루어지는 것보다 소속감을 근거로 이루어지는 경우가 더 많다. 위에 말한 밴드왜건 효과가 힘을 발휘한다는 것이다. 예를 들어 노스페이스가 한창 유행하던 시절에 노스페이스 자체가 좋아서라기보다는 주변에서 노스페이스를 입으니 중고등학생들이 너도 나도 따라 사는 현상이 나온 것이다.

사람들은 많은 사람들이 하는 행동은 무비판적으로 따르는 경우가 많아서 '많은 사람들이 이걸 사고 있다'라는 인식을 주면 판매에 성공할 가능성이 높다.

똑같은 제품을 똑같은 가격에 온라인상에서 팔았을 때 회원수가 만명인 곳에서 100만원어치 판다면 10만명인 곳에선 1억도 파는 게 가능한데 그렇게 차이나는 것 역시 회원수가 많은 곳에서 우루루 사람들이 사는 모습을 보면 다른 사람들도 '어. 이거 괜찮은가 보네. 나도 사야겠다!' 이러면서 소비 대열에 끼어들어 매출을 올려주는 것이다. 이런 심리를 조장하는 것도 하나의 테크닉이라고 볼 수 있다.

라. 스놉효과

속물 효과(俗物效果, snob effect)는 특정 제품에 대한 소비가 증가하게 되면 그 제품의 수요가 줄어드는 현상을 말한다. 네트워크 효과(Network effect)의 일환이다. 스놉(snob)은 영어로 속물이라는 뜻인데, 다른 사람과 차이를 두고 싶은 속물처럼 타인과의 차별화를 위해 소비하는 현상을 말한다. 비슷한 말로는 백로 효과 등이 있으며, 반대되는 말로는 편승 효과 등이 있다. 백로 효과는 특정 상품에 많은 사람이 몰리면 희소성이 떨어져 차별화를 위해 다른 상품을 구매하려는 현상을 말하고, 우아한 백로처럼 남들과 다르게 보이려는 심리를 반영한다고 해서 백로 효과라고 한다.

다수의 소비자가 구매할 경우 오히려 그 제품에 대한 수요가 줄어드는 현상을 뜻하는 '속물 효과'는 명품 소비로 대변되는 과시적 소비는 물론, 좀더 자신을 차별화하기 위한 개성을 추구하는 소비 효과이기도 하다. 사회적 지위나 재산을 숭배하는 사람을 지칭하는 snob이란 단어가 의미하는 것처럼, '속물 효과'는 사람들이 가진 속물근성의 하나로 표출되는 과시적 소비 욕구를 나타낸다.

100년 전통 스위스 명품 시계라고 허위 광고를 한 '빈센트 앤 코' 사건이나 세계 상위 1%의 여성들을 타겟으로 삼는 명품 화장품이라고 과장 광고를 한 '쓰리랩(3LAB)' 사건 등이 '속물 효과'의 예가 될 수 있다. 먼저 표적고객의 욕구와 요구가 무엇인지를 알아내고, 그 다음에 소비자의 만족도에 영향을 미칠 수 있는 모든 활동을 통합, 조정하여, 경쟁자보다 효율적인 방법으로 소비자에게 만족을 전달한다. 다시 말해서 기업 외부의 소비자에게 만족할 만한 가치를 전달하는 데 기업의 내부 역량을 총동원하는 것을 통해서 수익을 올린다.[3)]

마. 퍼펙셔니스트

퍼펙셔니스트 효과는 "품질 가치"가 가장 최우선적으로 구매 결정에 작용하는 소비효과를 일컫는다. 이에 퍼펙셔니스트 효과를 표출하는 소비자들은 가격적인 요소는 그다지 중요하게 생각하지 않는다. 그보다는 개인적인 주관이 더 중요한 구매 요인이다. 좀더 상세히 설명해 보면, 이들은 제품의 기능적, 기술적 또는 생산 공정상의 우월성 등이 포함된 품질을 대단히 중요하게 생각한다. 이들은 비싼 가격이 높은 품질을 보증하는 것은 아니지만, 최고의 품질을 가진 제품을 구매하기 위해서라면 기꺼이 비싼 가격을 지불하는 것에 대해 저항감이 별로 없다. 즉, 이들에게 있어서 불량품을 반품하고 돌려받기 위한 노력과 비용보다 훨씬 더 높은 비용을 지불하고서라도 불량이 없는 제품을 구매하는 것이 더 중요한 문제이다. 결국, 이러한 퍼펙셔니스트

3) https://ko.wikipedia.org/wiki/%EC%86%8D%EB%AC%BC__%ED%9A%A8%EA%B3%BC

효과를 드러내는 소비자들에게 공략하는 방법은 무엇보다도 "품질 측면의 개선"일 것이다. 이를 위해서 품질을 적당한 원가 수준에 맞추어 낮추려는 시도가 있어서는 절대 안 된다. 필요하다면 좋은 원자재를 사용해 가격을 충분히 올리는 전략이 더 바람직해 보인다. 최근 자동차 회사들이 불량 제품에 대해 전면 무상 수리/교환이라는 리콜에 열을 올리고 있지만, 그보다 중요한 문제는 "불량률 제로의 제품을 만드는 것"이 이들 소비자들에게는 더욱 구매 욕구가 당기는 요인이 될 것이다. 또, 무차별적인 대중 광고보다는 "대상 상품과 관련이 있는 전문지 등에 전문가"의 우호적 사용 경험이나 좋은 평판을 실은 광고를 활용하거나 자신과 비슷한 부류의 "주변인들이 제품에 대해 칭찬과 추천"을 해줄 수 있도록 하는 방법이 더 좋은 전략이 될 수 있다.

바. 헤도니스트

헤도니스트(hedonist). '(심미적) 쾌락주의자'라는 뜻이다. '헤도니스트 효과(hedonist effect)'는 마케팅 용어의 하나로서, 가격보다 개인의 감성적 가치를 구매 결정의 우선 요소로 두는 소비 유형을 말한다. 즉, 상품에 대해 소비자들이 상품의 미적 특성에 주목하는 경우를 뜻한다. 요즘 소비자들은 예전처럼 가격 등에만 매달리지 않고 무엇보다 해당 상품이 자신의 감정과 느낌에 얼마나 부합하느냐를 따지는 경우가 늘고 있다. 혹은 상품의 소비 과정에서 느끼는 즐거움, 흥분, 만족감 등을 상품 구매의 매우 중요한 판단 근거로 하는 경우도 많고, 소비에 있어 미적 감성을 추구하는 경향이 많아지고 있다. 결국 헤도니스트 효과는 감성적 가치를 구매 결정에 우선 요소로 보는 것이다. 다른 제품보다 미적 특성이나 디자인 등의 감성적 요소가 뛰어난 제품은 추가적인 가격을 지불하고서라도 구매하는 성향을 가진 소비 효과이다.

기업들도 이 같은 소비패턴과 소비자들의 감성에 부합하기 위해 노력하고 있다. 제품의 개발에 있어 우수한 기능이나 가격보다는 디자인과 같은 감성적 요소를 더 중요하게 보고 있다. 물론 아무리 좋은 디자인이라도 모든 사람에게 아름답다고 받아들여지진 않는다. 취향의 문제는 주관적인 성향이 강하기 때문이다. 따라서 마케팅을 하는 사람들은, 제품 자체의 감성적 측면뿐만 아니라 구매 전 정보 수집에서부터 최종적인 소비에 이르기까지 전체 소비의 프로세스에서 소비자들이 어떤 포인트에서 어떤 느낌을 받을 것인지를 파악하는데 주력하고 있다. 이에 맞춘 상품개발과 커뮤니케이션, 최적의 유통 경로를 선택해야 한다.

2
chapter

디마케팅

1. 디마케팅 정의

쉽게 말해서 수익에 별로 도움이 안 되는 고객을 배제하는 마케팅으로, 이런 고객들에게는 자사 상품과 서비스에 대한 구매를 의도적으로 줄이는 기법을 말한다. 언뜻 보면 수익 및 판매 극대화를 목적으로 하는 마케팅의 기본 개념에 역행하는 것으로 보이나, 자세히 살펴보면 디마케팅을 도입하는 기업들이 오히려 마케팅의 기본 원칙에 더 충실함을 알 수 있다. 왜냐하면 디마케팅의 기본 원리가 고객의 우량도(loyalty)에 따라서 차별화된 서비스를 제공하는 것이며, 이는 마케팅의 기본 원칙 가운데 하나이기 때문이다. 그동안 신규 회원 수와 덩치 늘리기에만 급급했던 기업들이 디마케팅을 도입하는 사례가 점점 늘고 있다.

구매력이 높은 소수 VIP고객에게 마케팅을 집중하는 VIP마케팅과 같은 맥락이며, 돈 안 되는 고객은 의도적으로 줄여 판촉비용 부담을 덜고 '돈 되는 고객에게 더욱 잘해 돈을 더 많이 쓰게 만들겠다는 전략이다.

2. 필립코틀러의 디마케팅 분류

수요가 공급하려고 하는 양을 초과하는 경우가 있으며, 그것을 과포화 수요라고 한다. 이것에 대처하기 위하여 조직이 가격을 올리거나, 광고를 중지하거나, 공급하려고 하는 수준까지 수요량을 감소시키는데, 이를 디마케팅이라고 한다. 필립 코틀러에 의하면 디마케팅은 다음의 3가지로 구분할 수 있다.

가. 일반적 디마케팅

매우 인기 있는 미술관이 미술품의 파손을 막기 위하여 입장자수를 제한하는 것과 같이, 조직이 자기 제품의 전체적인 수요를 감소시키고 싶을 때에 실행되는 마케팅이다.

나. 선택적 디마케팅

나이트클럽에서 남성의 입장료를 높게 설정한다든지, 남성들만의 입장 시에는 입장을 거부하는 것과 같이, 어느 특정 고객층의 수요를 감소시키는 마케팅이다.

다. 표면적 디마케팅

일부러 생산량을 제한하거나 판로를 봉쇄하여 입수를 어렵게 함으로 해서 욕망을 억제시킨 후 수요의 증가를 막는 마케팅이다. 이것은 상기의 2가지와 달리 수요의 감소를 목적으로 하는 것이 아니라, 고의로 제품의 희소성을 높임으로써 제품의 가치를 올리고 최종적으로는 높은 이미지에서 제품을 판매하려는 마케팅 전술이다. 디마케팅은 단순히 수요를 감소시키는 경우와 희소성을 높임으로써 장기적인 수요 증가나 이미지 상승을 목적으로 하는 것으로 구분할 수 있다. 구체적인 디마케팅 수단으로는 가격인상, 한정생산, 판로제한 등이 있다.

3. 디마케팅의 필요성

가. 우량 고객 확보를 통한 수익성 극대화

저금리가 지속되고, 경기 전망이 불투명 할수록 '선택과 집중' 전략의 일환으로 우량 고객 확보가 중요해졌다. 거래 실적이 없는 휴면 계좌를 정리하고 거래 채무가 높은 고객과의 거래 및 대출 한도 등을 사전에 제한하는 경우, 나아가 거래 실적 및 신용도에 따라서 차별화된 서비스를 제공하는 것도 우회적인 디마케팅에 해당한다.

나. 자원 관리의 효율성을 높이는 데도 유용

과거 회원 수 늘리기에만 급급했던 온라인 비즈니스 업체들이 불필요하게 투입되는 인력이나 비용 부담을 줄이기 위해서 유료화를 시도한 것이 대표적인 예이며 또한, 휴면 아이디(ID)나 활동이 없는 커뮤니티를 정리하고, 활발한 활동을 하는 고객들에게 보다 나은 서비스를 제공하는 것도 한 예이다.

다. 특정 기업의 시장 독점을 막기 위한 기법 가운데 하나로 사용

특정 기업의 시장 점유율이 50%를 초과하는 시장 독점을 막기 위해서 불성실한 고객들을 사전에 줄이는 경우.

라. 공익을 극대화하고 나아가 기업 이미지를 제고하는 차원

국내 모 게임업체에서 청소년 회원들이 부모님과 동의를 얻은 시간 내에서만 온라인 게임을 할 수 있도록 하는 시스템을 도입하여 청소년들이 지나치게 게임에 중독되지 않도록 미연에 방지함으로써 부모들에게 큰 호응을 얻었다. 또한, 국외 사례로 맥도날드(McDonald) 프랑스 지점의 경우 자사의 상품으로 인한 비만 어린이들의 건강을 우려하여, 한 어린이가 일주일에 두 번 이상 구매하는 것을 자제 시키고 있다고 하는데 확인은 못해 봤다.

4. 디마케팅 도입시 주의사항

가. 장기적인 전략 차원에서 일관적으로 적용하라

사전에 적절한 동의나 처우 없이 단지 돈이 없다는 이유로 차별을 할 경우 제거된 고객뿐만 아니라 잠재 고객들의 반발을 사는 역효과가 있다.

나. 우량 고객과 비우량 고객의 구별에 신중하라

단순히 거래금액이 크다고 기업의 수익성에 기여를 할 것이라고 추측하는 것은 금물이다. 거래 금액과 상관없이 활발한 거래 실적을 보이거나, 주변 사람들에게 긍정적인 입 소문을 내는 우량 고객들을 잃는 어리석음을 범해서는 안 된다.

다. 이미지 업그레이드, 공익 창출 차원에서 디마케팅을 도입하라

고객들과의 장기적인 관계를 중시하는 기업이라면 공익 창출 차원의 디마케팅을 도입할 만한 가치가 있다. 물론, 단기적인 수익에는 다소 영향을 미치겠으나, '항상 고객을 먼저 생각하는 믿을 수 있는 기업'이라는 이미지를 어필하는데 디마케팅을 효과적으로 활용할 수 있다.

라. 정확한 원가분석부터 시작하라

상품에 대한 정확하고도 체계적인 원가분석이 선행되어야 한다. 물론 수익률이 높은 상품은 기업에게 이익이 되지만, 우선 그에 대한 비용이 얼마나 드는지를 파악하고 있어야 한다. 은행에 있어서 수탁고가 높다고 해서, 백화점에 있어서 구매액이 높다고 해서 무조건 우량 고객이 아니다. 그 고객을 은행에서, 백화점에서 유지하기 위하여 발생된 원가가 얼마인가가 더 중요하다.

마. 불평관리(Complaint Management)에 힘써라

기업의 위험관리 차원에서 행해지는 적극적인 디마케팅으로 인하여 비우량 고객에 대한 어설픈 차별은 기업 이미지 손상 및 나아가 브랜드 관리에 어려움을 초래할 수 있다. 소비자는 스스로에게 관대한 성향을 가지므로 불리한 관리 조치를 당한 고객은 기업에 대한 불평 및 부정적인 입소문을 낼 확률이 크다. 따라서 기업은 비우량 고객에 대한 사전적, 사후적인 불평 관리에 전념해야 한다. 먼저, 기업의 디마케팅 정책에 대한 정당성을 설득시키며, 사후적으로 퇴출된 고객관리에도 주의를 기울여야 한다.

바. 고객 평가, 동태적으로 하라

기업은 고객 가치를 평가하기 위해서 일반적으로 양적인 데이터를 활용하는 계량 분석 방법을 이용하고 있다. 흔히, 고객 생애가치(LTV: Life Time Value), 구매 패턴 분석 등을 활용하고 있으나 절대적 기준으로 확신해서는 안 될 것이다.

고객을 등급화 할 때는 기계적으로 등급을 바꾸기보다 유예 기간을 둔다거나, 거래량 변화의 원인에 따라 등급 변화를 유보하는 등의 탄력적이고 정교한 장치가 필요하다.

5. 디마케팅 도입 사례

가. 돈 안 되는 고객은 은행 안으로 들어오지 말라?

각 은행의 계좌유지를 위한 수수료 부과, 수수료 인상 및 차등화, 인터넷뱅킹 유도, 현금인출기는 밖으로, 동전교환 사절, 공과금 무인수납기 설치, 창구분리, 철저한 대출관리. 은행에 수익을 안겨주는 '우량 고객'은 별도의 VIP공간을 제공하는 프라이빗 뱅킹(PB) 시행.

나. 카드사들의 미끼 마케팅과 '체리피커'와의 전쟁

기존의 파격적인 할인서비스를 한시적으로 실시하는 반짝 마케팅을 활용해, 카드 회원수는 늘리되, 할인서비스로 인한 손실 방지. 우량 VIP 고객만을 위한 혜택 증가.

다. 인터넷 업체의 휴먼 계정 삭제

네이버, 다음, 엠파스, 파란 등 대부분의 인터넷 포탈 업체들은 일정기간 사용하지 않는 휴면계정을 삭제 조치함.

라. 홈쇼핑업체의 반품족 특별 관리

습관적으로 주문과 반품을 반복하는 고객들은 일단 요주의 대상으로 분류되어 업체마다 특별히 관리. 과거 구매내역 등의 자료를 바탕으로 별다른 수익을 가져다 주지 않는 고객들을 대상으로 조용히 디마케팅을 실시. GS홈쇼핑은 우량고객에게만 할인쿠폰과 VIP카탈로그 발송.

마. 백화점들의 노골적인 VIP마케팅

롯데백화점은 구매상위 10%고객에게만 주차서비스와 생일, 꽃, 배달 서비스.

현대백화점은 VVIP(연간 3,000만원 이상 구매하는 회원)에게 열차여행과 특급 문화공연, 프로 동반 골프 클리닉 제공.

갤러리아 백화점은 저녁 7시에 쇼핑중인 고객을 모두 내보내고 'VIP(우수고객) 초청행사'를 개최.

바. 비만 논쟁에 맞선 프랑스 맥도날드의 선택

"어린이는 일주일에 한 번만 오세요." 맥도날드 프랑스 지점의 경우, 어린이들의 비만을 우려해 한 어린이가 일주일에 두 번 이상 제품을 구매하는 것을 자제시키고 있다.

사. 사회적 비난을 잠재우기 위한 강원랜드의 노력

"도박중독센터에서 무료로 상담해 드립니다." 게임업체의 청소년 온라인 게임 제한.

어느 게임업체에서 청소년 회원이 부모님의 동의를 얻은 시간에만 온라인게임을 할 수도 있도록 하는 시스템 도입.

아. 명품 1% 이미지를 위한 고객관리

파리의 루이뷔통(Louis Vuitton) 본점은 여행객이 제품을 구입하면 여권번호를 컴퓨터에 입력해 같은 여행객이 1년내에 다시 살 수 없도록 철저한 관리시스템을 운영하고 있다.

자. 3년은 기다려야 구매할 수 있는 버킨백

에르메스는 수요량보다 훨씬 적게 공급하여 최고급 제품의 이미지를 유지하는 디마케팅을 구사한다.

차. 한정없이 쏟아지는 '한정판' 제품

정한 수량만 내놓는 '희소성 마케팅'이 번져, 승용차, 보석, 휴대전화, 옷, 신발까지 다양한 Limited 제품이 선보이고 있다.

카. 영화계도 디마케팅 바람

영화계에서 극비리에 영화를 찍고 이를 촬영하는 동안에는 일체 언론 등의 노출을 자제하여 영화에 대한 기대감이나 신비주의, 궁금증 등을 불러일으키려는 전략구사.

3 chapter

1%의 전쟁

귀족 마케팅이란 고소득층, 사회 계층 중 상류층과 중상류층을 대상으로 이들이 주로 구입하는 제품류를 마케팅하는 것으로 '럭셔리마케팅(Luxury Marketing) 혹은 하이엔드 마케팅(High-end Marketing)'으로도 불린다. 명품이나 차별화된 서비스를 내세운 귀족 마케팅은 몇 녀 전까지만 해도 자동차나 고급의류, 콘도 및 골프 회원권 등 일부 품목에 제한됐으나 올해 들어서는 홈쇼핑, 백화점, 아파트, 제조업, 금융권 등 여러 분야에서 귀족찾기에 열중이다. 더불어, 보보스족, 여피족, 명품 신드롬, 더블엘(LL) 족, 귀족사이트 등 소비문화의 패턴도 과거와 달리 다양해지고 고급화되고 있다.

세계 최대의 휴대전화 생산업체인 노키아의 자회사 베르투(Vertu)는 지난 1월 백금 케이스와 사파이어모니터, 고음질의 벨소리를 갖춘 2,600만원에 달하는 휴대전화를 내놓고 전 세계를 상대로 판매하고 있다. 귀족마케팅은 국내업체도 적극적인데 얼마 전 서울강남모처에 국내 최고급 주상복합아파트가 들어서자 증권사들은 프라이빗 뱅킹(Private Banking) 점포를 근처로 이전시키는 등 최상위 고객을 잡기 위한 경쟁이 치열하게 전개되고 있다.

1. 귀족(Prestige) 마케팅의 상품

귀족 마케팅은 여러 제품 중에서도 프레스티지(Prestige)를 추구하는 유형의 상품에서 가장 중요하다. 여기서 프레스티지 상품은 단지 비싸거나, 고급스럽거나, 기능에 있어 최첨단을 자랑하는 정도로는 부족하며 소비자들이 그 이상의 가치(value)를 느낄 수 있어야 한다. 대당 가격이 1,200만원에 달하는 주문형 자전거가 국내에서 인기를 끈 이유는 일반적인 자전거의 두 바퀴만으로는 설명할 수 없는 그 무엇이 있다. 프레스티지 상품은 일반 상품과는 다른 세 가지의 가치를 가진다. 첫째, 희소성의 가치를 가진다. 누구나 구입하거나 소비할 수 있다면 그 상품은 더 이상 프레스티지 상품이라고 할 수 없는 것이다. 둘째, 자기 과시적인 가치를 제공한다. 즉 프레스티지 상품은 자신의 부와지위의 상징이며 일반인들과의 차별화를 통해 자기만족을 이끈다. 셋째, 품질면에서의 탁월성이다. 프레스티지 상품은 일반 상품과는 다른 기술적 우월성을 가지거나 또는 대단히 섬세하고 주의 깊은 생산 공정을 거쳐 만들어진다. 생각하기에 따라서 최고급 자전거는 두발로 직접 굴려야 앞으로 가는 단순한 기계가 아니라 특수소재와 첨단 기계 공학의 결정체일 수도 있다.

2. 강력한 구매력을 가진 소수의 '귀족'

귀족마케팅에서의 귀족은 어떤 부류의 사람을 의미하는 것일까? 기업이 찾고 있는 귀족은 대한민국의 진정한 상류층일까? 이에 대해서 그 어느 누구도 시원하게 답할 수는 없을 것 같다. 하지만 고객을 등급 별로 나눌 때 단연 일등급 VIP 고객에 해당하는 사람들이 가장 두둑한 지갑을 가진 부류라고 보아도 무방할 것이다. 얼마 전 이코노미스트(Economist)지는 메릴린치 증권이 발간한 '세계의 부자 보고서'를 인용하면서 10억원 이상의 금융자산을 가진 국내부자들의 수를 5만명으로 밝힌 바 있다. 이는 국내 전체 가구수의 약 0.5%에 불과하지만 부자들의 재산 규모 중 금융자산 비중을 30% 정도로 생각하면 그들의 재산규모는 40억원이 넘는다고 한다. 즉, 우리나라에서 '부자'라고 하면 40억원 이상의 재산을 가지고 있다고 볼 수 있는 것이다.

3. 귀족마케팅의 득과 실

부유층은 하나의 독립된 틈새시장으로 여러 면에서 매력적이다. 첫째, 고정고객으로 고급제품의 안정된 매출을 확보할 수 있다. 이들은 높은 가처분 소득으로 각종 대형, 고급제품과 서비스를 빈번히 구매한다. 둘째, 가격탄력성이 낮다. 부유층의 소비패턴은 제품의 명성과 품질, 독특한 부대 서비스를 중요시하는 특성을 보여 제품의 성능 대비 가격이 상대적으로 중시되는 일반 소득계층의 소비행태와 차이가 난다. 셋째, 경기영향을 적게 받는다. 외환위기 시에 나타난 것처럼 부유층의 소비규모는 경기변화에도 상대적으로 안정적이기 때문에 이들을 대상으로 한 마케팅활동은 경제상황으로부터 상대적으로 독립적이라 할 수 있다. 넷째, 소비패턴이 하위 계층의 모방으로 이어진다. 부유층의 소비 행태는 장기적으로 일반서민층에 의해 모방된다. 유행에 민감하고 '남의 눈'을 잘 살피는 소비 특성은 부유층을 찾는 기업의 눈을 더 크게 만든다. 사실 귀족 마케팅은 외환부유층은 제품의 명성, 품질, 독특한 부대 서비스를 중요시하며 그들의 소비 지출은 경기 변화에 크게 향을 받지 않는다. 부유층은 독립된 틈새시장으로 여러 면에서 매력적이다.

IMF 외환위기 이후 소득 양극화 현상에 따른 필연적 현상으로 보는 견해가 많다. 구매력이 뒷받침되는 고소득층의 경우 '특별한 고객'으로 대우 받고 싶어 하고, 기업입장에서는 저소득층의 불만과 소외감을 감수하고라도 보다 많은 수익을 확보할 수 있기 때문이다. 하지만 제품의 고가 정책으로 물가 상승을 일으킬 수 있다는 우려와 사치를 죄악 시 하는 사회분위기가 고가품 시장에 대한 기업의 대응에 큰 짐이 되는 것은 사실이다. 기업들은 부유층 시장을 접근하기 어려운 것으로 여길지도 모른다. 즉 부유층 시장은 변화가 없는 작고, 예측가능하며, 돈을 잘 벌 수 있는 세분 집단으로 생각하기가 쉽다. 단순히 광고 이미지나 시장 전략과 같은 요인으로 부유층 시장을 공략할 수 있다고 믿을 수 있다. 그러나 요즘 부유층 시장에 대하여 그렇게 단순하게 생각해서는 그들을 모셔올 수 없다. 부유층이 가지는 심리를 그들의 입장에서 이해해야 하며 일반인들과는 달리 소중하게 여기는 가치에 대해 파악해야 한다. 그렇다면 기업의 입장에서 이와 같은 특성을 가진 귀족마케팅을 효과적으로 활용할 수 있는 방안은 무엇일까? 마케팅의 기본적인 원리를 고려한 귀족 마케팅의 성공전략을 짚어보자.

가. 신흥 부유층을 잡아라

최근 보스턴 컨설팅 그룹이 조사한 '부자들의 증가'에 대한 보고서는 금융자산 10억원 이상의 부자들의 자산규모는 1백65조에 달하며 이 액수는 앞으로 5년간 매년 9%씩 성장해 2005년에는 2백90조원으로 증가할 것으로 전망하고 있다. 특히 이러한 증가분 중에는 앞으로 신흥 부유층(New Money)의 자산이 큰 비중을 차지할 것이라고 한다. 여기서 신흥부유층은 벤처창업자, 전문직 종사자, 엔터테인먼트 종사자들을 일컫는 데 이들은 전통 부유층(Old Money)과는 확연하게 다른 특성을 보인다. 이들에게 과거의 부유층이 가지고 있는 보수적 성향의 생활방식에 적합한 상품과 서비스를 제공하는 것은 적합하지 않다. 신흥부유층은 대부분 지식근로자이며 돈보다는 일을 통한 성취감을 중요시하고 있다. 도전하고 성취한 결과로 돈이 따라오는 것이다. 또한 이들이 가진 뚜렷한 특성은 모험적 성향이 높다는 점이다. 따라서 금융자산 투자에 있어서 기꺼이 리스크를 감수하는 것도 두려워하지 않는다. 신흥부유층은 자유분방함과 레포츠(Leports), 명품(Luxury)을 즐겨 하는 더블엘(LL)족과 소신과 개성을 중시하는 보보스(Bobos)족이 많다. 최근 이코노미스트(Economist)지의 조사에 따르면 국내 보보스족의 평균 연령은 30-40세이고, 현재 6-7만명 정도로 추산되고 있다. 이들은 전반적으로 TV보다 신문을 많이 보고, 여가를 중요시하며 '오뜨', '네이버', '노블레스' 등과 같은 '럭셔리 매거진'을 통해 명품에 대한 구체적인 정보를 얻는다고 한다. 현재 이러한 고급 생활문화지는 10여종이 넘고 위 3종만을 합한 발행부수만도 10만부가 넘고 있다. 또한 이들은 직접적인 상품광고보다 회사 이미지 광고에 호감을 느끼고 '티' 안나는 명품을 선호한다고 한다. 정보기술에 민감한 이들에게 인터넷쇼핑몰에서 명품을 구입하는 것은 그다지 낯설지 않은 일이다. 특히, 이들은 시간에 대해 엄격하고 상당한 가치를 부여하기 때문에 시간적 투자를 최대한 줄여줄 수 있는 서비스 제공이 중요하다.

나. 부유층의 자녀를 주시하라

부유층의 3대 관심사는 건강과 가족에 대한 배려 그리고 안전이다. 굳이 부유층이 아니더라도 자녀에 대한 부모의 관심과 사랑은 대단하다. 그러나 부유층의 경우 자녀에 대한 열정은 남다르다. 자신과 같이 자녀들을 남들과는 다르게 키우고자 하는 욕구가 매우 높다. 이러한 점을 이용하면 그들의 지갑을 어렵지 않게 열 수 있다. 부유층의 자녀를 타켓으로 삼는 '인질마케팅'과 '프린세스마케팅'이 그것이다. 즉, 부유층에게 최상의 서비스를 제공함은 물론이고 자녀를 대상으로 각종 프로그램을 통한 추가적인 혜택을 제공하는 것이다. 그들의 자녀에 대한 극진한 대접이 실제로 부유층과의 요긴한 관계유지와 고객만족을 이끌어 낼 수 있다. 지난여름 모 증권회사는 태국에서 1주일 동안 골프캠프를 열었다. 참가자는 성인이 아닌 청소년. 캠프에 참가한 35명 가운데 최연소 참가자는 초등학교 3학년이었으며 최고령자는 중학교 2학년생이었다. 행사를 주관한 증권회사는 비교적 적은 비용으로 이들의 부모 즉 VIP 고객들의 좋은 반응을 얻었다고 한다. 또한 일부 업체에서는 단발성 행사가 아닌 '그들만의 어린이 노블레스커뮤니티'를 형성시켜 레포츠, 어학연수, 문화탐방 등을 연계한 연간 프로그램을 구성해 확실한 미래 고객을 유치하기 위해 노력을 아끼지 않고 있다.

다. 브랜드를 숨겨라

부유층에게 명품은 드러내 놓고 남에게 보여주기 위함이 아니다. 무엇보다 자기만족을 중시하며 튀지 않는 명품의 진가를 음미하고 싶어한다. 한 때 명품들이 자사 브랜드나 로고를 제품에 크게 부각시킨 디자인이 유행한 적이 있었다. 버버리의 체크문양, 펜디의 F, 루이뷔통의 LV, 구찌의 GG는 브랜드의 차별화와 고급스러움을 상징하고 나아가서 업체의 전통과 명성을 대변한다. 그런데, 이러한 브랜드 로고와 문양이 언제부턴가 살며시 안쪽으로 숨거나 크기가 작아지는 현상이 보이기 시작했다. 명품이 유행을 타면서 오히려 명품 로고가 '졸부근성'이나 '부자를 꿈꾸는 아류' 정도로 취급되는 사회 분위기가 형성됐기 때문이다. 또한 전문가도 고개를 흔들 정도로 명품을 그대로 모조한 상품이 거리를 메우는 것도 한 몫을 하고 있다. 로고가 눈에 띄지 않게 줄어들면서 명품업체들은 '드러나지 않는 은은함만이 진정한 당신의 가치를 높일 수 있다'는 식으로 부유층을 유혹하고 있다. 최근에 세계 일류 브랜드는 유명 연예인에게 옷을 입혀 인지도를 높이고자 하는 '스타 마케팅'을 피하는 경향까지 보이고 있다. 대중들에게 많이 알려져서 판매되는 것이 명품 이미지 제고에 그다지 도움이 되지 않는다는 이유이다.

라. 많이 팔지 말아라

명품의 생명은 희소성이다. 모든 사람이 그 상품을 구매하거나 소비할 수 있다면 그 상품은 더 이상 명품이라 불릴 수 없다. 부유층은 이러한 희소성이 있는 명품을 소비함으로써 자기만족을 누리며 자신의 지위와 부의 상징으로 간주한다. 기업에서는 제한된 수량, 즉, 한정판매를 통하여 고객을 기다리게 하고 줄을 서게 하여 브랜드 가치를 더욱 높일 수 있다. 프랑스 명품 가운데 하나인 에르메스 켈리백(Kelly Bag)은 수천만원이 넘는 가격으로 유명하다. 그럼에도 불구하고, 켈리백을 구입하기 위해 자신의 이름을 고객명단에 올리고 가방이 손에 들어오기를 손꼽아 기다리는 여성들이 많다고 한다. 에르메스는 이 가방을 기성품으로 만들어 매장에 진열하지 않는다. 그 명성에 걸맞게 이른바 '한정생산', '한정판매'하기 때문이다. 고객의 순번에 따라 주문이 들어가면 그제서야 수공예품으로 생산을 시작한다. 또한 국 유모차의 명가인 매클라렌사가 세계적인 부호들을 상대로 1,000대에 한해 수공 제작한 유모차가 국내에서 15대에 한해 300만원에 판매되었는데 이에 대한 국내 부유층의 호응정도는 매클라렌사를 놀라게 했다. 요즘 국내 유명 화장품업체도 '특별한정판매'를 통한 희소성으로 부유층 여성들의 소비심리를 자극하고 있다. '희귀하다'라는 인식을 주기 위해 매장의 규모를 최소화하고 대중매체를 통한 광고나 판촉 대신 특정 잡지 광고나 입소문을 통한 일 대 일 개인마케팅을 행하고 있다.

마. 유대 관계를 구축하라

남들과 차별화된 고급서비스를 받고자 하는 부유층 고객에겐 단순한 제품 접근 형식이 아닌 라이프 케어(Life-care)적인 관점에서 이들과의 관계를 유지하는 것이 중요하다. 사실 제품의 품질과 브랜드가치가 이들의 수준을 만족시킨다면 제품은 팔린다. 하지만 제품 판매 이후 부유층을 대상으로 그들의 정보를 계속적으로 관리하고 유지하면서 관계를 지속하는 고객관계관리(Customer Relationship Management)가 제대로 이루어지지 않는다면 이들은 쉽게 타사 제품으로 발길을 돌릴 것이다. 최근 컨설팅 업체인 PWC가 미국 부유층을 대상으로 금융자산관리(Wealth Management) 서비스에 관하여 조사한 결과를 보면 금융기관에 대한 고객 충성도(Loyalty)가 커다란 위기에 있음을 알 수 있다. 최초 거래 금융기관에 대해 만족하지 않는다고 응답한 사람은 22%고, 거래 금융기관을 바꾸겠다고 생각하는 사람은 43%로 나타났다. 또한 금융기관을 바꾸지 않는 이유에 대해서는 이미 형성된 관계, 비용과 시간의 투자 때문이라고 응답한 사람이 절반이었으나 놀라운 것은 마땅한 금융기관이 없어서라고 말한 사람이 31%에 달했다. 고객의 1/3이 훌륭한 서비스를 제공하는 금융기관을 포착하면 언제라도 거래기관을 바꿀 수 있음을 암시하고 있다. 이는 고객관계관리가 일반고객보다도 부유층에게 더욱 절실하게 필요함을 보여주고 있는 것이다. 귀족 마케팅은 단지 부유층에게 명품을 잘 판매하는 것만을 의미하지 않는다. 그보다 중요한 것은 기업의 가치를 높일 수 있는 새로운 기회를 제공한다는 것이다. 이는, 단순히 상품의 가격, 품질, 고급스런 매장 분위기 등과 같은 요소로서는 달성할 수 없다. 부유층의 입장에서 생각하고 기업 스스로 명품의 향기를 진하게 낼 수 있는 품위와 세련미를 먼저 가질 때만이 가능한 것이다.[4]

4) 박장현, "1%의 전쟁-귀족마케팅," LG경제연구원, 2002.11.27.

4
chapter

VVIP유치 경쟁사례
- 백화점 · 유통 -

"명품 브랜드가 나오면 처음에는 안목을 갖춘 소수의 트렌드 세터(유행을 만드는 사람)만 찾게 되지만 점차 구매자가 늘어나면서 대중화되면 더 고가의 브랜드가 새로 나와 명품으로 대접받게 된다." 관련 업체 종사자들이 얘기하는 명품 브랜드의 운명이다. 이 때문에 명품 업체들은 한정된(exclusive) 수량만을 생산하며 희소가치를 유지하는 전략을 쓰고 있다.

현대백화점 관계자는 "최근 명품 트렌드는 맥럭셔리(McLuxury: 맥도날드 햄버거처럼 대중화된 럭셔리 상품) 트렌드 속에서 더 차별화할 수 있는 위버럭셔리(Uberluxury: 초특급 명품)를 추구하고 있다"고 설명하고 있다. 이에 발맞춰 대형 백화점들도 귀족 마케팅을 세분화해 위버럭셔리를 추구하는 VVIP 고객에 대한 관리에 들어갔다.

롯데백화점에서는 올해 3월부터 기존의 MVG(Most Valuable Guests) 고객을 프레스티지(prestige) 1,600명, 크라운(Crown) 5,000명, MVG 2만3,400명의 3등급으로 분류, 세분화해 관리하고 있다. 모든 등급의 MVG에게는 전용 주차장 및 발레(vallet) 주차 서비스, 기념일 선물 증정, 전용 라운지 이용, 할인 혜택, 포터 서비스, 쇼핑

가이드 전담제 등의 서비스를 제공하고 있다. 3월 12일 세종문화회관에서 열린 백건우와 런던필하모닉 협약 연주회에 프레스티지 고객 200명을 초청하는 등 구매력이 높은 최상위 고객들에게는 별도의 추가 서비스를 제공하는 등 보다 세심한 관리를 하고 있다.

1회 구매 단가가 높은 명품관 고객들은 별도의 멤버십을 운영한다. 2005년 명품관 에비뉴엘(Avenuel)이 오픈한 이후 '에비뉴엘 VIP' '에비뉴엘 VVIP' 고객을 선정해 관리하고 있다. 에비뉴엘 VVIP는 에비뉴엘 VIP 중 100여 명을 선별한 것으로 별도의 멤버스 클럽을 운영 중이다. 이들에게는 개인 비서, 스타일리스트 역할을 하는 '퍼스널 쇼퍼(personal shopper)'가 상주하며 특별한 대접을 하고 있다. 호텔에서 VIP를 접견하는 컨시어지(Concierge: 호텔의 접객 담당자) 서비스를 차용한 것이다.

2008년 현재 롯데백화점 24개 전점의 MVG, 에비뉴엘 VIP, 에비뉴엘 VVIP 고객은 약 3만 명으로 전체 고객의 1%를 차지하고 있다. 본점의 경우 이들 1%의 고객들이 매출의 23%에 이른다.

MVG에 포함되지 않은 매출 상위 고객들은 별도로 'VIP 고객'으로 선정한다. 꾸준히 우대 혜택을 주면서 관리해 MVG 등급으로의 구매력 상승을 유도하고 있다. 롯데백화점 분당점에서 2007년 VIP 제도를 운영해본 결과 VIP로 선정된 고객에 대한 매출이 선정되지 않은 고객에 비해 10% 많은 것으로 나타났다.

– 연 3,500만 원 이상 써야 'VVIP'

갤러리아백화점은 1999년 말부터 충성도가 높은 고객을 잡기 위해 CRM(Customer Relation Management: 고객 관리) 구축을 시작해 2001년 3월부터 본격적으로 VIP 고객 서비스를 진행해 오고 있다. 2006년부터는 기존에 3단계로 분류하던 등급을 8단계로 세분화했다. 구매력이 있는 극소수의 VVIP의 요구와 일반 VIP의 요구를 구분해 충족시켜 주기 위해서다. 갤러리아 백화점의 경우 상위 7%가 전체 매출의 50%를 차지한다.

신세계백화점도 상위 5% 이내의 고객을 트리니티, 퍼스트, 아너스, 로열의 4개 등급으로 나누어 관리하고 있다. 가장 높은 등급인 트리니티 고객에게는 좀더 특별한 서비스를 제공한다. 각종 공연 및 영화관람 같은 문화 마케팅에서부터 골프 레슨, 요트 파티, 와인 클래스 수강 등 개인적인 서비스까지 다양한 형태의 혜택을 준다. 또 최고급으로 꾸며진 트리니티 라운지를 이용할 수 있다. 모든 등급의 VIP 고객들에게 정상 상품에 대해 3~5%의 할인을 제공하고 있지만 트리니티 등급의 고객에게는 할인 상품이나 정상 상품 구분 없이 3~5%의 할인 혜택을 준다.

현대백화점도 최근 VVIP 마케팅 정책을 강화하는 차원에서 연간 구매 실적에 따른 포인트 기준을 3억 원 이상에서 5억 원, 7억 원, 10억 원으로 분류, 포인트별 사은품을 구분해 지급하고 있다. 현대백화점은 최고 등급인 '쟈스민 클럽'의 경우 연간 3,500만 원 이상의 구매 고객을 대상으로 하고 있다. 사은품을 통해 10억 원까지 사용 실적을 올리기 위한 마케팅을 구사하고 있는 것이다.

이들 최상위 등급의 고객들에게는 명품 브랜드에서 한정 수량 제품이 나올 때 퍼스널 쇼퍼가 우선적으로 구매 기회를 제공하는 '익스클루시브 마케팅'이 강화되는 추세다. 현대백화점 측은 "10년 전 명품 도입기의 고객들이 구입하던 상품들은 이미 맥럭셔리 고객층으로 흡수된 만큼 VVIP 고객들은 더 희귀한 상품을 원하기 때문"이라고 이유를 설명했다.

현대백화점은 5월이면 펜디(Fendi), 세린느(Celine) 등의 모피 상품에 대한 익스클루시브 제품 선주문 행사를 열고 있다. 1,000만~8,000만 원대의 제품이기 때문에 단품별로 2~3벌만 배정되는데 VVIP 고객이 많은 백화점일수록 이런 선주문 행사는 자주 열린다. 단 1회의 행사에서도 브랜드별로 모피 단품으로만 3억~4억 원씩 매출을 올린다. 현대백화점은 최근 시계 브랜드인 브레게 매장에서 열린

'레인 드 네이플 와치 전시회'에서 15개 제품에서만 25억 원 어치를 팔았다. "해외 명품 브랜드들이 한국 매장에서 익스클루시브 상품의 정기 순회 전시 판매전을 진행한다는 것은 그만큼 위버럭셔리 시장에 대한 잠재성을 믿고 있다는 증거"라고 현대백화점 측은 얘기하고 있다. 이 같은 순회 전시 판매는 시계, 보석 브랜드를 중심으로 2~3년 전부터 꾸준히 늘어나는 추세다.

VIP 고객 안에서도 최상위급인 VVIP 고객에 대한 마케팅이 강화되는 것과 더불어 백화점 사은품도 이들의 눈높이를 반영하기 위해 진화하고 있다. 현대백화점은 최근 사은품으로 자가용 전세 비행기, 스포츠 보트, 50일짜리 세계 일주 크루즈 여행, 승마클럽 정회원 멤버십, 아랍 상류 문화 체험 여행권 등을 내걸었다.

- 사은품으로 자가용 전세 비행기 등장

신세계백화점도 지난해 5억 원 이상 구매 고객을 대상으로 볼보, 재규어, 인피니티, 푸조 중 1대, 신세계 상품권 4,750만 원, JW메리어트 호텔 헬스 부부 회원권, 화가 오치균 등의 작품 중에서 선택할 수 있는 이벤트를 열었다.

갤러리아백화점도 최상위 등급인 프레스티지 고객을 대상으로 구매액 대비 사은품을 지급하는 'G-프레스티지 리워드 프로그램'을 운영하고 있다. 기존의 상품권뿐만 아니라 국내외 여행권, 크루즈 여행, 피부관리 연간 회원권, 스파 이용권, 국내외 고급 호텔 숙박권, 항공 마일리지, 건강검진권 등 고객 취향에 따라 선택할 수 있는 범위를 넓혔다. 영국 호주 캐나다 등 자녀들을 위한 연수 프로그램도 마련했다.

공동 마케팅(Co-Marketing)도 최근에 점차 늘어나는 추세다. 롯데백화점은 지난해 10월 자사 VIP 고객을 대상으로 SC제일은행 PB와 연계해 투자 전략, 자녀 교육 등 관심 분야에 대해 특별 강좌를 진행했고 11월에는 SC제일은행 PB 고객들을 대상으로 애비뉴엘에서 'FW 패션 스타일링 제안전'을 개최했다. 갤러리아백화점도 계열사인

한화증권 · 대한생명 PB센터와 함께 VIP 고객들을 대상으로 재테크 컨설팅 등 다양한 공동 마케팅을 진행하고 있다.[5]

5) 우종국, "'VVIP'잡기 불꽃 싸움…'럭셔리' 승부, 뉴트렌드 - 백화점·유통," 한국경제매거진, 2008.04.07.

5
chapter

대한민국 부자리포트[1)]

메릴린치 등 부자 통계를 발표하는 외국 금융회사들은 100만달러(원화 10억원 안팎) 이상의 금융 자산을 갖고 있는 사람을 부자로 간주한다. 이 기준을 원용하면 국내 부자는 총 재산이 50억원을 넘는 사람으로 볼 수 있다. 국내 가계 자산은 대체로 금융 20%, 부동산 80% 비율로 배분돼 있기 때문이다. 2 대 8 자산 구성은 한국은행 분석 결과 등을 토대로 한 것이다.

한국경제신문은 총 재산 50억원 이상인 부자 수를 파악하기 위해 한 금융회사에 3억5,000만원 이상의 자산을 맡긴 사람을 먼저 추정했다. 금융회사 프라이빗 뱅킹(PB) 통계에 따르면 부자 고객은 평균 3.7곳의 PB와 거래하는 것으로 나타나 금융회사 한 곳에 대략 3억5,000만원 이상의 자산을 보유한 숫자를 추정하면 자연스럽게 10억원 이상의 금융자산 보유자를 알 수 있기 때문이다. 문제는 3억5,000만원 이상 자산 보유자 통계가 없다는 점. 이에 따라 열린우리당 신학용 의원을 통해 7개 시중은행의 5억원 이상 보유자 수(4만9,744명)를 확보하고 한국은행을 통해 1억원 및 5억원 이상의 저축성예금 계좌 등을 파악, 3억5,000만원 이상 자산 보유자를 12만5,000~16만6,000명으로

1) "대한민국부자리포트," 한경닷컴, 2006.11.26.

역추정했다. 통계의 신빙성을 높이기 위해 10억원 이상(공시지가 기준) 토지 보유 가구수 및 3주택 보유 가구수, 건강보험료 납부 통계 등을 참고 자료로 활용했다.

1. 부자들의 주거지

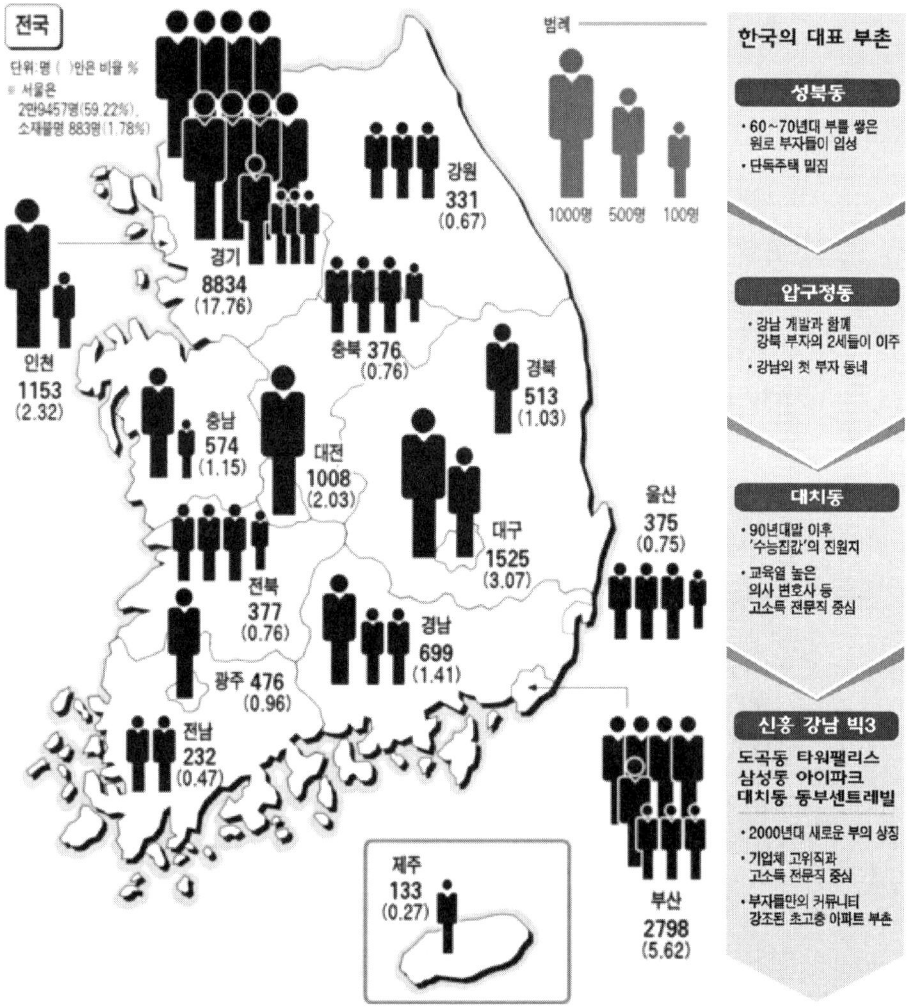

'1세대 성북동, 2세대 압구정동, 3세대 대치동….' 대한민국을 대표하는 부촌(富村)의 변천사다. 성북동은 1960~70년대 고도 성장기에 무역업 등으로 큰 부를 쌓은 자수성가형 부자들이 권력(청와대)과 가까운 곳에 둥지를 틀면서 '원조 부촌'을 이뤘다. 이들은 대개 60~80대의 고령으로 20~30년 넘게 한 곳에 눌러 살고 있다. '벤처 갑부' 같은 신흥 부자들이 들어가고 싶어도 들어갈 수 없는 곳이 바로 이 동네다.

이름만 대면 알 만한 기업인들도 성북동 주민이다. 전통의 부촌답게 집값은 상상을 초월한다. 공시가(시가의 80% 선)로만 30억~40억원을 넘는 집이 수두룩하다. 한남동과 평창동도 전통적인 강북의 부촌으로 꼽힌다. 일부 대그룹 회장들의 자택도 이곳에 자리 잡고 있다. 압구정동은 1970년대 말 강남 개발 바람을 타고 생겨난 '강남 최초의 부자 동네'다. 한강변을 따라 늘어선 현대 한양 미성 등 대규모 아파트 단지가 이들 압구정 부자의 주요 보금자리다. 성북동 등 강북의 부촌이 단독 주택인 데 반해 압구정동은 시작부터 '아파트 부촌'이었다. 하지만 성북동과 압구정동은 강·남북의 지리적 경계를 뛰어넘는 밀접한 관계가 있다고 한다.

두 지역 부자들과 모두 거래하는 한 은행 PB(프라이빗 뱅커)는 "압구정 부자의 상당수가 성북동 등 강북 전통 부자의 자녀들"이라고 말했다.

강남 개발과 이후 코스닥 붐으로 부를 움켜쥔 신흥 부자들도 상당수 압구정에 포진하고 있다. 청담동 고급 빌라촌도 강남 부자의 근거지 중 하나다.

분양대행사 미드미D&C의 이월무 대표는 "외국유학을 통해 서구식 생활 방식에 익숙해진 젊은 부자들이 비좁은 아파트를 떠나 파티를 즐길 수 있을 정도로 공간이 넓고 주차장도 충분한 고급 빌라에 관심을 보이면서 인기를 끈 동네가 청담동"이라고 말했다.

반면 대치동은 기존 부촌과는 성격이 좀 다르다.

이렇다 할 큰 부자는 없지만 자식 교육을 위해서는 한 달에 수백만 원도 아깝지 않게 생각하는 의사 변호사 등 고소득 전문직이 대거 몰리면서 신흥 부촌으로 떠오른 것. 특히 1990년대 말 시행된 신도시 고교 평준화로 강남 학군이 재부상하면서 대치동은 전성기를 맞았다. 은마·청실 아파트와 '우선미'로 불리는 우성·선경·미도 아파트가 앞서거니 뒤서거니 이 지역 아파트 값의 고공 행진을 이끌었다. 그러나 대치동에는 자식 교육을 위해 전세를 얻어 들어온 사람도 상당수에 달한다. 최근에는 낡은 대치동 아파트를 딛고 지은 지 2~4년 정도밖에 안 된 도곡동 타워팰리스(최고 69층), 삼성동 아이파크(최고 46층), 대치동 동부센트레빌(최고 29층) 등 초고층 신축 아파트가 강남의 '빅3 아파트'로 주목받고 있다. 입주 때부터 높은 분양가와 부자들만의 커뮤니티가 강조됐고 기업체 고위직 및 법조계 인사, 의사, 교수 등 고소득 전문직이 다수 모여 살고 있다.

2. 부자들의 DNA는 남다르다

성공한 중소기업인으로 불리는 김모 사장(54)은 공무원 출신이다. 그는 5년 전 '보다 생산적인 일을 하고 싶고 가족을 위해 돈도 벌 작정'으로 이민 가는 후배가 경영하던 정보기술(IT) 부품회사를 넘겨받았다. 그러나 사업은 쉽지 않았다. 헐값에 혹해서 인수했지만 숨겨진 부실이 워낙 많고 사업성도 좋지 않아 처음 2~3년은 거의 매일 부도 위기 속에서 살았다. 김 사장은 "천 길 낭떠러지에 떨어진 심정이었다"며 "더는 물러설 곳이 없다는 각오로 힘든 구조조정에 나서 회사를 살려냈다"고 회고했다. 이후 회사는 증시에 상장됐고 그가 보유한 주식 평가액만 100억원이 넘는다.

경영컨설팅 회사를 운영하고 있는 최모 대표(43)는 2000년 벤처 열풍을 슬기롭게 활용했다. 당시 그는 금융회사 차장이었다. 그는 종자돈 2억원을 어렵게 마련해 벤처기업에 투자하기 시작했고 서너 차례의 투자에서 적게는 두 배, 많게는 다섯 배까지 수익을 내면서 40억원 이상의 돈을 벌었다. 그의 재산은 줄잡아 70억~80억원에 달한다. 최 사장은 “주변에선 ‘묻지마 투자’를 계속했지만 벤처 열풍이 오래 가기 힘들 것으로 생각해 바로 돈을 뺀 게 주효했다”며 “이후엔 보다 안정적인 채권 및 부동산 투자 등을 통해 재산을 불렸다”고 말했다.

부자의 세계로 들어가 보면 이들의 삶엔 보통 사람과는 다른 뭔가가 있다는 것을 알 수 있다. 쉽게 흉내 낼 수 없는 치열한 노력이나 열정, 돈의 흐름을 읽는 남다른 통찰력을 가진 경우가 대부분이다. 재산 50억원은 부자들 사이에 ‘진짜 부자’를 가늠하는 최소한의 기준으로 통한다. 이 기준으로 보면 35만~37만명에 달할 것으로 예상되는 올해 종합부동산세 과세 대상자의 상당수는 ‘무늬’만 부자일 가능성이 높다. 시가 15억원을 웃도는 서울 강남의 40평형대 아파트 한 채를 보유한 사람들은 대다수 서민으로부터 부자 취급을 받지만 진짜 부자들에겐 명함도 내밀기 힘든 게 사실이다.

부자가 되기 위해 가장 필요한 덕목은 뭘까. 한국경제신문이 부자 87명을 상대로 실시한 설문(복수 응답) 결과 현명한 투자(21.6%)와 사업 기회를 잡는 통찰력(21.0%)이 으뜸으로 꼽혔다. 이어 폭넓은 인맥(18.6%)과 강한 정신력(10.2%) 순으로 응답이 많았다. 재산을 모은 경로는 다양하다. 경제 개발이 본격 시작된 1960~70년대에는 무역상 등 시류를 읽는 사업을 통해 돈을 번 사람들이 많았다. 1980~90년대에는 강남 개발 붐을 탄 사람들 가운데 어떤 형태로든 돈 관리를 잘한 사람들이 부자 반열에 올라섰다. 이 시기부터는 자수성가한 부모 아래 해외 유학 등 체계적인 교육을 받은 2세들이 일부 상속 재산을 기반으로 새 사업을 일궈 부를 늘린 사례도 생겨난다. 2000년 전후부터 최근까지 등장한 신흥 부자의 상당수는 수많은 보통 사람과 달리 벤처 투자, 주식 투자로 돈을 벌었다. 한국경제신문 설문 조사에서도 부자들은 재산을 모은 주된 경로(복수 응답)로 부동산 투자(33.7%) 창업 성공(25.0%) 상속과 사업소득(22.1%) 주식을 비롯한 금융 투자(9.6%) 등을 들었다.

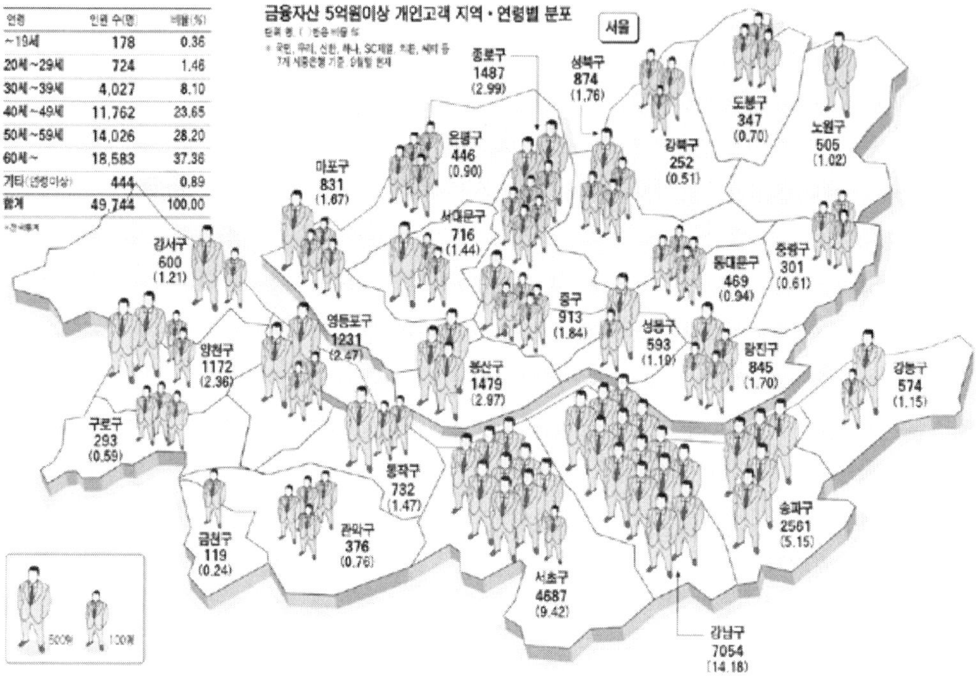

서울여대에서 '부자학'을 가르치는 한동철 교수(경영학)는 "부동산 부자가 많은 것 같지만 실제 부자들의 70~80%는 사업 등을 통해 새로운 가치를 만들면서 성공한 가치 창조형"이라며 "앞으로도 이들의 비율은 계속 높아질 것"이라고 말했다.

열린우리당 신학용 의원은 "무엇보다 건강한 부자가 많이 생기도록 해야 한다"며 "프라이빗뱅킹 등 날로 커지는 부자관련 산업의 경쟁력을 키우기 위해선 부자에 대한 데이터와 각종 정보의 체계적 관리가 필요하다"고 강조했다.

3. 50억 넘는 '부자' 13만~17만명

'13만~17만명.' 2006년 9월 말 현재 예금 등 금융자산이 10억원을 넘으면서 주택·토지 등 부동산을 합친 전체 보유재산이 50억원 이상인 대한민국 부자(富子)들의 수다. 가구원 수를 평균 3명으로 가정하면 부유한 삶을 누리는 사람은 줄잡아 40만~50만명에 달한다. 전체 인구의 0.8~1.0% 정도가 '돈의 굴레'에서 벗어나 있다는 의미다. 한국경제신문이 하나금융경영연구소와 함께 국회 열린우리당 신학용 의원의 도움을 받아 7개 시중은행에 5억원 이상을 예치한 고객수 등을 분석한 결과, 금융자산 10억원 이상이면서 총재산이 50억원 이상인 부자 수는 최소 12만5,000명에서 최대 16만6,000명에 달할 것으로 추정됐다. 부동산이 금융자산의 4배에 달한다는 자산구성 통계를 기초로 한 것이다.

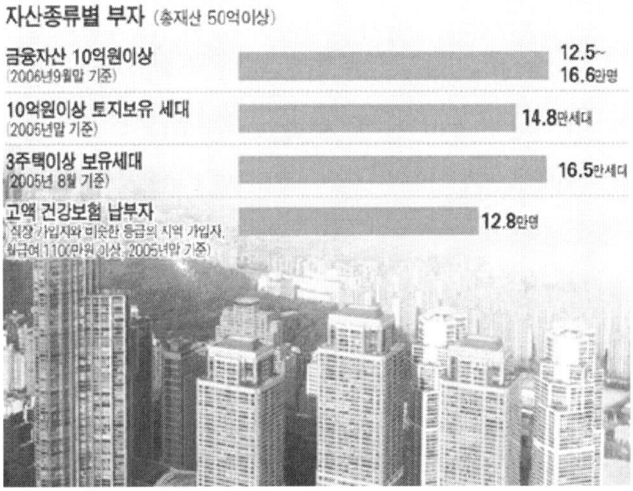

미국 메릴린치증권이 100만달러가 넘는 순금융자산을 보유한 국내

부자 수를 8만7,000명으로 발표한 것보다 1.4~1.9배가량 많은 수준이다. 행정자치부가 작년 말 기준으로 발표한 10억원 이상(공시지가) 토지를 보유한 가구 수가 14만8,500가구에 달하고 주택을 3채 이상 보유한 가구만도 16만5,000가구를 웃도는 것으로 나타나 12만5,000명을 넘는 것으로 보이는 국내 부자 수 추정을 뒷받침하고 있다. 또 국민건강보험공단의 보험료 통계를 보더라도 소득 및 재산에 따른 100개 보험료 납부 등급 가운데 월보수가 1,100만원을 넘는 61등급 이상 고소득층 직장 가입자가 5만7,000명 같은 등급군의 지역가입자가 7만1,000여 가구주에 달해 이를 합친 숫자만 해도 12만8,000여명에 이른다. 7개 시중은행의 예치자산 5억원 이상 고객의 주민등록상 거주지를 조사한 결과, 전체의 77%가 서울과 경기도에 몰려 있는 것으로 나타났다. 서울에선 강남구·서초구·송파구 등 강남권 빅3 지역에 29%가량이 살고 있는 것으로 조사됐다. 한국은행 통계로 추정한 상위 1% 부자의 금융자산(6월말 기준)은 169조~224조원 수준으로 부자들을 위한 금융회사 프라이빗뱅킹(개인자산관리·PB)이 급팽창하고 마케팅도 활발해지고 있다.

정복기 삼성증권 PB연구소장은 "10억원 이상 금융자산을 보유한 사람들의 전체 금융자산액이 200조원 수준에서 2010년까지 320조원으로 급증할 것으로 추정된다"면서 "이런 사람들은 대부분 PB시장의 잠재적인 고객이 될 것"이라고 전망했다.

한동철 서울여대 교수(경영학)는 "선진국처럼 부자들이 국내에서 당당하게 돈을 쓰고 그들이 쌓은 부를 존중하는 사회가 성숙한 사회"라고 말했다.

4. 사업에 집중

"자산운용요? 사업하느라 주식이나 부동산에 한눈 팔 겨를이 없습니다." 연예기획사 스탐의 박상용 사장(38)은 주목받는 젊은 사업가다. 그가 키워낸 청소년 가수 윤하가 일본 오리콘 차트(일본의 가요 순위)를 강타하며 '제2의 보아'로 떠오른 데 이어 이달 초 막을 내린 MBC 청춘시트콤 '레인보우 로망스'에 출연한 신인 탤런트 윤지후도 인기를 끌고 있기 때문이다. 큰 돈은 아니지만 꽤 벌었다. 박 사장은 "이 바닥에선 '(소속 연예인이) 3연타석 홈런을 치면 (연예기획사는) 평생 먹고 산다'는 말이 있는데 우리는 지금 (홈런까지는 아니지만) 무사 1,2루 상황"이라며 "앞으로 좋은 비즈니스 모델을 개발해 미디어 그룹을 만드는 게 목표"라고 밝혔다. 박 사장이 엔터테인먼트 사업에 뛰어든 것은 4년 전. MBC와 KBS에서 모두 8년간 예능 담당 PD를 거치며 경험을 쌓은 그가 사업을 하겠다며 방송사를 그만뒀을 때 주위에서 "바보 아니야"라는 소리를 자주 들었다. "뭣하러 '갑'에서 '을'이 되려고 하느냐"는 것. 박 사장은 그러나 "어릴 때부터 음악사업을 하는 것이 꿈이었고 예능 PD가 된 것도 이쪽에서 경험과 인맥을 쌓고 싶었기 때문"이라며 "더 늦기 전에 인생에 승부를 걸고 싶었다"고 말했다. 생각과 달리 처음부터 쉽지는 않았다. 사업 아이디어를 짜내느라 며칠 밤을 잠 한숨 제대로 못잔 적도 많았다. '신출내기' 연예기획사에 대한 텃새도 적지 않았다. 박 사장은 3년 전부터 생명보험에 월 300만~400만원 가량을 붓고 있다. 일에 치여 자산운용에 공을 들이지 못했지만 사업을 시작한 지 1년 만에 "(너무 힘들어서) 이러다 정말 죽을지 모르겠다"는 생각이 들어 보험에 가입했다. "아내와 두 아이(초등학교 4학년인 아들과 6살짜리 딸)를 위해 무엇인가 대비해 둬야겠다"고 생각한 것. 소속 연예인이 뜨면서 요즘에야 약간의 여유가 생겼다. 시간이 나면 골프를 치러 야외로 나가기도 한다. 올 여름에는 메르세데스-벤츠가 자사 차량과 신용카드를 소유한 VIP 회원을 대상으로 내놓은 '한강요트 패키지'를 이용해 가족들과 즐거운 시간을 보내기도 했다. 박 사장은 "연예기획사 일은 무엇보다 창의성이 필요하다"며 "필요할 땐 24시간도 부족하게 일하지만 그렇지 않을 땐 머리를 비워둬야 한다"고 말했다. 술은 체질적으로 안 받아 술 마시며 하는 비즈니스는 포기한다는 그는 "샐러리맨 시절에 비해 100배쯤 힘들고 1,000배쯤 재밌다"며 인터뷰를 마쳤다.

5. 투자기준은 수익률보다 안전성

당장 꺼내 쓸 수 있는 현금성 자산만 수십억원에 달하는 중견기업 오너 A씨. 그는 자신과 부인, 자녀 명의로 20여곳 이상의 금융회사에 1년 만기 정기예금을 들었다. 각 통장에는 정확히 4750만원씩만 넣었다. 예금금리(연 5~5.5%)를 감안해 1년 후 원리금이 예금자 보호한도인 5000만원이 조금 못되도록 맞춘 것. A씨는 "혹시 은행이 망해도 돈 떼일 일이 전혀 없다"고 말했다. 샐러리맨들이 고수익 투자상품을 좇는 것과 달리 부자들은 철저히 안전하게 자산을 굴린다. 자기 사업을 하느라 위험이 큰 투자상품에 신경 쓸 시간이 없는 데다 딱히 재산을 더 늘려야겠다는 생각이 적기 때문이다.

외국계은행의 한 프라이빗뱅킹(PB) 담당자는 "부자들은 사업이나 배당 등을 통해 돈 들어오는 곳이 많기 때문에 자산운용에선 수익률보다 안전성을 중시한다"며 "큰 부자일수록 이런 경향이 강하다"고 말했다. 한국경제신문사가 실시한 부자 대상 설문조사에서도 '자산을 줄지 않게 안정적으로 운용하고 싶다'는 응답이 57.5%로 '적극적으로 운용해 더 늘리고 싶다'(42.5%)보다 많았다.

금융회사를 선택할 때도 안전성을 철저히 따진다. 정복기 삼성증권

PB연구소 소장은 "부자들은 외환위기 때 자금이 묶였던 일을 아직 기억하고 있다"며 "이 때문에 금융회사 브랜드에 각별히 신경을 쓴다"고 전했다.

주식은 가급적 피한다. 투자자문회사의 한 펀드매니저는 "부자들이 주식에 투자하는 돈은 전 재산의 5~10% 정도"라며 "그나마 시장이 오를 것이란 확신이 설 때, 그것도 우량주에만 투자한다"고 말했다.

6. 부자들의 교육

"낯설고 힘들겠지만 스스로 이겨내는 법을 배웠으면 좋겠다." 일본 닛산이 만든 프리미엄 브랜드 인피니티의 강남 딜러인 SS모터스 권기연 사장(42)은 미국에서 홀로 유학 중인 열여섯살 아들에게 인터넷 메신저를 통해 곧잘 이렇게 얘기한다.

그는 아들이 글로벌 마인드와 함께 절제와 규율, 그리고 책임을 아는 사람으로 성장하길 바라면서 뉴욕 근처의 기숙학교에 보냈다. "아버지께서 늘 저에게 하셨던 얘기가 바로 자율과 책임입니다." 그의 부친은 압구정동 새서울주유소 등 주유소 6곳, 울진 덕구온천스파월드, 양양 골든비치골프장, SS모터스 등의 사업체를 거느린 새서울그룹 권영복 회장(72). 권 회장이 경북 안동에서 건재상을 운영하다 70년대 중반 서울로 사업지를 옮긴 것은 전적으로 교육 때문이었다. 자율을 강조한 교육 덕분인지 3남매의 경력은 다양하다.

권 사장의 누나는 서울대 수학교육과 교수로 재직 중이고 형인 권기열 부회장(44)은 육사를 졸업하고 미 조지워싱턴대에서 경영학석사, 리하이대학에서 재무관리 박사를 딴 뒤 GE와 아메리칸익스프레스에서 근무하다 올해 귀국했다. 권 사장은 형, 누나와 달리 학군장교로 제대한 뒤 유학 대신 '일'을 택했다. 쌍용자동차에서 1년여 일을 하다 1993년부터 부친이 경영하던 주유소에서 일하며 밑바닥부터 배웠다.

힘들었지만 당시 몸으로 체득한 자동차 운전자들의 심리, 직원들 관리 요령 등은 지금 사업을 하는 데 큰 도움이 된다고 말했다.

7. 부자들의 생활습관

'호텔 피트니스 클럽에서 운동하고 고급 레스토랑에서 비싼 음식을 먹으며…' 언뜻 떠오르는 부자들의 라이프 스타일 같지만 취재 과정에서 만난 상당수 부자들은 절약하는 습관이 몸에 배어 있고 건강을 챙기면서 자기 계발에 많은 시간을 쏟고 있었다. 이런 습관들이 부자가 되게 한 밑거름인지도 모른다. 그들의 라이프 스타일을 7가지로 정리했다.

가. 의외로 짠돌이다.

약국경영과 상가투자로 70억원 이상의 부를 쌓은 60대 A씨는 낡은 랜드로바 신발을 11년째 신고 있다. 신발 대리점에서 '신발 옆구리가 터져 더 이상 밑창을 갈아주기 힘들다'고 하자 길거리 구두방에서 옆구리를 수선한 뒤 또 다시 밑창을 갈았다. "아직 신을 만하고 이 신발이 제일 편하다"는 것. A씨와 거래해온 금융회사 관계자는 "자수성가형 부자들 중에는 물건이 좋고 쓸모가 있으면 아낄 수 있을 때까지 아끼는 사람이 많다"고 말했다.

나. 위험을 두려워 않는다.

외환위기 때 부도 경험을 딛고 국내 최대 죽 전문점을 일군 본죽의 김철호 사장(43). 4년 전 창업 당시 주위에선 '무모하다'며 말리는 사람들이 많았다. '죽은 환자들이나 먹는 것'이라는 선입견이 만연했던 것. 김 사장은 그러나 웰빙 트렌트가 확산되면서 건강식이 인기를 끌 것으로 확신했고 결국 '모험'은 성공했다.

다. 뉴스를 돈으로

땅 부자인 60대 B씨는 보유 중인 나대지 개발에 온 신경을 쏟고 있다. 내년부터 부재지주의 나대지에 대한 양도세율이 높아지기 때문. 미리 처분할까도 생각했지만 개발쪽으로 마음을 굳혔다. B씨와 상담한 은행 PB는 "부자들은 부동산 정책이 재산 형성에 결정적인 영향을 줄 것으로 생각한다"며 "그렇기 때문에 매일 뉴스를 꼼꼼히 읽고 그 영향을 파악한다"고 말했다.

라. 늘 공부한다.

상속과 주식, 부동산 투자로 300억원 이상을 모은 50대 후반 C씨는 투자 대상을 공부하기 위해서라면 물불을 안 가린다. 모르는 법률이나 세제는 변호사나 세무사에게 연락해 반드시 알아내야 직성이 풀린다. 인터넷 서점 아마존닷컴을 뒤져 원하는 책을 찾아낸 적도 있다. 금융회사 관계자는 "부자들은 자신이 주로 투자하는 분야에선 전문가 뺨치는 지식을 갖고 있다"며 "특히 세법에 대해서는 변천사까지 꿰뚫고 있는 '세금박사'들이 많다"고 귀띔했다.

마. 돈 문제는 남을 안 믿는다.

D씨는 PB와 상담하기 위해 은행에 갈 때는 운전기사를 대동하지 않는다. 은행에서 멀리 떨어진 곳에 차를 세워두고 걷는다. 은행에서 선물을 줄 때면 포장을 다 뜯어내고 선물만 가방에 넣는다. 은행 관계

자는 "'부자 티'를 내고 싶지 않은 것"이라며 "운전기사에게 돈 심부름 시키는 사람은 진짜 부자가 아닐 가능성이 높다"고 말했다.

바. 원하는 일엔 '올인'한다.

무역업으로 큰돈을 번 70대 E씨는 최근 혼자 유럽여행을 다녀왔다. 여행사에 맡겨 스케줄을 짜면 간단했지만 그렇게 하지 않았다. 직접 유럽의 고급 호텔과 레스토랑을 일일이 예약한 뒤 20일간 4개국을 돌았다. E씨와 거래하는 은행 PB는 "부자들은 해외여행을 갈 때도 남들과 다른 것, 자기가 하고 싶은 '나만의 여행'을 하고 싶어한다"고 말했다.

사. 아침형 인간이다.

부자들과 거래해 온 안병현 한국투자증권 지점 부장은 "부자들은 새벽 4시부터 6시 사이를 가장 중요하게 생각한다"며 "아침은 등산이나 헬스를 통해 몸을 만들고 '오늘 할일'을 점검하는 시간"이라고 말했다. 또 건강을 위해 잠을 충분히 자되 일찍 자고 일찍 일어나는 부자들이 많다고 그는 덧붙였다.

8. 부자들을 위한 마케팅

금융업계에서 성공한 부자로 통하는 A씨. '대한민국 부자 리포트'를 위해 취재팀이 인터뷰를 요청하자 그는 정색을 하며 "저는 부자가 아닙니다."라고 말했다. 이 말은 지난 한 달간 부자들을 취재하는 과정에서 취재팀이 부자들로부터 가장 많이 들은 말이었다. 적게는 수십억원, 많게는 수백억원의 재산을 가진 부자들이 스스로 부자가 아니라고 말하는 이유는 뭘까. 부자들 스스로 부자의 기준을 높게 설정하고 있는 것이 한 가지 이유였다. 하지만 그보다는 부자를 바라보는 우리 사회의 시선이 부담스럽기 때문인 경우가 더 많았다. 한 부자는 "국민들의 상당수가 부자에 대해 색안경을 끼고 보는 상황에서 외부에 '부자로 알려지는 것'이 부담스럽다."고 털어놨다. 상당수 부자들은 부자에 대한 우리 국민들의 시선이 '이율배반적'이라고 느끼고 있었다.

모 기업 대표는 "누구나 부자가 되고 싶어 하면서도 '사촌이 땅을 사면 배가 아프다'고 하는 사람들이 많다"며 "부자가 되기 위해서는 남들이 꺼리는 위험을 감수하고 모험을 걸어야 하는데 자신은 그렇게 하지 않으면서 부자를 질시하는 것은 비겁하다"고 말했다. 외국계 은행의 PB 담당자도 "사업을 통해 성공하거나 20~30년간 묻어둔 땅이 개발되면서 부자가 된 경우가 많은데 이들을 모두 투기꾼으로 몰아가면 안 된다"고 강조했다. 부자에 대한 시선이 왜곡돼 있다고 느끼는 것은 비단 부자들이나 그들과 거래하는 기업들만이 아니었다. '소득 1% 기부운동' 등을 주도하고 있는 시민단체 아름다운재단의 최소영 모금사업팀 간사는 "부자들이 기부를 하면 '숨겨둔 돈이 얼마나 많길래…'라고 생각하는 사람들이 많다"며 "부자들 입장에서는 기부를 해도 욕먹고 안 해도 욕먹는 상황"이라고 말했다. 한국경제신문의 부자 대상 설문에서 '사회적으로 의미있는 일에 적극 기부하고 싶다'는 대답이 46.5%로 '기부는 일정 범위에서 억제하고 싶다'(53.5%)보다 적게 나온 것도 이런 분위기와 무관치 않은 것으로 보인다. 외환위기 당시 우량주 투자로 큰 재산을 모은 강방천 에셋플러스투자자문 회장은 "부자에 대한 부정적 시각에도 이유가 없지는 않지만 그래도 정당하게 쌓아올린 부는 인정하고 이를 경제에 도움이 되는 쪽으로 유도하는 게 필요하다"고 밝혔다.

박태일 현대경제연구원 컨설팅본부장도 "부자들이 국내의 부정적 시선을 피해 해외에서 돈을 쓰면 결국 우리 경제에 손해"라며 "부자들의 돈이 국내에서 풀리도록 하기 위해서는 부자들의 소비에 대해 좀 너그러워질 필요가 있다"고 말했다. 부자들을 존중하는 사회가 되려면 부자와 국민 모두 인식 전환이 필요하다는 지적도 있었다. 상속과 창업 등으로 많은 재산을 모은 한강현 변호사는 "소외받는 사람을 위한 일에 국가가 모두 나설 수는 없다"며 "여유 있는 사람들이 사회에 과감하게 기부하고 이에 대해서는 칭찬하는 풍토가 정착돼야 한다."고 강조했다. '리치스 오블리제(Riches oblige · 부자의 사회적 의무)와 이에 대한 사회적 칭찬이 병행돼야 한다는 얘기다.

6
chapter

명품의 조건과 경영 전략

1. 명품 소비의 원인과 실태

최근에 한국인들의 명품에 대한 열기는 대단하다. 경기가 확연하게 안 좋은 데도 명품 쇼핑은 거의 줄지 않고 있다. 이는 비단, 한국에서뿐만 아니라 아시아권에서 일반적인 현상이 되고 있다. 해마다 명품 브랜드 소비가 20% 이상씩 성장하고 있는 것으로 전해지고 있다. 물론, 일부에선 이런 현상을 크게 우려하는 목소리도 높다. 명품의 소비 현상은 자칫, 나라 경제를 좀먹는 과소비를 부를 소지가 있기 때문이다. 또 명품에 대한 지나친 열망은 거의 병적인 집착을 가져와 개인의 신용을 파산시키고 사회문제가 되고 있기 때문이다.

그러나 이러한 걱정에도 불구, 명품에 대한 열기는 좀처럼 식지 않고 있다. 한국인들의 명품 소비는 국내 수입매장에서 뿐만 아니라 해외 관광으로도 이루어지고 있다. 명품의 고장 파리의 백화점이나 유명 브랜드 전문매장이 세일에 돌입하면 전 세계 관광객들이 몰려드는 데 근래에는 한국인들 역시 그 일행들 중의 한 부분이 되고 있다. 실례로, 파리의 유명 명품 브랜드 숍 앞에는 오픈 전부터 기다리는 사람들로 몇 백 미터의 줄이 늘어서는 등 장사진을 이루는 일이 흔한 데 이 줄에서 한국인들의 모습을 발견하기가 어렵지 않다는 것이다.

파리의 '루이비통' 숍은 반드시 줄을 서야 한다. 마치, 인기 있는 개봉 영화관 앞에서 줄을 서듯이 쇼핑객들은 일일이 이름과 주소를 적고 입장해야 한다. 그 이유는 아시아 지역에서 온 보따리 상인들이 한꺼번에 굉장히 많은 핸드백을 구매하기 때문이다. 그 만큼 명품소비가 아시아권에서 일어난다는 반증이 되고 있다. 물론, 가까운 국이나 유럽의 사람들이라고 해서 다를 것은 하나도 없다. 특히, 지난해, 한국인들이 파리의 명품매장에서 싹쓸이 쇼핑을 하고 있다는 뉴스는 하나의 충격처럼 들리기도 했다.

명품에 대한 집착은 일본이 먼저, 시작됐다. 일본 도쿄의 유명 수입 명품 숍은 그야말로 장사진을 이루는 것이 대부분이다. 하지만 이제 이러한 현상이 남의 나라 이야기만은 아니다. 우리나라의 명품 열기도 일본에 결코 뒤지지 않으며 심지어 대학생들이 '명품계'를 조직하고 있다는 충격적인 보도 내용도 있다. 외모에 치중하는 여성들 가운데는 명품 핸드백하나 정도는 안 갖고 있는 사람이 없을 정도라고 한다. 이들이 모두 부유해서 명품 핸드백을 갖고 있는 것은 아니다. 직장 여성 중에는 1년을 별러, 돈을 모아서 명품을 구입하고 만족해 한다고 한다.

일반인들이 명품에 대한 강한 소비 심리를 갖고 있듯이 할리우드 스타들도 명품을 즐기고 있다. 리처드 기어, 조디 포스터, 워렌 비티, 더스틴 호프만 등 우리나라에서도 최고의 인기를 누리고 있는 미국의 스타들은 아르마니 제품을 전문적으로 소비하는 사람들로 잘 알려진 지 오래됐다. 전문가들은 일반 소비자들의 명품 집착현상은 이 스타들의 명품 착용과 무관치 않다고 이야기하는 사람들도 있다.

명품에 대한 소비 풍조는 유통기업에 명품 유치경쟁을 불러왔다. 이에 따라 시중의 유명 대형 백화점들은 경쟁적으로 해외 명품 브랜드 유치에 나서고 있다. 백화점들은 날로 치열해지는 할인점 등과의 경쟁에서 살아남기 위해서 한 단계 더 고급화된 제품으로 차별화를 시도하기 위해 더욱 명품판매에 집착하고 있다. 또 국내의 명품 열기는 이미 잘 알려진 명품 기업이외에도 근래에 명품으로서 인정을 받고 있는 외국 기업들이 대거 한국으로 진출하는데 큰 계기가 됐다.

미국의 대표적 가죽 명품브랜드 '코우치(Coach)'가 2001년도 국내에 첫 선을 보였다. 튼튼하고 질긴 가죽을 사용한 코우치 제품은 실용적 아메리칸 스타일이 특징이다. 이 회사는 가죽 가방을 주력 아이템으로 시계, 안경, 선글라스 등을 생산하고 있다. 현재 미국 내 120개 매장과 해외 15개국에 160개의 매장을 운하고 있으며 일본에서 특히 인기가 높은 다국적 브랜드 기업이다. 프랑스의 유명 헤어 액세서리 올리비에 역시 이러한 명품 열기를 타고 국내에 상륙한 프랑스 기업이다. 이외에도 이탈리아 가죽 브랜드 '라마드,' '만다리나,' '키셀스타인 코드(Kieselstein-cord)' 등 많은 유럽의 명품 기업들이 한국에 매장을 설치했다.

2. 럭셔리 신드롬과 명품 선호현상

명품 브랜드 가방이나 구두, 의상 등은 이제 우리 소비시장에서 흔한 메뉴가 되어 버렸다. 그러나 소비자 가운데 특히, 외모에 신경을 쓰는 젊은 층은 더욱 튀는 것을 요구하고 있다. 이에 따라 명품 소비는 액세서리, 화장품 등 스포츠 웨어 등 차별화된 멋스러움으로 흐르고 있다. 탐스럽고 윤기 나는 머릿결, 보석이 화려하게 박힌 머리핀, 목걸이 등 액세서리가 명품 소비시장의 단골 메뉴가 되고 있다. 강남의 모 유명 백화점의 경우, 진주와 다이아몬드로 장식한 120만원짜리 머리핀이 인기리에 불티나듯이 팔려 나가고 있다. 뿐만 아니라 올리비에 클래식, 장폴 오트쿠튀르 등 루비, 사파이어, 비취, 다이아몬드 등으로 화려하게 꾸며진 100만원을 호가하는 헤어핀 등이 판매되고 있다. 보석 헤어핀의 단골 고객은 젊은 여성들이 주류를 이루고 있다. 20~30대 여성들은 반지나 귀걸이 목걸이 등의 명품과 구색을 맞추기 위해 보석 헤어핀을 많이 찾는다고 한다. 여기에 펀승, 페라가모나 에뜨르 등은 헤어 액세서리로 젊은 여성들에게 어필하면서 브랜드의 저변 확대를 가져왔다. 아울러, 샤넬, 질 샌더 등은 헤어 전용 향수도 출시하고 있다. 명품의 소비성향은 이제 일부 부유층의 현상이 아니며 자연스럽게 사회전반에 파고들었다.

우리나라의 명품 열기에 톡톡히 재미를 보는 곳은 물론, 외국의 명품 기업들이다. 핸드백으로 국내에서 큰 인기를 끌고 있는 루이뷔똥의 경우, 광고비를 별로 안 들이고도 판매에 별 지장이 없어 많은 수익을 남기고 있다. 에르메네질도 제냐 이태리 명품 기업은 서울에 단 한 개의 지사만을 두고 있는 데 그 지사의 매출액이 도쿄, 상하이에 이어 근소하게 3위를 차지, 점포당 매출로 치면 가히 세계최고 수준임을 자랑하고 있다. 국내의 유명 스타들도 명품 열기에 기름을 붓고 있다. 겐조, 페라가모, 샤넬 등의 패션쇼에 반드시 참석, 200만원에서 300만원대 구두, 핸드백, 의상 등의 선물을 받아간다. 이러한 소식은 금방 소비자들에게 알려져 유명 스타들이 선호하는 명품은 금방 동이 나기 일쑤다. 또 패션 산업뿐만 아니라 스포츠 산업에도 명품 소비 현상은 대단하다. 스키복 한 벌에 2백만원을 넘는 제냐, 베르사체, 모스키노 등 유명 브랜드의 스포츠의류 매장이 계속 생겨나고 있다. 과거에 한두 벌씩 팔리는 이러한 부류의 스포츠 웨어와 기구들이 불티나게 팔리고 있다. 명품 스포츠웨어의 유치는 이제 백화점 고급화 전략의 필수요소가 되고 있다.

그렇다면 도대체 이 명품들은 무엇 때문에 이렇게 일부의 강력한 비판에도 불구, 인기를 끌고 있는 것일까? 그것은 나름대로의 이유가 분명히 있기 때문이다. 전문가들에 따르면 시대를 초월한 명품 선호현상은 반드시 명품을 사는 것 그 자체를 추구하는 것이 아니라고 말한다. 그 근본은 제품의 브랜드에서 느낄 수 있는 쾌감 즉, 인간의 본성에 있는 소유욕을 충족시키는 것이다. 실제로, 사치품이나 최근의 명품 소비에 대한 분석은 꽤 오래 전부터 행해져 왔다.

'유한계급론'으로 유명한 소스타인 베블런은 대부분 분수를 모르는 허, 사치라는 비판적인 주장을 했다. 베블런은 사치품에 대한 소비는 비합리적 소비로 상류층에 속한다는 것을 드러내기 위한 재산 겨루기와 자신의 아래 계층 사람들과 자신을 구별 짓기 위한 '혐오스런 비교'라고 분석한 것이다. 이로 인해 사치품의 가치는 값이 비쌀수록 커지는 이상한 '베블런 효과'를 낳는다고 주장했다.

이 견해에 따르면 현대사회에 와서도 사치품은 바로 신분과 계층의 표식이 되고 있으며 과거엔 경제적 생산력의 한계로 물질적 안락함을 추구하는 욕망을 절제하는 문화지만 지금은 중류층 사람들도 물질적 만족감을 즐기며 사는 문화가 생겨났기 때문이라는 것이다. 즉, 생산문화는 소비문화로, 생산의 지식은 소비의 지식으로 바뀌었다. 또 자본주의나 산업혁명, 그리고 현대적인 마케팅이 어우러지면서 사람들은 종교나 정치적 견해·가치관 등이 아니라 사용하는 제품의 브랜드로 다른 사람을 이해한다.

과거에는 종교 · 가문 · 피부색 · 학력 등이 한 사람을 평가하는 요소지만 오늘날은 럭셔리 제품 즉, 돈이 그 역할을 대신한다. 또 프라다 핸드백, 에르메스 스카프를 사는 사람들은 그 물건 자체를 추구하는 것이 아니라 그 럭셔리 제품과 관련된 이미지, 부여된 의미들을 원하는 것이다. 여기에서 광고와 마케팅은 큰 역할을 하며 광고가 그 이미지와 의미들을 제품에 불어넣는다. 광고는 물질에 가치를 부여하고 물건에 의미를 주며 제품에 브랜드를 붙이고 이 명품을 선망의 대상, 성공의 상징으로 느끼게 만든다는 것이다.

3. 명품의 조건과 특징

가. 명품의 성공 철학

샤넬, 구찌, 페라가모와 같은 명품들은 작고 심플한 로고 하나만으로도 브랜드 이미지에 대해 별도의 홍보를 하지 않아도 물량이 달릴 정도이다. 다른 옷의 반밖에 안 되는 무게와 걸치면 몸을 따라 흐르는 느낌, 이는 아르마니 브랜드에 따라붙는 일반적인 평가이다. 전문디자이너들에 따르면 이러한 비결은 아르마니가 소재를 자연에서 구하고 접착하지 않은 심지를 쓰는 데 있다고 한다. 품위와 소탈한 지성미를 느끼게 하는 아르마니의 의상은 옷이 아니라 인간이 주인공이라는 아르마니의 패션철학이 묻어 있다.

아르마니는 메인 브랜드인 조르지오 아르마니와 가격대를 낮춰 대중성을 강조한 엠포리오 아르마니, 아르마니 진 등 10여개 자매브랜드로 연간 7,000억원대의 매출을 올리는 세계적인 명품 중에서도 최고의 브랜드가 됐다. 아르마니는 1973년도 조르조 아르마니가 회사를 창립, 비교적 짧은 시간 안에 세계적인 브랜드 기업이 됐다. 그 비결은 그들의 경영 및 브랜드 전략에 나름대로의 명품 기업으로서의 자존심과 철학을 철저하게 적용했기 때문이다. 이들은 지나치게 '패션'을 강요하는 것은 고객을 무시하는 일이다. "우리는 고객들을 패션의 희생물로 만드는 것이 아니라 옷을 통해 세련되게 보이도록 하는 것이다."라고 주장한다.

아르마니는 모델들을 위한 옷을 만들지 않는 것으로 유명하다. 물론, 언론의 화려한 스포트라이트가 번쩍이는 패션쇼도 열지 않는다. 남성복을 여성에게 입혀 더욱 유명해진 아르마니는 커리어 우먼들에게 열렬한 지지를 받으며 여성복에서도 빅히트를 쳤다. 아르마니 여성복은 이탈리아 남성복의 말쑥함과 편안함을 가감없이 옮겨놓으며 새로운 여성미를 창조한 것으로 평가받고 있다. 아르마니 여성복 패션철학은 '지적인 여성'에 포인트를 두고 있다. 따라서 예쁜 여자보다 똑똑한 여자가 되고 싶은 여성들이 아르마니에 열광한다.

또 20세기 패션을 거론할 때 빠뜨릴 수 없는 브랜드가 '샤넬'이다. 21세기에 샤넬만큼 자신의 개성을 집약해 표현한 브랜드는 없다고 한다. 그만큼 샤넬의 디자인 개념은 독특하다. 샤넬라인(무릎 바로 아래까지 내려오는 치마선), 샤넬 재킷(허리 아래까지 이어지는 스트레이트형 재킷) 등은 패션용어로 자리 잡았다. 이에 따라 디자이너 샤넬의 이름도 세계적으로 유명해졌다.

드라마 같은 삶을 산 가브리엘 샤넬은 상류사회를 접하면서 몸을 꼭 조여 매는 코르셋과 의상을 입지 않고 심플한 투피스나 승마바지, 남성용 재킷을 입어 화제를 불러일으켰다고 한다. 이후 자연스럽게 최고의 디자이너로 떠올랐다. 아름다움보다 기능이 우선한다'고 말한 그녀는 시대를 앞서가며 20세기 여성들에게 자유로운 패션을 추구하는 데 선구자 역할을 했다. 금색로고가 들어간 누빈 가방, 화려한 모조보석, 마릴린 먼로가 "내가 잘 때 유일하게 입는 것"이라고 말해 더욱 유명해진 향수 'No.5' 등은 이러한 샤넬의 패션철학에서 비롯됐다.

훌륭하여 이름이 난 물품이나 작품을 의미하는 명품(名品)은 다시 말해, 최고의 제품을 의미한다. 최고의 제작자가 최고의 정성을 들여야만 만들어 낼 수 있는 제품인 것이다. 최고 기준에 떨어지면 가차없이 깨어버리고 끝까지 다시 만들어낸 우리나라 고려청자의 장인정신도 바로 명품 정신의 하나라고 볼 수 있다. 이에 따라 명품은 나름대로의 탄생 비결이 있다고 한다. 첫째, 명품은 제품 자체로 명품이 되는 것이 아니다. 정말 기능이 뛰어난 가죽공이 있어 열흘 동안 혼신의 힘을 다해 구두 한 켤레를 만들었을 경우, 이는 명품이 될 수 없다. 여기에 마케팅이 추가돼야 한다. 제품을 직접 본 고객들이 감동해 구입해야만 비로소 명품 반열에 오를 수 있다. 자칫 고객을 등한시하고 자신의 능력에만 도취되는 기업은 절대로 명품기업이 될 수 없다.

둘째, 최고의 실력을 갖추고 있다. 평범한 수준의 것들로 둘러싸여서는 명품에 대한 비전과 실현이 불가능하다. 단순한 실력만 가지고는 힘들다. 마지막 순간까지 혼신의 힘을 다하는 장인정신이 절대로 필요하다. 마지막 마무리를 제대로 못해 많은 명품 대상들이 2류로 전락하는 경우는 매우 흔한 사실이다. 셋째, 최고 명품을 최소의 비용으로, 또는 브랜드의 유명세를 적당히 활용해 만들기를 추구해서는 안 된다. 명품은 단순히 어떤 브랜드가 붙었다고 되는 것은 아니다. 그 브랜드에 걸맞는 최고 명품을 만들려는 의지가 계속 있어야만 가능하다. 장기적이고 지속적인 관리가 필요하다.

나. 명품 본고장의 특징

세계 최고의 패션강국은 이탈리아와 프랑스이다. 이에 따라 세계적으로 유명한 명품 기업들도 이들 나라에 대거 집중해 있다. 프랑스는 오뜨꾸뛰르, 챨스 쥬르당 등 고급 맞춤복이 먼저 떠오르지만 이에 비해 이탈리아는 대중적인 유행을 이끌어가는 패션산업이 발달한 국가라고 볼 수 있다. 구찌, 페라가모 아르마니 베르사체 등은 이탈리아를 대표하는 명품 브랜드들이다. 그러나 이탈리아가 국제무대에 데뷔한 역사는 생각만큼 오래되지 않았다.

1951년 이탈리아의 사업가 바티스타 조르지니가 피렌체 자택에 미국 바이어들을 불러 패션쇼를 연 것이 결정적인 계기됐다고 한다. 미국을 상대로 무역업을 하던 조르지니는 미국 시장의 수요에 걸맞는 이탈리아 패션을 만든다는 사고방식에 의해 재능있는 디자이너들을 모아 패션쇼를 개최했다. 이 패션쇼는 큰 성공을 거뒀다. 이후 타임지 등 세계적 언론을 타면서 이탈리아 패션이 크게 부상하기 시작했다. 현재 대부분의 패션쇼 무대에서 기본 구조가 된 'T자형' 무대도 조르지니의 시도인 것으로 알려져 있다.

오늘날의 이탈리아 패션은 사실, 디자이너가 아니라 기획자 즉, 철저한 기획의 성공이었던 셈이다. 이후 이탈리아는 국가적으로도 패션의 세계화를 추구하게 됐다. 소재산업과 디자이너간의 긴한 협조가 이뤄지고 라노, 피렌체, 로마 등 각 도시에서 경쟁적으로 패션행사를 유치했다. '에리오', '푸치' 등의 디자이너들은 세계를 순회하며 패션쇼를 열고 이탈리아의 첨단 패션문화를 홍보했다. 특히, 이들은 최고의 소비시장인 미국시장을 위해 최선을 다했다.

세계 최고의 디자이너 '살바토레 페라가모', '조르지오 아르마니' 등은 허리우드 스타들과 함께 미국의 패션 니즈와 디자인을 파악하기 위해 혼신의 힘을 다했다. 이는 이탈리아 제품이 세계적인 명품 브랜드로 성장하는 데 결정적인 기여를 했다. 구찌는 미국인 소비자의 취향을 알기 위해 미국인 출신 디자이너를 과감히 기용했다.

프랑스 역시 패션과 명품에 있어서 세계에서 두 번째라고 하면 서러워할 나라이다. 해마다 3월과 10월 파리에서 열리는 프레타포르테 파리 컬렉션은 세계 패션의 유행을 선도하는 프랑스 패션산업의 핵심이다. 세계에서 가장 큰 규모의 시장을 자랑하는 파리 패션의 힘은 여기에서 나온다. 뿐만 아니라 파리 패션의 저력은 완벽한 유통 시스템에 바탕을 두고 있다. 패션가에 집한 수많은 부띠끄, 쇼룸, 멀티레이블 부띠끄 등 체계적 유통 시스템은 디자이너가 패션 창조에 전념할 수 있는 최적의 여건을 제공한다.

파리의 부띠끄는 디자이너의 작품이 세계로 향하는 요람이다. 샤넬, 겐조 등 파리에 있는 유명 디자이너의 부띠끄는 전 세계 수입업자들로 연중 문전성시를 이룬다. 국내 디자이너뿐 아니라 파리에서 활동하는 신진 디자이너들도 이러한 명품 브랜드의 벽을 뛰어넘기란 쉽지 않다고 한다. 여기에다 파리는 아직 유명세를 타지는 못하더라도 젊고 가능성 있는 신예 디자이너들에게 기회의 장이 되고 있다. 이는 파리 패션이 세계적인 명품이 되는 데 자양분이 됐다. 수많은 쇼룸이 있어

돈없고 재주있는 디자이너들을 위해 연중 전시를 해주는 것도 파리패션 문화의 특징이다.

4. 명품의 성공 비결

세계적 명품을 만들어낸 유명 디자이너들은 나름대로의 공통적인 성공 비결이 있다. 랄프 로렌의 경우, 유행에 민감해 변화무쌍한 패션을 즐기는 사람과 유행에 민감하진 않지만 자신만의 스타일로 멋을 내는 사람을 목표고객으로 성공했다. 랄프 로렌은 평생에 한 번도 디자인 교육을 받은 적이 없다. 그럼에도 불구하고, 그는 대중의 욕구를 가장 잘 읽어 냈다. 성조기 문양을 넣은 디자인들은 후에 토미힐피거 갭 등에서도 인용됐다. 아울러, 캐주얼웨어 등의 아메리칸 풍 옷은 전세계에 유행됐다.

랄프 로렌은 '라이프 스타일 머천다이징'이라는 컨셉을 최초로 도입, 평일에는 우아하면서 편안한 슈트, 주말은 별장에서 캐주얼한 차림으로 자연을 즐기는 상류층의 라이프 스타일을 광고와 매장 디스플레이 등에 이용했다. 이는 아메리칸 드림을 꿈꾸는 미국 사람 또는 이민자들의 귀속의식을 자극하는 데 성공했다. 랄프로렌도 아메리칸 드림을 꿈꾸고 미국으로 건너온 러시아 이민자의 후손이다. 이에 따라 미국의 서민과 그들이 추구하는 가치관과 꿈을 이해할 수 있었던 것이다.

이렇듯 명품은 처음부터 명품이 아니었다. 반면에 소박하지만 열정을 가진 장인들에 의해 탄생했고 지금도 그 전통을 이어가고 있는 것이다. 따라서 명품으로 불리는 상품들은 오랜 역사를 지닌 고가의 제품들이 대부분이다. 이에 대해 보석장신구 회사 쇼메의 CEO '피에르 아케'는 명품이란 혼을 담은 창의적인 디자인으로 고객에게 꿈과 감을 불러일으킬 수 있어야 한다'고 설명하고 있다. 이에 따라 명품탄생에 있어서 실과 바늘의 관계인 디자인은 아름다운 외견만이 아니라 고객의 편리함을 최대한 반한 실용성도 포함해야 한다.

현재 우리나라에서 명품 현상을 선도하고 있는 루이뷔통, 에르메스, 샤넬, 구치, 버버리 등의 패션브랜드와 카르티에, 티파니, 불가리 등 보석장신구와 로열코펜하겐, 바카라 등 식기류는 물론 벤츠, BMW 등 자동차 등은 몇 가지 공통점이 있다. 먼저, 명품은 소박하지만 열정을 가진 장인들에 의해 탄생했다. 루이뷔통은 가죽공장 견습공이던 루이뷔통이 옷을 많이 담아도 구김이 가지 않는 여행용 트렁크를 연구하다가 탄생한 것이다. 에르메스 역시 말안장을 만들던 티에리 에르메스가 부드러우면서도 단단한 마구용품을 고안한 것이 사랑을 받으며 핸드백 등 다른 가죽용품이 된 것이다.

샤넬이나 지방시, 크리스찬 디올 역시 처음부터 화려한 디자이너들은 결코 아니었다. 명품 디자인은 아름다운 외견만이 아니라 편리성, 실용성을 포함한다. 시작은 초라했지만 창업자와 그 후손들은 단순히 돈 위주보다는 자신이 만족하고 떳떳한 제품을 만드는 것 즉, 장인정신을 중요시했다. 루이뷔통을 비롯한 가죽제품 명품기업들은 아직도 최고의 장인들이 손으로 가죽을 자르고 틀을 만들어 징을 박으며 두 개의 바늘로 바느질을 한다. 작은 손지갑도 8번의 품질검사 과정을 거쳐야 한다. 샤넬의 재킷은 안쪽 밑단에 일일이 작은 체인을 달아 움직여도 옷이 들뜨지 않고 항상 우아한 자태를 유지하도록 한다.

지아니 베르사체는 고대 신화에 나오는 메두사를 심벌 로고로 옷은 물론 가방, 시계, 침장류, 식기류까지 만들었다. 메두사는 그의 창작품이 아니지만 메두사에서 받은 감을 디자인화해 생활 속의 창작품을 만들었다. 에르메스는 스카프에만 40명의 예술가들을 동원, 독특한 실크프린팅의 스카프를 만들어내 한 마도 되지 않는 스카프를 수십만원에 팔고 있다. 카르티에의 반지 '트리니티'도 화이트·옐로·핑크 등 3개의 금반지를 우정·충성·사랑을 상징하는 디자인으로 100만 원이 넘는 고가에 무제한으로 팔고 있다.

이런 명품들이 오랜 전통에도 불구하고 최근의 신세대들에게까지 사랑을 받고 있다. 그 이유는 고전적이면서도 신비할 정도로 현대감각을 상품에 반하기 때문이다. 대부분 명품 창업자나 디자이너들은 이미 세상을 떠났고 후계자들이 운하거나 거대기업에 합병됐지만 명품들은 초기의 특성을 잃지 않으면서도 새로운 시대의 흐름을 자연스럽게 담아낸다. 또 명품회사들의 공통점은 철저한 애프터서비스 정신이다. 벤츠 같은 자동차 회사는 물론, 의류나 장신구회사들도 마찬가지이다. 구입한 곳은 물론, 어디에서나 수선을 해주고 재구입도 한다. 보석장신구사들은 오히려 과거에 자신들이 팔았던 보석들을 경매를 통해 몇 배의 가격을 주고 재구입하기도 한다. 상품을 만들어낸 회사에서 자신들의 상품가치를 인정한다는 것이다. 성공한 예술가나 스타들이 타고난 재능만이 아니라 모두 엄청난 노력과 철저한 자기관리에서 탄생하듯 명품도 마찬가지다. 우리나라도 명품이 없는 것은 아니다.

이른바 '코리아 명품'이 국내에서 인기를 끌고 있다. 국내에서 만들어진 국산이지만 브랜드 인지도와 제품력 면에서 해외 명품에 뒤지지 않는 평을 듣고 있다. 우리나라 기업도 노력여하에 따라 얼마든지 세계적인 명품이 될 수 있는 것이다. 명품은 특별한 무엇에 의해 탄생한 것이 아니라 집요한 장인 정신, 일상을 넘어서는 획기적인 창조성, 뛰어난 품질력에 의해서 만들어지는 것이다. 이 세 가지는 명품이 지녀야 할 필수 요소이다.

현재, 명품이라고 불리는 브랜드나 기업들은 몇 십 년에서 길게 100년이 넘는 전통을 자랑한다. 국내 명품 시장을 주도하는 이태리 기업들은 초창기에 말안장을 만들다가 핸드백을 만들고 옷을 만들게 되는 식으로 성장한 기업들이다. 또 이 기업들은 최고의 가죽만 고집하고 마무리는 반드시 수작업으로 꼼꼼하게 하며 수백 번의 확인 작업을 거치는 것은 보통이다. 이후 제품에 고유번호를 매긴 다음 시장에 출시한다. 세계적으로 인정을 받고 있는 명품 기업들은 거의 이러한 과정을 거치는 것으로 잘 알려져 있다. 뿐만 아니라 포장이나 마케팅에서도 그들은 자기들의 제품을 최고로 만드는 데 손색이 없다. 명품에 걸맞는 포장을 위해 그들은 대단한 능력을 발휘한다. 명품 소비자들은 제품보다 포장에 먼저 마음을 빼앗기는 것이 보통이다. 또 이들은 자사의 명품 브랜드를 키우고 홍보하기 위해 최선을 다하고 있다.

이 회사들의 CEO들은 자사가 세계적인 명품 기업이라는 것을 잘 알고 기업 경에 철저하게 명품 마인드를 도입한다. 철저한 인재경은 명품 기업의 전략중의 하나이다. 이에 따라 그들은 세계 최고의 젊은 디자이너들을 해마다 새롭게 스카우트한다. 몰론, 여기에는 막대한 투자가 뒤따르는 것은 당연한 일이다. 이렇게 유입된 인재들이 창조해 내는 브랜드와 유행 트렌드들은 제안 즉시, 전 세계로 퍼져 나간다. 왜냐하면 그 트렌드들은 재빨리 국내 브랜드들에 향을 미치고 그 디자인들은 다시 재래시장에 카피돼 전국으로 퍼져 나가기 때문이다. 유행과 패션 트렌드들은 계속 이러한 반복과정을 거치게 마련이다.

LVMH는 몇 개의 명품 회사들로 이뤄진 세계 최대의 명품기업이다. 1987년도 설립된 LVMH는 루이뷔통・크리스찬 디오르・지방시・겐조・셀린느・펜디・도나 카란 등 최고급 패션 브랜드뿐만 아니라 헤네시(코냑)・돔페리뇽(샴페인)・샤토 디켐(와인)・쇼메(보석)・겔랑(화장품)・태그호이어(시계) 등 최고급 브랜드 60여개를 보유, 세계 최대의 명품 왕국이 됐다. 규모나 그 범위에 있어 LVMH는 가히 독보적이다. 순이익은 명품업체 2위인 리치몬드의 3배, 3위인 구찌의 6배를 넘어서며 시가총액은 330억 달러에 이르고 있다.

LVMH의 CEO 베르나르 아르노의 경영원칙은 인수・합병을 통한 분산 정책이다. 이 회사는 디자인이나 제품의 질에 대한 확고한 전략을 갖고 유명 브랜드를 사들인다. 이후 브랜드 간의 철저한 상호조율을 통해 이 명품업체들을 성장시킨다는 전략을 추구한다. 이에 따라 LVMH는 중앙집권적인 조직에서 탈피, 자유롭고 유연한 조직 체계를 갖고 있다. 이에 대해 아르노 회장은 각 브랜드는 각자의 역할을 자동적이고 독자적으로 수행해야 한다고 주장하고 있다. 특히, 그는 디자이너의 창의성을 무엇보다 중요시 여긴다. 의류・패션업체의 성격상 자율권을 더 많이 보장할수록 각 브랜드가 제각기 성장 한다는 경영철학이다. 각 사업부는 경영자 와 책임디자이너가 모두 따로 있으며 독자적으로 예산을 집행한다. 또 각 사업부별 실적에 따라 스톡옵션이나 상여금 등의 수단으로 확실한 보상체계를 갖추고 있다. 가능한 중앙집권화를 탈피하고 모기업은 규모를 앞세운 협상력을 발휘할 때만 필요하다는 전략을 구사하고 있다. 따라서 본사의 역할은 각 디자이너와 경진들이 전체 시스템 속에 조화를 이루도록 유도하는 것이지 지나친 간섭과 통제는 창의성에 방해를 줄 수 있다는 원칙을 세우고 있다. 뿐만 아니라 아르노 회장은 루이비통이 가진 '최고급' 이미지를 유지하면서도 규모를 늘림으로써 충분히 시너지효과를 볼 수 있다고 생각한다. 이는 그동안 세계적인 고급브랜드가 시가총액 측면에서 대부분 중소기업이었던데 비해 매우 혁신적인 사고방식이다. 이들은 고가제품을 소비할 능력이 있는 극히 일부 계층만을 대상으로 신비스런 마케팅에만 열중했다. 하지만 아르노 회장은 "이제 과거 일부 부유층이 과시용으로 명품을 구입하는 시대는 지났다. 이런 싸구려 과시욕에만 의존해서는 제대로 된 명품사업을 할 수 없다"고 말한다. 실제로 그는 다양한 명품을 구비하고 절대 다수의 소비자들을 대상으로 한 마케팅을 펼치는 등 유연함도 갖고 있다. 전문가들은 아르노가 LVMH를 세계 최대 규모의 명품 왕국으로 성장시킬 수 있었던 비결이 4가지 원칙 탓이라고 입을 모으고 있다. 첫째, 공격적 성장 전략이다. 그는 끊임없이 성장하지 않는 기업은 도태된다는 신념에 따라 끊임없이 M&A를 추구한다. 둘째, 아르노는 루이뷔통 등의 성공에서 벌어들인 돈을 성장 잠재성이 크다고 판단되는 브랜드에 투자했다. 아르노가 인수한 브랜드는 LVMH에 소속됐다는 사실 자체로만으로도 브랜드 이미지가 높아졌다. 또 철저한 인재경영을 통해 유명디자이너를 영입하는데 투자를 아끼지 않는다. 셋째로는 중앙집권식이 아닌 '중소기업 연합'의 경영전략이다. 아르노는 고급 시장에서 성공하려면 중소 규모의 기업이 적합하다는 신념을 갖고 있다. 넷째, 아르노는 고급 레저스포츠인 요트대회를 지원하는 등 자사 제품이 상류층의 선호 제품이라는 이미지를 심어주기 위해 끊임없이 노력하고 있다.[1]

1) "명품의 조건과 명품기업의 경영전략," CEOReport, 2003 09.26.

7
chapter

KOREAN WEALTH REPORT

1. 부자의 기준 및 자산축적 방식

가. 부자의 기준이 전년에 비해 하향

부자들이 생각하는 부자의 기준은 무엇일까? 하나금융경연구소가 당행 PB고객들을(KEB하나은행, 금융자산 10억원 이상) 대상으로 조사한 바에 따르면 부자가 가져야 할 최소 자산규모는 평균 109억원(응답자의 중간값 기준)으로 조사되었다. 부자의 최소 자산이 100억원 이상이라고 응답한 비율은 2012년 55%에서 2013년 59%로 증가하지만, 2014년에는 51%로 감소하여 부자들이 인식하는 '부자의 기준'이 지난 한 해 동안 많이 낮아진 것으로 나타났다. 부자의 기준은 자산규모별로 큰 차이를 보는데, 금융자산 30억 미만의 경우 부자가 최소 보유해야 하는 자산규모는 74억원, 금융자산 30~50억 미만은 129억원, 50~100억 미만은 153억원, 100억 이상의 경우는 215억원으로 조사되어 자산규모가 클수록 부자의 기준은 높아지는 경향을 나타냈다.

본 설문조사에 참여한 부자들이 보유하고 있는 총자산은 평균 108억원(중간값 기준)으로 이 중에서 금융 자산은 약 평균 41억원을 보유하고 있는 것으로 조사되었다. 참고로 설문에 참가한 응답자 중 총자산 100억원 이상을 보유하고 있는 부자들의 비율은 31%로 집계되었다.

그럼, 이번에는 부자들은 어떻게 부를 축적하고 있는지 부자들의 소득구조에 대해 알아보자. 국내 부자들의 소득구조를 조사한 결과 연간소득은 재산소득 40%, 근로소득 29%, 사업소득 24%, 기타소득 7% 순으로 구성되어 있었다. 자산규모에 따라 연간 소득구조도 차이를 보는데, 재산소득과 사업소득의 경우 자산 규모가 커질수록 높아지고, 근로소득 비중은 줄어드는 것으로 나타났다. 즉, 자산규모가 상대적으로 작은 부자들의 경우 근로소득이 주 수익원이지만, 자산규모가 커지면서 적극적인 부동산투자와 사업경영을 시작하고 있으며 그 결과 재산소득과 사업소득이 커진 것으로 보인다.

연령대별 소득구조를 살펴보면, 50대까지는 근로소득의 비중이 가장 높고, 정년퇴직 등 은퇴가 본격적으로 시작되는 60대부터는 재산소득 비중이 가장 높은 것으로 나타났다. 40대부터는 재산소득의 비중이 점차 커지고, 근로소득과 사업소득은 점차 비중이 줄어드는 경향을 보인다. 30대 이하 부자의 소득구조는 근로소득 36%, 사업소득 29%, 재산소득 28%로 구성되어 있어 타 연령대와 차이를 보이는데, 직업을 조사한 결과 30대 이하 부자들은 자영업(33%)을 하는 비율이 가장 높았고, 그 다음으로는 회사원과 의료/법조계 전문가(각각 22%) 등의 순으로 높아 근로소득 비중이 다른 연령대에 비해 많이 높을 것이라는 예상을 깨고 사업가의 비중이 가장 높은 것으로 조사되었다. 또한 30대 이하 부자의 재산소득 비중은 40대 재산소득 비중보다도 높고, 50대 부자와 비슷한 수준으로 나타나 상속 또는 증여를 통해 형성된 자산에 대한 부동산 및 금융자산 투자가 활발한 것으로 추측된다.

참고로, 부자들의 직업(주 소득자 기준)을 조사한 결과 기업경영(19%), 기업체임원(17%), 의료/법조계 전문가(16%), 자영업(15%) 순으로 높게 나타났다. 금융자산 규모별로는 30억 미만의 부자들은 자영업자가 18%로 가장 높았으나, 기업경영(17%), 기업체 임원(16%), 의료·법조계 전직(16%) 비중 역시 큰 차이 없이 높게 나왔다. 금융자산 30억 이상부터는 금융자산이 클수록 기업경과 기업체 임원을 하는 부자들의 비중이 높아지는 경향이 있었다.

2. 자산구조 및 투자성향

가. 부동산 자산 비중 증가, 월세 선호 경향 강화

부자들의 자산구조 변화를 살펴보면 부자들의 재테크 노하우가 보인다. 부자들의 자산은 부동산 자산 47%, 금융자산 53%로 구성되어 금융자산 비중이 더 높았다. 그러나 최근 5년간의 부자들의 부동산 자산 비중이 계속 하락한 것과는 반대로 작년 한 해 동안 부자들은 부동산 자산 비중을 크게 증가시킨 것으로 나타났다. 자산규모별로는 전 구간의 부자들의 부동산자산 비중이 증가하는데, 특히 금융자산 30억~50억 미만 부자들의 부동산자산 비중이 전년(40%) 대비 7%나 증가한 것으로 조사되었다. 아파트 재개발·재건축 및 금리하락 등 정부의 다양한 '부동산 시장 살리기'를 위한 정책이 잇따르면서 부자들도 부동산 투자에 적극 나선 것으로 분석된다.

설문조사에 참여한 부자들의 92%가 부동산을 보유하고 있는 것으로 나타났는데, 이 중 거주용 부동산 외에 투자용으로 주택 및 아파트를 보유하고 있는 부자의 비중은 46%로 보유 주택 형태로는 중소형 아파트 33%, 오피스텔 27%, 대형아파트 19% 등의 순으로 많이 투자한 것으로 나타났다.

투자용 주택을 보유하고 있는 부자들의 현재 세입자와의 거래 형태를 조사한 결과 월세가 33%로 가장 높았고, 전세가 32%, 반전세(보증부월세) 비중이 30%로 조사되었다. 또한 향후 월세 또는 반전세로 전환할 의향이 있다고 응답한 부자의 비중이 71%나 되었는데 이것은 금리하락 및 금융시장 불안정으로 전세금을 이용한 금융수익보다는 고정적인 월수입을 보다 지향하는 것으로 보여진다.

부자들의 부동산 보유 비중이 높아졌는데도 불구하고 국내 부자들의 금융부채비율(금융부채/금융자산)은 21%로 전년(30%) 대비 감소하는데, 금융자산 규모별로는 10~30억 미만과 30~50억 미만의 부자들의 금융부채비율이 전년 대비 각각 12%, 7% 증가하고, 50~100억 미만과 100억 이상 부자들은 각각 5%, 2%씩 감소한 것으로 나타나 50억 미만의 부자들은 대출을 활용하여 부동산 자산을 늘리고 50억 이상 부자들은 부채를 감축시키고 더불어 보유중인 금융자산을 사용하여 부동산에 투자한 것으로 추정된다.

설문조사에 참여한 국내 부자들 중에서 부채를 보유하고 있다고 응답한 비율은 27%로 조사되었으며, 금융부채를 사용한 용도로는 금융자산 50억 미만은 '거주주택 이외 부동산 마련' 용도를 가장 많이 응답하고, 금융자산 50억 이상의 자산가들은 '사업자금 마련' 용도로 사용한 것으로 나타났다. 즉, 자산이 상대적으로 적은 부자들인 금융자산 50억 미만의 자산가들은 재산증식을 위해 부채 활용에 적극적인 것으로 나타났다.

국내 부자들은 작년 조사에 따르면 부채를 활용한 투자활동에 대해서 매우 부정적이었는데, 올해 설문 조사에서는 부채활용에 대해 다소 긍정적인 것으로 인식이 변화한 것으로 나타났다. 작년 조사에서는 부채를 활용한 투자활동에 대해 '부정적이다'라고 응답한 비율 69%, 긍정적이라고 응답한 비율 8%에 불과한 것에 반해 올해에는 부정적이라고 응답한 비율이(1~3점) 40%, 긍정적이라고 응답한 비율(8~10점)이 17%로 조사되었다. 금리하락으로 대출금리가 낮아지면서 보유 부동산 투자 시 레버리지 효과를 활용하여 투자수익률을 제고하는 방안이 좀더 적극적으로 검토되고 있는 것으로 분석된다.

참고로, 설문조사에 참여한 국내 부자들의 해외 보유 자산규모는 평균 1.2억원으로 나타났으며, 이 중 부동산 자산규모는 평균 8,722만원으로 나타났다. 지역별로 살펴보면 강남3구 지역의 부자들의 해외 자산 규모는 2.2억원(부동산 2.1억원)을 차지하고, 비강남 서울 부자의 경우 평균 4,429만원(부동산4,412만 원), 수도권(비서울) 부자들은 평균 1.3억원(부동산 3,673만원), 지방의 경우 244만원(부동산 0원)으로 집계되었다.

나. 위험 금융상품 중심의 투자 늘어

국내 부자의 금융자산 포트폴리오에는 어떠한 변화가 있었을까? 부자들의 금융자산 구성을 살펴보면 예금 자산이 35%로 가장 높은 비중을 차지하고, 펀드(27%), 보험·연금(19%), 주식(19%) 순으로 비중이 높은 것으로 나타났다. 작년 부자들의 금융 포트폴리오가 예금성 자산 40%, 펀드 27%, 주식 14%, 기타(보험 및 연금)로 구성되어 있었던 것을 감안하면 국내 부자들은 작년 한 해 동안 안전 자산인 예금의 비중은 전년도(40%) 대비 5% 낮추고, 상대적으로 위험도가 높은 주식의 비중은 5% 증가시킨 것으로 조사되었다. 이는 금리하락 추세가 지속되자 안전 자산에 대한 매력이 떨어진 반면 2014년 주식시장의 호황으로 수익률이 높은 자본시장으로 투자처를 확대한 것으로 해석된다.

자산규모 기준으로는 전 구간에서 예금을 줄이고, 주식 비중을 늘렸는데, 특히 금융자산 50억 미만의 부자들이 주식비중을 가장 크게 증가시킨 것으로 조사되었다. 10-30억 미만 부자들은 주식 비중을 작년

(10%) 대비 8% 증가시켰으며, 30-50억 미만의 부자들은 8%(작년 주식비중 11%), 50-100억 미만은 1%, 100억 이상 부자들은 6%(작년 주식비중 19%) 증가시킨 것으로 나타났다.

연령대별로는 금융자산이 상대적으로 적을 수밖에 없는 30대 이하 부자들이 금융자산중 예금의 비중이 51% 로 가장 높았고, 그 다음으로는 기타 보험 및 연금이 21%, 주식과 펀드가 각각 14%를 차지하는데, 작년 조사에 따르면 30대 이하 부자들의 금융 포트폴리오는 예금 42%, 펀드 25%, 주식 17%, 기타(보험, 연금) 16%로 조사되었었기에, 지난 한 해 동안 30대 이하 부자들은 안전자산인 예금 및 사회보험 · 연금 중심의 금융자산에 투자 비중을 대폭 늘리고 위험자산인 펀드와 주식 비중은 낮추어 안전성 중심의 금융투자를 한 것으로 나타났다.

반면 30대 이하 부자들을 제외하고 모든 연령대에서 예금의 비중을 낮추고 주식에 투자 비중을 높인 것으로 나타났다. 작년 대비 주식 비중의 증가폭은 40대는 8%, 50대는 5%, 60대는 3%, 70대 이상은 5% 증가시킨 것으로 나타났다. 펀드의 경우 40대와 60대 부자들이 펀드 비중을 각각 5%씩 높고 그 외 50대와 70대 이상 부자들의 펀드 비중은 작년과 별 차이가 없는 것으로 나타났다.

거주 지역별로는 전반적으로 예금자산과 보험 및 연금의 비중을 줄이고, 위험성 투자자산인 주식과 펀드의 비중을 높여 금융상품 활용에 보다 적극적이었다.

3. 자산포트폴리오 변화 전망

가. 투자 목적 부동산 보유를 위한 대출을 확대할 계획

국내 부자들에게 향후 5년간의 실물 경기전망에 대해 물어본 결과 응답자의 74%가 현 상태로 정체가 지속(52%)되거나 또는 일시 정체 후 완만하게 회복(22%)될 것이라고 응답하여 경기침체가 단기간 내 회복될 것이라고 기대하지 않는 것으로 조사되었다. 작년 조사에서는 현 상태로 정체 지속(34%)하거나 일시 정체 후 완만하게 회복(50%)한다고 응답한 비중이 84%인 것을 감안하면 부자들은 향후 경기전망에 대해 작년보다 정체한다는 비중이 늘어나면서 회복에 대한 견해는 다소 줄어든 것으로 나타났다.

부동산 경기에 대해서는 응답자의 65%가 현 상태로 정체(36%)하거나 완만하게 회복될 것(28%)이라고 응답하였으며, 작년 조사결과에서는 응답자의 80%가 현 상태로 정체(42%) 또는 완만하게 회복될 것(38%)이라고 응답하여 부동산에 대해서도 향후 5년간은 회복이 더딜 것으로 전망하는 부자들의 비중이 더 늘어난 것으로 나타났다.

향후 자산구성에 변화를 줄 것인가에 대한 질문에 대해 47%가 현재 자산구성을 유지하겠다고 응답하였으며, 부동산 자산을 축소하고 금융자산을 늘리겠다고 응답한 비중(21%)은 작년과 올해 차이가 없는 반면, 금융자산을 축소하고 부동산자산을 늘릴 것이라고 응답한 비중은 15%로 작년(10%) 대비 5% 증가한 것으로 조사되어 부동산 투자에 대한 매력이 상승한 것으로 나타났다. 금융자산 규모별로 50~100억 미만 부자들을 제외하고 모든 구간의 부자들이 부동산 비중 확대 계획이 있다고 답변하다. 작년 조사에서 현재 자산구성을 유지하겠다고 응답한 비중 52%이던 것을 감안하면 향후 부자들은 부동산 자산비중을 확대하는 등 자산구성 변화를 확대할 것으로 전망된다.

향후 1년 이내에 금융기관 대출을 받을 의향에 대하여 조사한 결과 부자들의 49%가 그렇다고 응답하였으며, 이들의 미래 대출 용도로는 '거주주택 이외 부동산 마련'이 28%로 가장 높았고, 그 다음으로는 사업 자금 마련(12%), 금융자산 투자자금마련(5%)을 위해서라고 응답하여 향후 부동산에 대한 투자가 커질 것으로 전망된다. 부자들은 앞서 부동산 경기에 대해서 회복이 더딜 것이라고 전망하였음에도 불구하고 부동산투자를 확대하려는 의지가 높아진 것은 부채활용비용이 낮아진 점과 더불어 부자들은 부동산 가격이 일시적으로 하락하더라도 부동산 가격이 상승할 때까지 기다릴 수 있는 경제적 여건이 되기 때문에 부동산에 대한 장기 투자가 가능한 것이 주요 요인인 것으로 분석된다.

참고로, 부동산 자산가치 하락 시 처분계획에 대한 조사한 결과 63%가 자산가치 하락과 상승에 상관없이 당분간 처분계획이 없다고 응답하였으며, 상승 시 처분계획에 대해서는 10%미만 상승해도 처분한다고 답변 한 비율이 6%, 10~20% 상승 시 16%가 처분, 30%이상 상승 시 9%가 처분한다고 답변했으며, 10~20% 하락 또는 30% 이상 하락하는 경우에 처분한다고 응답한 부자의 비율은 각각 1%밖에 안 되는 것으로 나타났다.

부동산에 대한 향후 투자를 확대하는 부자들의 경우 투자의향이 큰 부동산 항목으로는 건물 및 상가(42%)로 전년 조사 결과와 같았으며, 그 다음으로는 투자용 주택 및 아파트(12%), 오피스텔(8%) 순으로 관심도가 높았다. 작년 동일 질문에 대한 조사에서는 투자용 주택 및 아파트 10%, 오피스텔 9%로 투자용 주택 및 아파트에 대한 관심도는 2% 증가하여 수익형 부동산 및 주기적으로 발생하는 수익에 대한 수요가 증대한 것으로 보이며, 강남재건축에 대한 규제완화에 따른 여파 및 인식의 변화가 있음으로 해석된다.

나. 위험금융자산 투자 니즈는 지속될 전망

국내 부자들의 90%가 작년 금융자산에 대해 양(+)의 수익률을 달성했으며, 향후 1년간 금융 자산의 수익률이 5~10% 미만이 될 것이라고 응답한 비율이 57%, 10% 이상이 될 것이라고 응답한 비율이 21%로 나타났다. 전년도 동일 문항에 대해서 금융자산 수익률이 5~10% 미만이 될 것이라고 응답한 비율이 61%, 10% 이상이 될 것이라고 응답한 비율은 16%로 나타난 것과 비교하면 금융시장에 대한 전망은 작년보다 조금 더 긍정적으로 바라보고 있는 것으로 조사되었다.

금융자산의 투자성향에 대해 자세히 살펴보면 가장 관심 있는 금융자산으로는 은행지수연계신탁(ELT)이 16%로 응답비율이 가장 높고, 단기 고금리성 상품(은행CD, MMDA, CMA 등) 11%, 주식형 펀드 10%, 은행 정기예금 8% 등의 순으로 나타났다. 작년 설문조사에서는 관심 금융자산으로 증권사지수연계(ELS), 은행 정기예금, 단기 고금리성 상품, 주식형펀드 순으로 선택비율이 높았었던 것을 감안하면, 올해에도 여전히 안전성 자산에 대한 관심도가 높지만 위험감수형 또는 투자형 금융자산에 대한 적극적인 투자성향을 보이고 있다. 참고로, 은행 예금의 선호도가 작년(24%) 대비 16%나 줄어들어 은행예금에 대한 관심도는 크게 하락하다. 주가지수 연계형 상품에 대한 선호도가 큰 폭으로 증가한 이유는 수익률이 예금이자보다 높으면서도 개별 주식보다는 구조적으로 손실가능성이 적은 투자 개인으로 인식이 되고 있다고 분석된다. 하지만 세부적으로 살펴보면, 주로 개별기업 주가에 연동된 증권사 ELS보다는 상대적으로 변동성이 낮은 주가지수에 연동되어 있고, 조기상환 베리어(Barrier)가 낮거나 낙인(Knock-in) 조건이 완화된 조건의 은행 ELT를 선호하는 경향이 있다.

4. 소비 및 라이프 스타일

가. 지출 금액이 가장 큰 항목은 연금 및 사회보험

부자들은 일반가정과 비교할 때 이가 얼마나 차이나며, 어떤 라이프 스타일을 갖고 있는지 살펴보자. 부자 가구당 월 평균 지출은 972만 원으로 통계청 월 평균 가계수지(15년 1분기)기준 일반 가계 월평균 지출액 350만원에 비해 약 3배 높은 것으로 나타났다. 또한 작년 본 연구소에서 조사한 부자들의 월 평균 지출액인 1,028만원보다 5% 감소한 것으로 조사되었다.

특히, 부자들이 가장 높은 지출을 하는 항목인 연금 및 사회보험(262만원)은 일반가계(1.3만원) 대비 200배 이상 높았으며, 일반가계의 경우 연금 및 사회보험에 가장 적은 비용을 지출하는 것으로 나타났다. 또한, 부자들의 연금 및 사회보험 비용은 전년 지출액 대비 가장 높은 상승률(30%)을 보였으며, 향후 이에 대한 지출을 더 늘리겠다고 응답한 비율이 16%나 되어 부자들은 연금 및 사회보험 가입을 은퇴준비의 수단으로 중요시하는 것으로 조사되었다.

연금 및 사회보험 외의 항목별 전년 대비 증감 조사에서 가장 높은 상승률을 보인 항목은 문화 및 레저(+22%), 백화점 쇼핑(+13%)이었으며, 의류 및 잡화 지출비용(-12%)은 가장 크게 감소하고, 자녀 사교육비(-6%)도 감소한 것으로 나타났다.

향후 지출 계획에 대해서는 지출 금액을 줄이겠다고 응답한 항목은 외식비(24%)가 가장 높았고, 그 다음으로는 의류 및 잡화 구입비(21%), 식료품비(13%) 순으로 응답하고, 향후 지출을 확대할 항목으로는 문화 및 레저(36%), 연금 및 사회보험(16%), 의료비 및 의

약품비(13%)를 가장 많이 선택한다.

즉, 부자들은 향후 경기전망에 대해 전년 대비 부정적으로 바라보는 비중이 높아진 만큼 지난 1년 동안 전반적으로 지출규모를 줄인 대신 은퇴자금 마련을 위한 지출은 늘렸으며, 향후에도 건강, 노후대비, 문화에 대한 지출은 늘리는 반면 다른 소비를 줄일 것으로 예상된다.

지역별로는 강남3구 부자들의 월 평균 지출액이 972만원으로 전년 대비 14%나 감소되었고, 강남3구를 제외한 서울 부자들의 월 평균 지출액은 890만원으로 전년과 비슷했다. 또한 수도권과 지방 부자들의 월 평균 지출액은 증가세로 조사되었는데 수도권 부자들은 전년 대비 12%(월 평균 937만원), 지방 부자의 경우 8%(월 평균 938만원)나 증가된 것으로 조사되었다.

나. 건강과 젊음 유지를 위한 지출도 높아

부자들의 외모관리에 대한 소비지출을 알아보자. 부자의 87%는 '나이보다 어려보이고 싶다'라고 답변, '외모가 곧 능력이자 자기관리의 척도라고 생각한다.'고 답변한 비율은 53%, '의류를 구매할 때 나이보다 젊어 보이는 스타일을 선호한다.'라고 답변한 비중은 68%에 달했다.

부자들은 아름다움을 유지하기 위해 뷰티케어제품 활용도도 높은 것으로 나타났다. 응답자의 69%가 미백이나 주름개선을 위한 기능성 화장품을 사용 중이며, 71%는 염색 및 탈모방지 등 헤어케어 제품을 사용, 피부관리기나 바디슬리밍 등 뷰티가전을 활용하는 비중은 38%, 치아미백 또는 교정을 받은 경험이 있는 비중은 26%, 미용목적의 피부과 및 성형외과, 탈모시술 등을 받은 경험이 있다고 응답한 비중은 46%나 되는 것으로 조사되었다.

참고로, 일반인들과 비교 시 사용 경험으로 가장 큰 차이가 나는 건강·외모를 위한 제품 및 서비스로는 정신건강을 위한 휴양관광(46% 차이)이었으며, 피부관리 및 요가(34%), 미용목적의 피부과·

성형외과·탈모시술(30% 차이) 항목 등에서도 일반인과 부자들의 차이가 큰 것으로 나타났다.

부자들은 피트니스, 피부클리닉, 요가 등에 지출하는 비용이 연간 292만원으로 일반인이 같은 항목에 지출하는 비용의(71만원) 4배가 넘는 것으로 조사되었으며, 성형시술 및 치아미백, 교정 등 외모관리 목적의 의료비 지출액도 연 평균 250만원으로 일반인의 평균 지출금액(61만원)의 4배에 달했다. 타 연구기관 조사에 따르면 경기침체에도 불구하고 일반인 역시 안티에이징 제품·서비스에 대한 지출은 지속적으로 증가하고 있는 추세이기에 안티에이징에 대한 관심은 뜨거운 것으로 조사되었으며, 부자와 일반인 간에 안티에이징 제품·서비스 중에서 가장 차이나는 항목은 고가의 지출을 요구하는 항목이기에 차이가 날 뿐 일반인의 안티에이징에 대한 관심이 부자보다 덜 하다고 해석하기는 어렵다.

부자들은 젊음을 유지하기 위한 외모관리뿐만 아니라 건강에 대해서도 투자를 아끼지 않는 것으로 조사되었는데, 부자들의 건강검진 비용은 연평균 205만원을 지출하는 것으로 조사되었다. 자산 규모별로는 금융자산이 클수록 건강검진 비용이 높아지는 경향이 있으며, 금융자산 100억 이상 부자들의 건강검진 지출 비용은 평균 432만원으로 금융자산 10~30억 미만 부자들(161만원)보다 약 3배 높은 것으로 조사되어 부자일수록 건강에 대한 관심이 더 큰 것으로 조사되었다. 연령대별로는 연령이 높을수록 건강검진 비용이 늘어나는 경향이 있다.

다. 모바일뱅킹은 연령대 높을수록, 자산규모 클수록 이용경험 낮다.

설문조사에 응답한 국내 부자들의 91%가 스마트기기(스마트폰, 아이패드, 갤럭시탭 등)를 보유하고 있으나, 이중에서 모바일뱅킹 이용경험이 있는 비율은 절반 수준인 41%로 나타났다. 특히 연령대가 높아질수록 모바일뱅킹 이용 경험 비율이 급격히 떨어지는 것으로 조사되었는데, 30대 이하 부자들의 모바일뱅킹 이용 비율은 64%, 40대는 62%, 50대는 49%, 60대는 34%, 70대 이상은 9%로 나타났다. 또한 보유 자산 50억 미만의 자산가들의 모바일뱅킹 이용 경험 비율은 51~52%인데 반면 50억 이상의 자산가들은 33%~38%만 이 모바일 뱅킹을 이용해 보았다고 응답하여 자산규모가 클수록 모바일뱅킹 이용 비중이 떨어졌다.

모바일뱅킹을 이용해 본 부자들의 모바일뱅킹 이용 목적으로는 거래내용(잔액) 확인이 36%로 가장 높았으며, 자금이체 32%, 금융상품 정보수집 10%, 금융상품 가입 10% 순으로 조사되었다.

부자들이 지난 1년을 기준으로 은행업무를 처리할 때 이용한 채널 비중을 조사한 결과 대면채널인 점포직원을 가장 많이 이용하고(63%), 그 다음으로는 인터넷뱅킹(15%), 모바일뱅킹(10%), ATM(7%), 폰뱅킹(5%) 순으로 높게 나타났다. 즉, 부자들은 대면채널을 가장 많이 선호하고 있으며, 비대면 채널 중에서는 모바일뱅킹보다는 인터넷뱅킹을 더 많이 이용하는 것으로 나타났다. 과거 ATM과 폰뱅킹에서 인터넷뱅킹으로 전환되었으며, 최근 스마트폰 보급과 그 편의성으로 인해 모바일뱅킹으로 선회하고 있는 것으로 해석된다.

5. 부자들의 손주 사랑

가. 손주를 정기적으로 돌보는 부자는 6% 불과, 용돈은 받지 않고 오히려 육아비용을 부담

맞벌이 부부가 증가하면서 육아의 도움을 받기 위하여 부모 근처에 거주하는 자녀세대가 늘고 있다. 통계청 조사(2012)에 따르면 맞벌이 부부 약 51만 가구 가운데 절반인 25만 가구가 자녀육아를 조부모에게 의지하고 있는 것으로 조사되었다. 그러나 설문조사에 참여한 부자들 중 손주를 정기적으로 돌보는 비율은 6%로 조사되었는데, '맞벌이 부부 자녀가 없다'라고 응답한 비율이 7%로 외벌이 자녀부부의 비중이 높아 자녀 양육에 대한 부모 의존도 수요가 상대적으로 적고, 부자들은 육아를 직접 도와주지 않는 대신에 금전 적으로 지원하는 것을 선호하는 것으로 해석된다. 손주를 정기적으로 돌보는 부자들 중에서 대상손주가 친손주는 44%, 외손주는 56%인 것으로 나타나 외손주의 육아지원이 조금 높지만 큰 차이는 없는 것으로 나타났다. 참고로, 손주를 돌볼 시에 육아·가사도우미의 도움을 받고 있다고 응답한 비중은 46%나 되었다.

또한 손주를 정기적으로 돌보는 것에 대한 보상을 자녀세대로부터 받는지 여부를 조사한 결과 88%가 받지 않는다고 답변했으며, 정기적으로 보상을 받는 부자들은 모두 100만원 이하의 금액을 받는다고 답변했다.

오히려 손주를 정기적으로 돌보는 부자들은 손주 양육비를 정기적으로 지원해 주는 비중도 높게 나타났는데 정기적으로 손자를 돌보는 6%의 부자들 중에서 손주 양육비를 정기적으로 지원한다고 답변한 비중은 64%나 되었고, 정기적으로 손주를 돌보지 않는다고 응답한 부자들도 34%가 정기적으로 손주 양육비를 정기적으로 지원해 준다고 답변했다.

나. 손주에 연간 약 1,500만원 지출, 특히 교육비 지원에 적극적

유통업체 매출자료(2014년)에 따르면 백화점 육아용품 구매자의 40~50%가 50대 이상이라고 조사되는 등 손주들에게 비용을 아끼지 않는 조부모를 대상으로 우리나라의 손주 비즈니스 시장 규모도 빠르게 커지고 있다. 국내 부자들이 손주에게 쓰는 연간 평균 총 지출액은 약 1,486만원으로 조사되었으며, 이 중에서도 손주 교육비가 평균 570만원으로 총 지출액 중에서 차지하는 비중이 가장 높았다. 부모와 달리 조부모 들은 의무감이나 부담감을 가지지 않고 비교적 자유롭게 교육에 참여하면서 손주의 교육에 자주적으로 시간과 금전을 지불하는 것으로 분석된다. 그 다음으로 지출액이 높은 부문은 손주와 함께 가는 여행으로(평균 261만원) 손주와의 친밀도를 높이고 싶어하는 조부모의 마음을 반한다고 볼 수 있다.

지역별로는 수도권지역의 부자들이 손주에게 연간 쓰는 지출액이 1,865만원으로 가장 높았고, 그 다음으로는 강남지역 부자가 1,647만원, 비강남지역(서울) 부자가 1,328만원, 지방이 901만원 순으로 높은 것으로 집계되었다. 지출 항목별 특이사항으로는 수도권지역의 부자들이 손주 교육비에 지출하는 비용은 연간 979만원으로 강남지역 부자가 손주 교육비에 지출하는 비용(665만원)보다 약 1.5배 이상 높은 것으로 나타났다.

자녀세대와 가까운 거리에 살거나 교류 횟수가 높을수록 손주에 대한 지출이 증가하는데, 부자들의 손주들과의 교류 횟수를 조사한 결과 월 1~2회 이상 교류한다고 응답한 비율이 60%를 상회하고, 주 1회 이 상 교류한다고 응답한 비율도 23%나 되어 부자들은 정기적으로 육아지원(손주 돌보기)하는 비중은 매우 낮으나 교류 횟수는 매우 높은 것으로 조사되었다.

다. 손주의 장래를 위한 손주 명의의 금융상품 지원 높아

부자들은 육아 비용 지원 외에도 손주의 장래를 위해 손주에게 사전증여를 통한 예·적금, 보험, 펀드 등 금융상품을 활용도 활발한 것으로 나타났다. 부자들 중에서 사전증여를 통해 손주명의의 금융상품을 활용 중인 비중은 29%으며, 많이 활용하는 금융상품으로는 예·적금 등 저축상품이 55%로 가장 높았고, 펀드 등 투자상품, 보험 및 연금 상품 순으로 선호하는 것으로 나타났다.

사전 증여한 총 금액은(손주가 여러 명일 경우 합산 기준) 예·적금 등 저축상품 경우 평균(잔액기준) 2,105만원, 펀드 등 투자상품은 2,375만원, 보험 및 연금상품은 1,440만원으로 조사되었다. 특히, 100억원 이상의 자산가들은 펀드 등 고위험 상품군인 투자상품의 활용을 적극 권장하고 있는 것으로 조사되었다.

또한, 지역별로 사전증여를 통한 손주의 금융상품 활용 비중이 강남3구 부자는 57%, 비강남 서울지역 부자는 19%, 지방 17%, 수도권 7%로 나타나 강남3구 부자들이 손주명의의 금융상품을 적극 활용하는 것으로 나타났다. 손주의 금융상품 잔액 규모는 비강남 서울 부자들이 평균 7,674만원, 강남3구 부자들 6,014만원, 지방 4,285만원, 수도권이 2,344만원으로 조사되었다

손주의 금융상품 포트폴리오를 살펴보면, 강남3구 부자들의 경우 예·적금과 펀드, 보험 등이 균일한 비율로 권장하고 있는 반면, 비강남 서울 부자들은 펀드 등 투자상품의 비중이 높았다. 수도권에서는 예금과 보험·연금 위주의 안전자산 중심으로 금융상품을 선호, 지방의 경우 연금·보험의 활용 비중은 매우 낮은 것으로 조사되었다. 그러나 설문조사에 참여한 국내 부자 중에서 강남3구를 제외한 지역의 부자들 중 손주의 금융상품을 활용하고 있는 부자 표본수가 적어 납입금액(잔액기준)을 기준으로 분석한 지역별 손주명의 금융상품 투자성향은 다소 상대적으로 해석될 수도 있다.

6. 커뮤니티 및 인맥관리

가. 부자들의 절반 이상은 인맥을 통해 결정적 도움을 받은 경험

"부자가 되기 위해선 인맥 관리 먼저 해라", "부자들의 인맥 관리는 다르다" 등 부자들이 부를 일구기까지 인맥이 중요한 역할을 했다는 의견이 많다. 실제 부자들은 어떠할까?

부자들의 절반 이상(53%)은 "현재의 부와 지위를 얻는데 있어서 인맥을 통해 결정적인 도움을 받은 경험이 있다"고 응답했다. 특히 보유 자산규모 100억 이상의 초부유층과 연소득 3억 이상의 고소득 부유층의 경우 응답 비율이 각각 64%, 63%로 높게 나타났다. 직업별로는 기업체를 이끌고 있는 경영자, 임원의 79%, 72%가 인맥을 통해 결정적 도움을 받은 경험이 있는 것으로 나타났다.

나. 부자들의 인맥은 여전히 학연 중심

부자들은 다양한 정기적인 모임 참석을 통해 인맥을 관리하고 있었는데, 평균 약 2.8개의 정기적인 모임에 참석하고 있었으며, 한 달 평균 참여하는 모임의 횟수는 월 1~3회가 대부분(54%)을 차지했으며, 다음으로는 월 4~6회가 28%를 차지했다. 부자들의 모임의 참여 횟수가 절대적으로 많다고 보기는 힘들며, 모임의 횟수보다는 함께 보내는 시간의 질적인 측면에 집중하고 있는 것으로 보인다.

한국 사회는 소위 학연, 지연, 혈연 중심의 네트워크가 강하다고 하는데, 부자들의 네트워크는 어떨까? 부자들이 정기적으로 참여하는 모임의 종류로는 대학 동문 모임 54%, 초중고 동창 모임 35%이 가장 높은 비율로 나타났다. 특히 참여하는 모임 중 가장 활발히 활동하며 실질적으로 도움을 받고 있는 모임이 무엇인지 묻는 질문에서도 1순위로 대학교 동문 모임(19%), 초중고 동창 모임(14%)이 가장 높은 비율로 나타나, 부자들에게 학연 중심의 네트워크가 가장 강하게 형성되어 있음을 알 수 있다. 다음으로는 직장과 사업 관련 모임이 각각 29%, 22%로 높은 비율로 나타났으며, 종교 모임 28%, 거주지 기반 커뮤니티 23%, 자녀 학부모 모임 22% 등의 순이었다.

다. 부자들은 식사나 스포츠를 함께하면서 인맥을 관리

부자들은 정기적인 모임 이외에 어떤 방법으로 인맥을 관리하고 있을까? 부자들은 모임 참석 말고도 다양한 방법으로 인맥을 관리하고 있었는데, 특히 부자들이 가장 효과적이라고 생각하는 인맥관리 방법은 식사나 스포츠 등을 함께하는 것이었다. 다음으로는 주기적으로 안부 묻기, 경조사 챙기기 순으로 나타났다. 선호하는 인맥관리 채널로는 여전히 전화 통화나 모바일 메신저, SNS 등보다는 대면채널, 즉 직접 만나는 것을 가장 선호(67%)했다. 즉 부자들도 인맥을 관리하기 위해서 상당한 노력과 정성이 필요하다고 인식하고 있음을 알 수 있다. 소위 인맥관리의 시작은 "밥 한끼", "술 한잔"에서 시작한다고 하는데, 이는 부자들에게도 공통적으로 적용되는 듯하다.

라. 부자들은 자녀의 인맥 관리에도 각별한 관심

세계적인 부호 빌게이츠는 자녀교육 10계명에서 부모가 나서서 아이의 인맥 네트워크를 넓혀줄 것을 권한 바 있다. 그렇다면 우리나라의 부자들은 어떠할까? 국내 부자들은 자녀들의 인맥 관리에도 각별히 신경을 쓰고 있는 것으로 나타났다. 부자들의 대부분은 자녀가 어릴 때부터 인맥을 쌓아가는 것이 매우 중요하다고 생각하고 있었으며,

부자들의 70%는 실제로 자녀들의 인맥 쌓기에 직·간접적인 도움을 주고 있다고 응답했다. 특히 인맥을 통해 결정적 도움을 받은 경험이 있는 부자들의 응답률은 80%에 달했다.

부자들이 자녀들의 인맥 형성을 위해 하는 노력을 조사한 결과 가장 높은 비율을 차지한 것은 학군이 좋은 곳으로 거주지를 이전하는 것이었으며(50%), 그 다음으로는 자녀 친구 부모들과 친목관계 형성(36%), 유학(32%), 사립초등학교 입학(17%), 모임에 자녀와 동행하는 등 부모 인맥을 활용(15%), 사설 교육기관을 이용(15%) 순으로 나타났다. 3, 40대 젊은 부자들의 경우 특히 자녀 친구 부모들과의 친목관계를 형성함으로써 자녀의 인맥관리를 위해 신경을 쓴다는 비율이 타 연령대에 비해 높게 나타났으며, 6, 70대 부자들의 경우 자녀 결혼시 중매에 신경을 쓴다는 비율이 높았다. 특히 보유 자산규모가 100억 이상의 초부유층일수록 유학과 자녀 결혼 시 중매에 노력을 기울인다는 비율이 높게 나타났다.

그렇다면 시간과 노력을 투자해 쌓아놓은 무형의 자산인 인맥은 과연 상속이 가능할까? 부자들의 상당수는 부모의 인맥이 자녀의 인생에 미치는 영향이 높다고 응답, 인맥도 대물림이 될 수 있다고 생각하는 것으로 나타났다. 특히 사업체를 이끄는 기업의 경자와 자영업자들에게서 이러한 인식이 강하게 나타났으며, 보유 자산규모별로 살펴봤을 때, 보유자산 100억 이상의 초부유층들에게서 이러한 인식이 강하게 나타났다.

7. 가족관 및 부부간 의사결정

가. 가정의 행복 요건은 경제적 안정과 배우자와의 관계

한국인의 행복결정요인과 행복지수에 관한 연구(김승권, 2008)에서 개인의 행복을 결정짓는 다양한 요인 중에서 가장 중요한 요인으로 가정생활만족도가 뽑혔다. 가정의 행복 요건으로 기혼가정 대상(일반인)을 조사한(2012년) 결과 '가족의 건강'이 44%로 가장 높았고, '가정이 안정되어야 함'이 42%, 반면 '경제적 안정과 여유'를 선택한 비율은 4%로 낮게 나왔다. 그러나 부자의 경우 '경제적 안정과 여유'를 27%로 가장 많이 응답하고, 그 다음으로는 '배우자와의 관계'(25%), '가족원의 건강'(17%) 순으로 응답하여 가정의 행복을 결정짓는 요인에 대해 일반인과는 뚜렷한 차이를 나타냈다.

나. 부부간 의사결정

본 연구소는 가족 내 권력관계를 나타내는 부부간의 의사결정 방법에 대해 일반인과 부자와의 차이를 알아보고자 한다. 부자의 경우 일상 생활비 지출에 대해서는 대체로 부인이 결정이 41%, 전적으로 부인이 결정하는 비중이 20%로 부인 중심의 의사결정 비율이 68%인 것으로 나타났다. 일반가정의 경우에도 부인 중심의 의사결정의 비율이 66%로 부자와 일반가정의 차이가 없는 것으로 나타났다.

부부간 의사결정에서 주택매매 및 이사의 경우 부부가 공동으로 결정하는 비율은 부자의 경우 65%, 일반가정의 경우 76%로 조사되었으며, 일반가정의 부부 공동 의사결정 비중이 부자보다 다소 높은 것으로 조사되었다.

그러나 투자와 재산 증식을 위한 의사결정에서는 부자의 경우 부부공동 결정 비중이 38%인 것에 반해 일반가정은 부부가 공동으로 의사결정하는 비중이 70%로 조사되어 부자와 일반가정의 뚜렷한 차이를 보인다. 일반가정의 경우 투자 및 재산증식 등 경제적 기반의 변동을 의미하는 부분에서는 부부가 공동으로 결정하는 경향이 일반화되어 있는 반면, 부자의 경우 남편 중심의 의사결정이 36.3%, 부인중심의 의사결정은 26%로 나타났다. 또한, 부자들은 자산관리 및 운용에 대한 의사결정시 의논하는 대상이 배우자 46%로 가장 높았으나, 그 다음으로는 자문전문기관인 'PB와의 의논'이 30%를 차지하고, 혼자서 판단하는 비율이 17% 순으로 나타났다.

자녀 양육 및 교육에 대해서는 부자의 경우 부부공동 의사결정 비중이 48%, 일반가정의 경우는 60%로 조사되어 자녀 양육 및 교육에 있어서는 부자의 부부공동의사결정 비중은 일반가정보다 낮게 조사되었다.

다. 투자형 금융상품 및 현물자산을 통한 상속 · 증여 선호도 증가

부자들은 보유한 자산을 상속할 대상으로는 여전히 자녀(69%)와 배우자(29%)를 고려하고 있는 것으로 나타났다. 부자들의 선호하는 상속 · 증여 수단으로는 현금 · 예금(37%)이 가장 높은 순위를 차지했으며, 부동산(29%)이 그 다음 순위를 차지했다. 과거 조사에서는 부동산을 가장 상속 · 증여를 위한 수단으로 선호해 왔으나, 금융상품(주식/채권/펀드/보험)과 금 및 귀금속 등 현물자산에 대한 선호도가 높아지며 부동산에 대한 선호도가 크게 떨어졌다.

현금 · 예금과 부동산을 제외하고 투자형 금융상품인 주식/채권/펀드를 통한 상속 선호도가 12%로 지난 해(5%) 대비 크게 상승하였으며, 보험상품(11%) 역시 상속 · 증여 수단으로 인기가 상승중이다.

이는 계속된 금리 하락으로 예금 등 안전성이 높은 금융자산에 대한 매력이 떨어지며, 장기적 투자도 가능하고 수익성도 더 높은 투자형 금융상품에 대한 선호도가 높아진 것으로 분석된다. 금 및 귀금속 등 현물자산에 대한 상속 수단 선호도 역시 과거 대비 상승한 점도 같은 맥락에서의 요인이 밑받침된 것으로 분석된다.

라. 자산이 많을수록 자녀에 증여 의향 높아

자녀에 대한 증여 역시 부자들의 주요 관심사인 것으로 나타났는데, 설문 참여자의 32%는 이미 자산의 일부를 자녀에게 증여한 것으로 나타났으며, 향후 증여 의향도 56%나 되는 것으로 나타났다. 부자들은 세금에 대해 일반가정보다 민감하기 때문에 비싼 상속세(평균 50%)보다는 증여세를 통한 절세효과를 누리려는 의지가 커진 것으로 보인다.

특히, 자산이 많을수록 자녀에 사전증여를 한 비중 및 향후 증여를 할 의향도 높은 것으로 나타났다. 자녀에 사전증여를 한 부자의 비중은 금융자산 30억 미만의 경우 20%, 30억~50억 미만은 39%, 50억~100억 미만은 47%, 100억 이상 자산가의 경우 65%로 조사되었다.

자녀에게 증여하는 적당한 시기로는 자녀 결혼하는 시기(34%), 입사 등 사회생활을 하는 시기(25%), 손주 출생(13%) 등의 순으로 가장 높았다. 또한, 자녀 탄생 시 증여를 하겠다고 대답한 비중이 6%나 되어 자녀에 증여하는 시기가 점차 빨라지는 것으로 예상된다.

그럼에도 불구하고 여전히 자녀에 대한 증여를 고려하지 않는 부자들의 경우 재산의 효율적 관리에 대한 우려(60%)와 자녀의 근로의욕 저하(28%)를 증여를 고려하지 않는 가장 주요한 이유인 것으로 나타났다.

은퇴준비는 안정적 금융상품 및 절세효과 상품 활용, 금융자산 규모가 클수록 주식/채권의 활용도 높아 국민연금(2014)이 조사한 바에 따르면 일반가정이 노후를 위해 필요한 최소 생활비는 월 77만원(부부기준 133만원), 적정 생활비는 월 평균 110만원(부부 기준 184만원)으로 조사되었다. 부자들은 노후자금으로 얼마나 필요할까? 부자들의 은퇴 후 노후생활을 위해 필요한 최소 생활비는 월 평균 453만원, 적정 생활비로는 월 750만원이 필요한 것으로 나타나 일반인보다 6, 7배 높은 것으로 나타났다.

부자들이 노후자금을 준비하기 위한 금융상품으로는 1~3순위 합계 기준으로 안정적인 수익률(28%), 절세효과(19%), 상속 및 증여의 용이성(14%), 자금의 유동성(13%) 순으로 중요시하는 것으로 조사되었다. 또한 연소득 기준으로는 소득이 높을수록 금융상품 가입기관의 재정적 안정성과 자금의 유동성을 중요시하는 것으로 나타났다. 금융자산 보유 규모별로는 금융자산 50억 이상의 자산가들은 절세효과를 중요시했으며, 특히 금융자산 100억 이상의 자산가의 경우 가입기관의 재정적 안정성을 중요시하는 것으로 나타났다.

노후 생활 자금원으로 활용하고 있는 금융상품으로는 안전성과 자금 유동성이 좋은 예·적금이 가장 높았으며, 그 다음으로는 국민연금 등 공적연금, 부동산 임대수익, 보험, 주식/채권 순으로 나타났다. 공적연금의 경우 금융자산 100억 미만의 자산가들의 노후 생활 자금원으로서의 활용 비율이 높게 나타났으나, 금융 자산 100억 이상의 자산가들의 경우 공적연금 활용 비율이 낮았다. 또한 금융자산 100억원 이상의 자산가들은 노후 생활 자금원으로 주식/채권 활용 비중 67%, 예·적금 62%를 기록하였으며, 공적연금, 퇴직연금, 개인연금, 보험, 부동산 임대 수익 등 그 외의 모든 금융상품에서 금융자산 100억 미만 자산가들보다 활용 비중이 뚜렷이 낮았다. 주식/채권상품은 금융자산이 클수록 노후생활 자금원으로서의 활용도가 높아지는 것으로 조사되었다.

마. 은퇴 후에도 새로운 직업 갖길 희망

부자들의 은퇴 시기와 생활은 일반인들과 어떻게 다를까? 각종 연구소의 보고 자료에 따르면 평균 은퇴 시기는 약 52세로 점차 은퇴시기가 빨라지고 있다. 하나금융경연구소의 설문조사에 응답한 부자들의 평균 은퇴 연령 시기는 68세로 일반인의 은퇴시기보다 늦는 것으로 나타났다. 은퇴를 안한 부자들의 경우 희망 은퇴 시기는 평균 62세가 적정하다고 응답했다.

퇴직 후에도 새로운 직업에 대한 희망 여부를 조사한 결과 설문 참여자의 34%가 은퇴 후에도 일을 계속하겠다는 응답하였으며, 퇴직 후 새로운 직업을 선택할 때 가장 우선시 하는 조건으로는 여가시간(41%), 적성(24%), 사회에 대한 기여(재능기부 등)(23%) 등의 순으로 높은 것으로 나타났다. 반면 일반인의 경우 고용의 안전성에 대한 선택 비중이 52%고, 여가시간 및 적성은 각각 18%, 16%로 집계되었다.

바. 금융자산이 많을수록, 금융자산 100억 이상 기부참여 적극적, 과거 대비 기부참여 수준은 낮아져

부자들은 경제적 여유가 있는 만큼 사회 기부에도 적극적으로 참여하는 것으로 나타났다. 부자들의 약 90%는 현재 기부를 하고 있는 것으로 나타났으며, 그 중에서도 금융자산 100억 미만 부자들의 평균 기부 참여 비율은 88%인 반면, 100억 이상의 자산가들의 경우 93%가 기부하는 것으로 조사되었다. 또한 100억 이상의 자산가들은 내년 기부 규모를 확대하겠다고 대답한 비중이 54%로 다른 집단에 비해서도 높은 것으로 조사되었다.

기부 금액 규모에서는 부자들의 약 17%가 연소득의 5% 이상을 기부하고 있었으며, 금융자산 100억 이상의 부자들의 경우 연소득 5% 이상 기부하는 비중이 20%로 나타났다. 그러나 연소득 10%이상을 기부하는 부자들을 살펴본 결과 금융자산 100억 이상의 부자들이 차지하는 비중이 2013년에는 17%였으나 올해에는 2%로 낮아졌다. 기부활동에 참여한 100억 이상 자산가들은 늘어났으나, 기부 규모에서는 감소 차이가 크게 나타나 지속되는 경기침체의 향이 큰 것으로 분석된다.

8. 기타 사회기여

부자들의 기부 대상을 분석한 결과 가장 많이 기부하는 대상으로는 1위 종교단체(40%), 2위 사회복지단체(37%), 3위 장학재단·학교(15%)인 것으로 나타났다. 2013년에는 사회복지단체, 종교단체, 장학재단·학교 순으로 기부를 많이 하였으나, 2014년부터 종교단체에 대한 기부가 늘었으며, 여전히 상위 3개 기부 대상은 변함이 없는 것으로 나타났다.

자산규모별로 기부대상을 조사한 결과 금융자산 100억 이상의 자산가들은 장학재단·학교에 기부한다고 응답한 비율이 30%로 금융자산 100억 미만의 자산가들에 비하여 높게 나타나 금융자산 100억 이상의 자 산가들은 세대 교육 지원(장학금) 및 본인 출신 학교의 발전에 보다 관심이 높은 것으로 분석된다. 장학재단·학교의 경우 연령대가 높을수록 기부비율이 높은 것으로 나타났는데 40대 이하의 부자들의 장학재단·학교에 대한 기부비율은 6%에 그쳤으나, 50대는 13%, 60대와 70대는 21%로 상승하는 것으로 조사되었다.[1)]

1) 김지현·이수영, "2015 Korean Wealth Report," 하나금융경영연구소, 2016.

8
chapter

VIP마케팅 사례

1. 청담동

상위 1%를 위한 프라이빗한 '귀족마케팅'이 뜨고 있다. 귀족마케팅이란 계속되는 이익 창출의 가능성을 지닌 고객들을 대상으로 더 많은 혜택과 서비스를 제공하는 방식의 마케팅을 말한다.

특히 소수의 부유층, 상류층을 대상으로 전개하는 마케팅 기법인만큼 단지 비싸거나 희소하거나 또는 최첨단의 기능을 갖추었다는 정도를 넘어 소비자들로 하여금 그 이상의 '가치'를 느낄 수 있도록 하는 상품 및 서비스를 제공하는 것이 중요하다.

이처럼 문화적 가치에 기반을 둔 귀족마케팅이 최근 단순히 재화의 제공을 넘어 '공간'을 활용하고 있어 화제가 되고 있다.

이를테면 2012년 9월 1일 국내 갤러리아 백화점에서 문을 연 '샤넬 스튜디오'의 경우 화장품 전 라인을 구비해 놓고 뛰어난 실력의 메이크업 아티스트를 초빙하여 각종 메이크업 서비스를 받을 수 있는 개별 장소를 제공하고 있다.

이 밖에도 고객을 위한 프라이빗한 장소를 제공하며 질 높은 문화적 가치를 선사하는 이색 마케팅의 대표적인 사례는 강남구 청담동에 위치한 복합 문화공간 '라베르샤'를 통해 알아볼 수 있다.

닥터알카이티스와 소다스트림, 마와, 아스토니쉬 등의 브랜드를 보유하고 있는 코리아테크의 VIP 고객들이 무료로 이용할 수 있는 공간인 라베르샤는 고품격 멤버십 라운지를 지향하고 있다.
총 2층으로 운영하고 있으며 1층에는 쿠킹 스튜디오가 2층에는 라운지가 자리잡고 있어 고객들은 유동적으로 공간을 이용할 수 있다.

쿠킹 스튜디오에서는 요리 전문가 박연경 씨를 비롯 국·내외 유명 쉐프와 함께 주 2회(토요일은 주 1회)로 쿠킹클래스가 진행된다. 쿠킹클래스에는 궁중음식을 현대적으로 해석한 퓨전 한식에서 세계 각국의 대표 메뉴까지 실용적인 웰빙 메뉴 강좌를 제공하고 있다. 2층 카페 라운지에서는 커피와 차를 비롯 간단한 디저트를 무료로 즐길 수 있다. 고가 커피로 알려진 루왁커피와 함께 마리아쥬 홍차, 파티쉐가 직접 구워낸 베이커리와 쿠키를 제공한다.

이 밖에도 르부케(꽃꽂이)를 비롯 유기농 화장품 세미나, 와인 세미나, 명사들과의 티타임 등 고객 전담 프라이빗한 서비스를 함께 제공하고 있다.

한편 문화복합공간 라베르샤를 운영하게 된 취지에 대해 코리아테크 정진규 부장은 "고객들이 자사 제품의 기능을 더욱 활용할 수 있도록 하자는 취지로 쿠킹 클래스 등을 회원 예약제로 시작했다"며 "현재 라베르샤는 고객만족을 위해 철저한 멤버십 예약제로 운영되며 모든 서비스는 무료로 지원하고 있다"고 말했다. 이어 "앞으로도 고객들의 문화적 질적 향상에 기여하는 기업으로 성장해 나갈 것이며 더욱 차원 높은 문화공간을 제공하여 만족감을 더할 수 있도록 최상의 서비스를 지원할 것"이라고 밝혔다.[1)]

1) "청담동 '그곳', 상위 1%를 위한 귀족마케팅 엿보기," 한경닷컴WSTARNEWS, 2013.01.23.

2. 귀족 투어

지난해 한 파란 눈의 외국인 남성이 인천국제공항에 도착했다. 그는 한국측 인사들의 극진한 안내를 받으며 미리 대기하고 있던 리무진을 타고 최고급호텔로 향했다. 이 남성은 예술품 수집에 관심 있는 강남의 한 부녀자 모임이 초청한 프랑스 출신의 유명 '아트 어드바이저'였다. 아트 어드바이저는 예술가와 수집가의 거래를 이어주는 전문가다. 국내 사업가의 부인 대여섯 명으로 구성된 이 모임은 아트 어드바이저에게 비즈니스 클래스 왕복 항공권과 국내 최고급 호텔 숙박, 고급 승용차 교통편을 무료 제공하는 등 특급 대우를 해 줬다. 모임 회원 중 한 명은 이 어드바이저의 조언을 듣고 5억원 짜리 작품을 구매했다고 한다. 경력 10년의 큐레이터 A씨는 "당시 방한했던 어드바이저가 최고급 대우를 받고 감동해서 돌아갔다"면서 "한 자리에서 수억원 짜리 작품을 턱턱 사들이는 부인들의 모습을 보고 신기하다는 반응을 보이더라"라고 했다. 이 모임은 스위스 아트페어나 파리 아트페어 등 세계 각국의 행사나 전시관을 단체 방문하며 해외 수집을 하기도 한다.

정보기술(IT)중소기업 사업가의 부인 B씨는 최근 10여명이 참여하는 엔틱(골동품) 모임을 만들었다. 이 모임에는 큐레이터와 작가들도 포함됐다. 골동품에 대한 시장동향 등 정보를 나누고 구매를 하기도 한다. B씨는 "엔틱 하면 가구만 생각하기 쉬운데 시계만 모으는 사람, 조명만 모으는 사람 등 분야별로 다양하다"고 했다.

문화예술, 특히 미술품 관람은 부유층의 대표적 취미 생활 중 하나다. 이는 재테크를 위한 목적도 크다. 경력 15년의 큐레이터 C씨는 "아직까지 미술품은 세금의 불모지라고 할 수 있다"면서 "자녀에게 물려주기 위해 작품을 구입하는 경우도 많다"고 했다.

최근에는 큐레이터가 수집가를 대신해 작품을 구매하는 경우도 꽤 있다고 한다. 대개 전세계 고가 30위 안에 드는 유명 작품이 대상이다. 미국의 팝아트 화가인 로이 리히텐슈타인이나 잭슨 폴락에서부터 이탈리아 출신 화가 모딜리아니, 스페인 출신 입체파 화가 파블로 피카소 등의 그림은 워낙 검증된 작품들이니 직접 볼 필요도 없다고 생각한다고 한다.

▲국내 모 항공사의 빌려 타는 전용기 내부

최근에 150억원짜리 작품 거래를 성사시켰다는 D씨는 "고가 작품의 경우 99.9% 현금 구매"라며 "수십억원도 달러로 계산한다"고 했다. 그는 "지난해 3월 뉴욕에서 열린 아트페어에 갔더니 돈 세는 기계까지 갖다 놓았더라"고 했다. 상위 1% 부유층은 해외여행도 단순한 '인증샷 관광'이 아니라 테마여행을 선호하는 추세다. 음악, 그림, 유적 등 문화예술 기행과 미식 투어 등이 그 예다. 유럽에 있는 유명 미술관을 통째로 빌려서 혼자서 즐기기도 하고 프랑스에서 미슐랭 가이드가 추천한 레스토랑만 투어하기도 한다. 유럽 곳곳의 와이너리(포도주를 만드는 양조장)를 방문해 와인을 즐기는 여행도 있다. 고급 여행

전문 업체 관계자는 "와이너리도 그냥 돈을 내고 방문을 하는 게 아니라 그쪽의 초대를 받고 싶어 한다"며 "초대를 받으면 와인의 급이 달라지기 때문에 인맥을 동원하기도 한다"고 전했다. 서울 강남구에 사는 변호사 E씨는 "최근 지인 중 한 사람이 의류 사업으로 큰돈을 번 뒤 가이드 한 명을 데리고 미술관 투어를 다니기 시작했다"면서 "부자가 되고 나면 그 다음에는 문화적 소양을 높여 '귀족'이 되고 싶어 하는 심리가 있다"고 했다.

상위 1%는 워낙 안 가본 데 없이 외국을 많이 돌아다닌 탓에 '틈새 여행'을 위해 머리를 쥐어짜야 할 정도다. 200억원대 자산가로 운수업체 사장인 F씨의 부인은 1년에 10회 정도 해외에 나간다. 자주 갈 때는 한 달에 두세 번씩 해외에서 쇼핑이나 여행을 하다 보니 미주·유럽·아프리카 등 가보지 않은 데가 없을 정도다. 그녀는 "안 가본 여행지를 찾다 보니 요즘엔 케냐 등 아프리카 투어도 다닌다"면서 "내 주위에는 잉글랜드 프리미어리그 경기를 보기 위해 영국을 잠시 다녀오는 사람들도 있다"고 했다.

상위 1% 중에서도 2~3세 젊은 상류층은 세계 최고 수준의 호텔과 골프장도 과감하게 가는 경우가 많다고 한다. 유학 경험이 있고 어려서부터 해외에서 좋은 곳을 많이 다니다 보니 안목도 높아졌다는 것이다. 이에 맞춰 한 국내 여행사에서는 '0.1%만을 위한 휴식'이라는 콘셉트로 프리미엄 여행 상품을 내놓고 있다. 8인용 전용기를 타고 홍콩으로 가 야경을 구경하며 저녁 식사를 할 수 있는 일정이다. 전용기 실내는 프리지어 꽃으로 장식되고 클래식 음악이 깔려 로맨틱한 분위기를 연출할 수 있게 했다. 홍콩에서 이동시에는 벤츠 S600 승용차를 이용한다. 1박 기준으로 가격은 5,000만원부터이며, 숙박과 일정은 본인이 원하는 대로 맞춤형이 가능하다.

고급 여행 전문업체 관계자는 "가족여행을 할 때는 한국인이 아닌 현지 외국인 가이드를 원하기도 한다."면서 "어차피 영어 소통은 가능하니 가족 간의 사생활을 가이드한테 알리지 않고 식구들끼리 편하게 한국어로 얘기하기를 원하기 때문"이라고 했다. 하나투어 관계자는 "아직 상용화 단계에 이르지는 않았지만 우주여행(2억원 상당) 예약자도 받고 있다"면서 "머지않아 우주선을 타고 우주를 관광하고 돌아오는 여행도 가능해질 것"이라고 했다.

'나만 즐길 수 있는 것', '남들은 알지 못하는 특별한 것'도 상위 1% 여가의 키워드다. 일반적 관광지로 소개되지 않은 곳, 그 나라만의 문화를 즐길 수 있는 곳을 선호한다고 한다. 예전에는 커다란 빌딩에 화려한 로비를 갖춘 5성급 호텔을 선호했다면 최근에는 그 나라 역사와 문화가 스민 고성(古城) 호텔들을 찾아다니기 시작했다는 것이다. 하룻밤에 100만원 수준인 이탈리아 토스카나에 있는 고성 호텔 등이 그 예다.

'럭셔리 맞춤형 관광'도 여전히 인기다. 서울 강남구에 사는 50대 사업가 G씨는 지난해 8월 부인과 함께 7박 9일 일정으로 호주와 뉴질랜드를 다녀왔다. 여행사에 일정을 짤 때 레스토랑과 호텔은 최고급으로, 골프장은 세계적 랭킹 순위에 있는 곳으로 예약해 달라고 주문했다. G씨는 첫째날 시드니 항구가 내려다보이는 특1등급 호텔인 파크하이엇에서 짐을 푼 뒤 오페라하우스에서 베르디의 리골레토를 관람했다. 둘째 날에는 시드니 남쪽 해안 도시인 울릉공으로 이동해 카이야마 해변 등을 둘러보고 저녁에는 하이엇호텔 내 식당에서 구운 도미와 다진 호두를 곁들인 푸딩 등을 먹으며 만찬을 즐겼다. 세계 톱 100위 레스토랑 중 60위에 꼽힌 고급 레스토랑이었다. 셋째 날에는 2014 세계 랭킹 43위에 꼽힌 뉴사우스웨일스 골프장에서 라운딩했다. 이 골프장은 18홀 중 절반 이상이 태평양과 맞닿아 있어 빼어난 전망을 자랑한다.

다음날 뉴질랜드 오클랜드로 이동한 G씨 부부는 온천 도시 로토루아에서 온천욕을 즐기고 영국 엘리자베스 여왕과 빌 게이츠 등이 묵었던 것으로 유명한 후카 로지에서 하룻밤을 보냈다. 로지는 자연풍경 전망이 훌륭한 곳에 자리한 소규모의 숙소로 호텔과는 다르게 고급 별장에 온 느낌을 가질 수 있다는 점이 마음에 들었다. 나머지 이틀은 로토루아 호숫가 주변에 위치한 또 다른 로지인 페퍼스 온더 포인트와 역시 최고급 호텔인 몰리스에서 여유를 즐겼다. 개인적으로 쓴 비용을 제외하고 여행사에만 1인당 1,350만원씩 총 2,700만원을 지불했다. G씨의 이번 일정을 주관한 고급 여행업체 관계자는 "유럽 여행 때 단체로 등산복을 입고 가는 여행객들과는 격이 다르다"면서 "일정에 쫓기지 않고 격식에 맞게 정장을 갖춰 입고 오페라하우스에 갈 수 있는 충분한 시간을 염두에 두고 일정을 짜 달라고 주문하는 등 여유를 즐기기를 원한다"고 했다.

상위 1%는 신세계의 T, CJ그룹의 N, 효성그룹의 W 등 최고급 골프장을 이용한다. 그 중 T골프장은 입회 보증금이 최소 15억원에서 21억원에 달하는 것으로 알려졌다. 라운드 내내 앞뒤 팀을 만날 수 없는 이른바 '대통령 골프'를 자랑한다. 신비주의도 이곳의 특징이다. 변호사 H씨는 "수억원씩 내면서 이런 골프장을 이용하는 이유는 자기만을 위한 프라이빗한(사적인) 공간을 중요하게 생각하기 때문"이라면서 "한편으로는 사람들의 허영심을 자극하는 마케팅이기도 하다"고 했다. 이 골프장의 회원권을 보유하고 있다는 것만으로도 귀족이라는 느낌을 갖게 한다는 얘기다.

상위 1%는 술을 마실 때도 멤버십제로 운영하는 호텔 바 등 프라이빗한 장소를 선호한다. 서울 강남구에 있는 I호텔의 바 멤버십은 연 100만~500만원이다. 500만원짜리 VVIP 멤버십은 연간 조니워커 플래티넘 18년산 또는 싱글톤 15년산 11병과 맥주 30병을 무료로 제공하며, 다른 식음료와 객실 숙박비를 할인해 준다. 이 호텔 멤버십 회원인 IT 회사 사장의 부인 I씨는 "술을 보관해 놓고 언제든지 편하게 마실 수 있다"면서 "손님들로 붐비지 않아 자주 애용하는 편"이라고 말했다. 패션업체 대표 I씨는 "청담동 부근에는 아예 멤버십 회원만 출입이 가능한 소규모 바들이 꽤 있다"고 말했다.[2)]

2) 송수연 · 이두걸 · 유대근, "전용기 타고 홍콩서 저녁…1박 5,000만원 귀족 투

3. 고소득층의 삶

NH투자증권 100세시대연구소가 29일 내놓은 '중산층 vs 고소득층, 삶의 차이 분석' 보고서에 담긴 내용이다. 중산층 1,128명과 고소득층 232명을 표본조사했다. 소득 구분은 중위소득(모든 가구를 소득 순서로 일렬로 세웠을 때 한가운데 차지하는 가구의 소득)을 기준으로 했다. 지난해 기준 우리나라 4인 가족의 중위소득은 월 375만원이다. 이보다 50%(187만원) 미만을 벌면 빈곤층, 150%(563만원) 이상을 벌면 고소득층, 그 중간이 중산층이다.

매일 아침 식사를 하는 비율은 고소득층이 59.5%로 중산층 49.4%보다 높았다. 고소득층은 점심값으로 평균 7,032원을 쓰는 반면 중산층은 6,180원을 소비했다. 일주일간 운동 횟수는 고소득층 1.8회, 중산층 1.2회였고, 한 달간 문화공연 관람 횟수는 고소득층 1.4회, 중산층 0.9회였다. 3년간 해외여행을 다녀온 횟수는 고소득층(1.8회)이 중산층(0.9회)보다 2배 많았다.

삶의 여유에서 보인 차이는 정신적인 영역에도 영향을 미쳤다. '인생의 목적이 무엇인가'라는 질문에 중산층은 '가정의 안녕'(40%)이라는 응답이 '일상의 즐거움'(31.6%)보다 크게 높았지만 고소득층에서는 두 응답이 각각 37.5%, 36.2%로 비슷했다.

희망 수명도 차이가 났다. 중산층은 평균 82.7세까지 살기를 원한 반면 고소득층은 84.6세로 중산층보다 2세 정도 많았다. 고소득층일수록 전반적인 생활수준이 높고 노후 준비가 잘 돼 있기 때문으로 풀이된다고 보고서는 지적했다. 거주하고 있는 집의 크기는 중산층이 평균 31평, 고소득층이 평균 37평이었다.

어," 서울신문, 2015.02.01.

중산층과 고소득층 삶의 차이

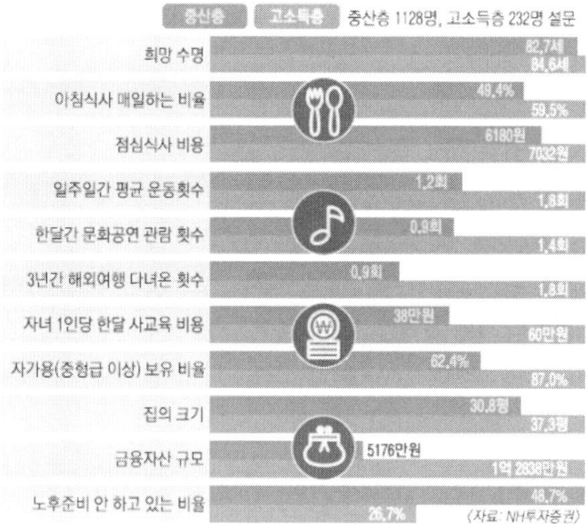

(자료: NH투자증권)

금융자산으로 시선을 옮기면 격차는 더 커진다. 고소득층은 평균 1억 2,838만원을 갖고 있어 중산층(5,176만원)보다 약 2.5배 많았다. 고소득층은 소득의 26.3%를, 중산층은 19.6%를 저축했다. 두 계층 모두 저축 목적 1순위는 노후 대책이었다. 하지만 자녀교육이나 부채 상환이라고 응답한 비율은 중산층(16.8%, 10.9%)이 고소득층(8.2%, 6.9%)보다 크게 높았다. 당장 써야 할 돈이 많은 만큼 중산층의 48.7%는 노후 준비를 하고 있지 않았다. 고소득층의 경우 26.7%가 노후 준비에 미흡했다. 중산층은 물론 고소득층도 노년에 빈곤층으로 전락할 우려가 있다는 얘기다. 서동필 NH투자증권 100세시대연구소 수석연구원은 "중산층의 40%, 고소득층의 15%가 은퇴 후 소득이 100만원에 못 미치는 빈곤층으로 수직 하락할 수도 있다"며 "노후 준비를 미룰 경우 생계가 막막한 상태에서 은퇴에 내몰릴 수도 있다"고 지적했다. 이어 "중요한 건 현재의 차이에서 느끼는 상실감이 아닌 미래의 행복"이라며 "경제 관련 분야에 더 많은 관심을 가지고 적극적으로 노후 준비에 나서야 한다"고 조언했다.[3)]

3) "중산층보다 아침밥 더 챙겨 먹고 운동 더 하는 부자들-NH투자證 100세 시

4. 고가 가구

집값보다 더 비싼 가구가 잇따라 국내에 선보이며 눈길을 사로잡고 있다.

22일 가구업계에 따르면 국내 가구 전문기업 넵스(Nefs)가 독점 수입하고 있는 이탈리아 주방가구 브랜드 톤첼리의 '프로게토 50'의 전시가는 3억원이다.

서울 노원구 중계동 영광아파트 85㎡가 2억 4,000만~2억 7,000만원, 인근의 현대3차 아파트 102㎡도 2억8,000만~3억1,000만원 정도에 매매되고 있는 것을 감안하면 부엌가구 한 세트가 서울 집값을 호가하는 셈이다.

프로게토 50의 전면은 한조각 한조각 화려하게 물들인 나무조각 2,700개가 한 폭의 그림으로 수 놓여 있다. 나머지 부엌문은 천연가죽으로 마감돼 부엌이 아닌 분위기 있는 서재의 느낌을 준다.

독일 주방가구 에거스만의 '유니크 슬레이트'는 점판암의 일종인 슬레이트를 자연 그대로 손질해 부엌으로 옮겨 놨다. 전시가는 2억원대다. 워낙 고가라 협찬이 불가능하지만 유명 연예인들 사이에서 선호도가 높은 상태라는 것이 넵스 측의 설명이다.

해스텐스의 '비비더스(Vividus)' 침대는 스웨덴 장인 손길로 만들어진 1%를 위한 침대라고 소개되고 있다. 스웨덴 최고급 소나무 손질부터 허리를 받쳐주는 스프링을 세우는 일까지 장인의 손에서 이루어진다.

주문 후 140~160시간의 공정을 거쳐 한사람만을 위한 침대로 만들어진다는 게 해스텐스의 설명이다. 매트리스는 말꼬리 털이 활용됐

대硏 보고서," 서울신문, 2015.12.29.

다. 전시가는 1억 6,800만원이다.

이 외에도 롤프벤츠의 코너소파는 5,000만원대, 카시나의 디자이너 필립스탁(Philippe Starck) 소파는 2,900만원대부터 시작한다. 카시나 측 관계자는 "가죽 레벨과 2~4인용 등 유닛에 따라 가격은 천차만별"이라고 귀띔했다.

이런 고가가구를 찾는 수요자는 얼마나 될까. 한 수입가구 업체 관계자는 "대중을 겨냥한 게 아니다 보니 수요자는 많지 않은 편"이라면서도 "그래도 찾는 사람들이 꾸준히 있는 편"이라고 말했다.

일각에서는 이 같은 0.1%를 위한 귀족마케팅이 사회적 위화감을 조성한다는 지적도 제기되고 있다. 주부 윤지현(42)씨는 "상식을 벗어난 가격은 상대적 박탈감을 들게 한다"고 말했다.[4)]

5. VIP보험

저성장·저금리 기조가 이어지고 영업환경은 갈수록 악화되면서 보험사들이 신성장동력 찾기에 분주하다. 보험사들은 VIP고객을 위한 FP센터(Financial Planner Center)에서 마지막 해답을 찾고 있다. 고액자산가에게 인생설계부터 후계구도까지 상담하며 '귀족' 고객 모시기에 총력을 기울이는 것. 가장 적극적인 곳은 삼성생명이다. 최근에는 외국계인 메트라이프생명도 부유층 공략에 나섰다. 아무나 이용할 수 없는 그곳. 부유층이 이용하는 보험사의 FP센터를 들여다봤다.

◆ 살 길은 부유층시장뿐

보험사의 부유층 고객 유치를 위한 경쟁이 갈수록 치열해지면서 마케팅 형태도 진화했다. 특히 생명보험사들은 "처음 FP센터를 설치할

---

4) 이지현, "가구시장 '억' 소리..집값 보다 더 비싸네," 이데일리, 2014.07.22.

때만 해도 VIP고객으로부터 주목받았지만 점차 경쟁이 치열해져 고민"이라고 입을 모은다.

우량고객을 문화행사에 초대하거나 부자들의 관심사인 절세·상속 등을 포함한 종합재무관리서비스를 제공하는 것은 기본이다. 여기에 건강검진, 장례용품 지원, 후계자 프로젝트를 통한 '가문관리' 등으로 서비스가 더욱 다양해지는 추세다.

보험사마다 FP센터의 특징은 다르다. 어떤 곳은 고객이 서로 만나 정보를 교류할 수 있는 장소를 마련하는 반면 어떤 곳은 서로의 신분을 노출시키지 않기 위해 지극히 개인적인 장소에서 컨설팅을 진행한다.

공통점은 고객의 재무현황과 니즈를 분석해 가장 유용한 맞춤전략을 제안한다는 것. 보험사들은 자체 보유인력뿐 아니라 공인회계사, 세무사, 법무사, 노무사 등 외부전문가를 동원해 경영관리, 가업승계, 상속·증여세와 법인세 절감 등에 대한 컨설팅을 제공한다.

가장 공격적인 마케팅을 펼치는 곳은 삼성생명이다. 삼성생명은 기존의 FP센터에서 한 단계 업그레이드 된 '삼성패밀리오피스'를 운영한다. 금융자산 30억원, 총자산 100억원 이상의 초부유층 자산가들은 서울 역삼동 강남파이낸스센터에 위치한 삼성생명 '패밀리오피스'를 찾는다. 패밀리오피스에서는 국제재무설계사(CFP) 자격증을 보유한 20여명의 팀장급 컨설턴트가 활약한다.

패밀리오피스는 유럽이나 미국 등지에서 일종의 '명사'로 불리는데 국내에서는 3년 전 삼성생명이 처음으로 문을 열었다. 삼성생명에 따르면 지난 3년 동안 2,000여명의 고객이 이곳에서 자산관리서비스를 받았다. 현재 약 1,000여명의 회원이 패밀리오피스에서 가문관리서비스를 받는다.

삼성생명 관계자는 "보통 보험사 FP센터는 50억원 가량의 자산가를 대상으로 하지만 삼성패밀리오피스는 총 보유자산이 수조원에 달하는 초부유층 고객에게 서비스를 제공한다"며 "자산관리 차원에서도 고객 한명이 아닌 하나의 가문 자체를 컨설팅한다"고 설명했다.

▲삼성생명 '삼성패밀리오피스' /사진제공=삼성생명

교보생명의 노블리에센터는 문화마케팅으로 보험업계에서 정평이 나 있다. 이익기여도 최상위권 고객이 서비스 대상으로 금융자산 10억원 이상 자산가들이다. 교보생명은 자산승계·재산관리 등 기업경영 노하우뿐 아니라 부유층 고객이 네트워크를 형성하도록 '교보 노블리에 소사이어티' 프로그램을 운영한다. 골프페스티벌, 연주회 등 스포츠·문화행사를 정기적으로 열어 고객들에게 관계 형성 장소를 제공한다.

'교보 노블리에 소사이어티' 서비스 중에 신창재 교보생명 회장이 직접 참여하기도 한다. 교보생명 관계자는 "인맥을 넓힐 기회를 제공하는 등 교보생명만의 차별화된 네트워킹 프로그램"이라며 "한번 참여한 고객은 꾸준히 이 프로그램에 참여하고 싶어 한다"고 말했다.

한화생명도 부유층 마케팅에 한창이다. 한화생명은 FA(Financial Advisory)센터를 통해 VIP고객에게 자산관리·상속·증여·투자·부동산·세무 등 종합자산관리서비스를 제공한다. 서비스 대상 고객의 자산규모는 금융자산 5억원, 평균 자산규모 30억원 이상이다.

한화생명 관계자는 "절세, 포트폴리오, 설계 등 세 가지를 중심으로 자산관리서비스를 제공한다"며 "부동산 자산이 많은 사람, 금융자산이 많은 사람, 사업가 등 자산가마다 설계가 달라진다"고 설명했다.

◆ VIP 충성고객, 시너지 '톡톡'

최근에는 메트라이프생명이 맞춤형 자산관리시스템 '노블리치센터'를 오픈했다. 메트라이프는 특수직 컨설팅 코스를 통해 전문가 양성에 주력한다. 법인고객을 위한 '법인컨설팅서비스', 의료전문직 고객을 위한 '병원경영진단서비스'와 같이 특화된 서비스를 제공하는 식이다. 손해보험사 중에는 삼성화재가 유일하게 부유층을 위한 FP센터를 운영 중이다. 삼성화재는 법인전환 컨설팅, 가업승계 컨설팅, 조직관리 컨설팅, 찾아가는 세미나 등 4대 서비스를 지원한다.

▲교보생명 '노블리에센터' /사진=머니위크 DB

보험사가 FP센터를 운영하는 것은 VIP 충성고객을 확보하기 위해서다. 현재 보험사 VIP고객의 정확한 규모는 파악하기 힘들지만 FP센터가 부유층 고객 확보에 도움이 되는 것은 사실이다. 생보사 한 관계자는 "VIP고객들은 어떤 정보도 알려지는 걸 바라지 않아 정확한 시장규모를 공개하기 힘들다"며 "분명한 건 FP센터를 통해 VIP고객을 확보하면 보험사에 여러모로 도움이 된다는 점"이라고 전했다.

실제 삼성생명의 경우 고객 수 증가폭에 비해 수입보험료가 크게 늘어난 것으로 조사됐다. 그만큼 고객 1인당 납입하는 보험료가 증가했다는 걸 의미한다. 삼성생명의 VIP 마케팅이 효과를 본 셈이다. 보

험사들이 부유층 마케팅에 공을 들이는 이유다.5)

▲ 메트라이프 '노블리치센터오픈' /사진제공=메트라이프

6. 프라이빗 의전

올해 관광, 공식 행사, MICE, 산업시찰, 의료 등 다양한 목적을 가진 방한객이 1,550만명으로 예상되는 가운데, 일반 관광객의 증가세보다 급격히 늘고 있는 '큰 손' 겨냥 VIP 마케팅이 산업 각 분야에서 활발하게 전개되고 있다.

업계에 따르면, '큰 손'들은 한국내 공식 행사 참석 목적이 아니라도 의료, 관광, 쇼핑, 한국문화 체험 등을 위해 방한해, 혼자 또는 가족만의 시간을 갖기를 원하는 경우가 많다고 한다. 중국 화빈그룹의 옌빈 회장, 미식축구 스타 테렐오웬스, 헐리우드스타 제시카알바, 노벨평화상 수상자 로버트 굴드, 디자이너인 도메니코 돌체 등이 대표적인 케이스. 이같은 흐름에 맞춰 관광호텔 분야에서는 007작전을 방불케 하는 프리미엄·프라이빗 의전서비스가 등장했고, 석유부호들을 모시기

5) "[보험 이야기] '2저'시대에 믿을 건 '큰손,'" 〈머니위크〉 (www.moneyweek.co.kr) 제372호.

위한 할랄 인프라 확충에 나서고 있으며, 유통업계에서는 명품관 확대, VIP라운지 설치, 세계적인 VIP체인과의 제휴 등 분주한 행보를 보인다.

외국인 관광 전문 기업인 코스모진여행사는 VIP의 공항 영접에서부터 호텔 숙박, 관광 안내, 통·번역, 각종 예약 및 섭외, 출국 등 모든 프로세스에 개별 맞춤형 서비스를 제공하기 위해 고객의 문화사회적 특성 체크리스트 13항목을 만들어 리퀘스트를 수행하고 있다. '프리미엄 관광의전' 시스템이다. 외교사절, 경제거물 등에 대해서는 짧은 동선이라도 리허설을 하고 '007 작전'을 방불케 하는 프라이빗 의전 서비스를 제공한다. 한국 강아지 분양 등 특별한 희망사항도 수행하며, 할랄인증 식사, 좋아하는 음악과 향기 등 고객 기호에 맞는 의전재료를 동선 요소요소에 준비해 두고 있다.

▲ 제시카 알바의 '프라이빗 방한'때 밀착 의전을 지휘했던 코스모진 스태프와 제시카 알바가 한국 출국전 기념촬영을 했다. [사진=코스모진 제공]

중국 VIP는 의외로 30대가 많아, 이들이 좋아하는 한류콘텐츠를 관광서비스로 제공하는 곳도 있다. 코리아 로열 클럽은 한류를 지향하는 중국인 VIP들만을 위한 여행사로 한국에 입점한 글로벌 명품 브랜드부터 미용, 웨딩, 의료관광 등 한국의 상류사회를 직접 체험해볼 수 있도록 한다.

BC카드는 명동과 동대문에 은련카드(유니온페이) VIP라운지를 마련해 VIP 고객들의 물품보관, 휴대전화 충전, 관광정보 안내 등의 서비스를 제공하고 있다.

갤러리아백화점은 지난해 업계 최초로 유커 VIP들을 잡기 위한 멤버십 서비스를 선보이고, 명품관을 재오픈, 웨스트 5층에는 글로벌 VIP라운지를 마련했다.

롯데백화점은 아시아 국가의 VIP 관광객 유치를 위해 최근 싱가포르 '로빈슨', 홍콩 '타임스퀘어', 태국 '시암파라곤' 등 3개국 백화점과 VIP 서비스 제휴에 대한 글로벌 업무협약(MOU)을 맺었다.

▲ VIP 외국인 관광객의 DMZ 안보관광 장면. [사진=코스모진 제공]

현대백화점은 올해 처음으로 중국인 VIP 고객을 대상으로 자사 소개 및 유명 브랜드, 할인 행사를 안내하는 DM(우편광고) 5,000부를 발송했다.

정명진 코스모진 대표는 "외래 관광객 2,000만 시대를 앞두고 변화를 겪고 있는 우리의 관광산업의 성장을 위해 관광산업 발전에 기여도가 큰 외국인 VIP들을 위한 특화된 프리미엄 서비스가 점차 중요해 지고 있다"면서 "이들의 영향력이 크기 때문에 이들에 대한 서비스 품질은 우리나라의 국격, 산업발전 등과 직결된다"고 말했다.6)

6) 함영훈, "프라이빗 의전, 글로벌 명품 제휴…VIP 마케팅 잰걸음," 헤럴드경

7. 글로벌 VIP 서비스

롯데백화점이 해외 유명 백화점들과의 VIP 서비스 제휴 강화에 나선다. 해외에서 '글로벌 VIP'로서의 혜택을 경험한 고객들이 국내에서도 더 지갑을 여는 것으로 나타났기 때문이다.

22일 롯데백화점은 현재 해외 6개 점포와 맺고 있는 글로벌 VIP 서비스 제휴를 올 상반기 중으로 10개 점포로 확대할 계획이라고 발표했다.

롯데백화점은 지난 2010년 업계 최초로 프랑스의 '갤러리 라파예트'와 VIP 서비스 제휴를 시범적으로 진행했다. 이를 시작으로 현재 미국 '메이시스' 뉴욕 본점, 스위스 '마노', 홍콩 '타임스퀘어', 태국 '시암 파라곤', 싱가포르 '로빈슨' 백화점 등 총 6개 국가의 유명 백화점들과 제휴를 맺고 있다.

롯데백화점 고객들은 이들 백화점을 방문할 경우 현지 VIP 고객들이 받는 서비스를 동일하게 제공받고 있다. 혜택은 구매시 10~20% 할인, VIP 라운지 이용 및 다과 제공 서비스 등이다.

롯데백화점의 분석에 따르면 해외 백화점에서 글로벌 VIP 서비스를 경험한 고객들은 그렇지 않은 고객들보다 더 많은 매출을 일으키는 것으로 나타났다.

지난해 글로벌 VIP 서비스를 이용한 롯데백화점 고객은 1천100여 명으로, 이들이 올 상반기 롯데백화점에서 쓴 금액은 지난해 같은 기간보다 13.5% 늘었다. 이는 일반 VIP고객 매출 신장률 4.6%에 비해 8.9%p 높다. VIP 재선정률은 78%로, 일반 VIP고객들보다 3%p 높았다.

제, 2015.03.26.

롯데백화점 관계자는 "해외 백화점과의 VIP 서비스 제휴가 고객들의 로열티를 높여 매출 상승으로까지 이어진 것으로 보고 있다"며 "VIP 고객들이 해외 백화점을 방문할 때 지인들과 동행해 이들도 VIP 혜택을 동일하게 체험해 볼 수 있도록 하고 있어 잠재 VIP 고객 확보에 큰 도움이 되는 것 같다"고 말했다.

롯데백화점은 VIP 고객 로열티 강화 및 고급 백화점으로서의 이미지 제고에 해외 백화점과의 제휴가 효과를 보이고 있다고 판단해 이를 더욱 확대하기로 했다.

먼저 오는 6월 중에는 해외백화점 4개 점포와의 VIP 서비스 제휴를 추가적으로 진행할 계획이다.

새롭게 파트너십을 맺는 백화점은 영국 '해롯', 싱가포르 '마리나베이 샌즈', 마카오 '샌즈' 백화점이다. 또 미국의 '메이시스' 백화점은 기존 뉴욕 본점에 이어 샌프란시스코점까지 제휴를 확대한다. 이 제휴가 이루어지면 롯데백화점 VIP 고객들은 총 8개 국가의 10개 점포에서 현지 VIP들과 동일한 혜택을 누릴 수 있다.

롯데백화점은 혜택도 확대한다. 메이시스의 경우 의류 구매시 제공하던 10% 할인혜택을 20%로 늘리고, F&B(Food & Beverage) 할인쿠폰과 기념품도 추가 증정하기로 했다.

해롯, 샌즈 백화점은 퍼스널쇼퍼 서비스도 제공할 예정이다. 마리나베이샌즈 백화점은, 마리나베이샌즈호텔 할인 및 클럽 라운지 이용권을 준다.

롯데백화점 이완신 마케팅부문장은 "VIP 고객들은 비교적 경기에 관계없이 지갑을 열기 때문에 경기 불황이 장기화될수록 이들에 대한 마케팅이 더욱 중요해질 수밖에 없다"며 "VIP 고객들의 해외여행이 더욱 활발해지고 있는 만큼 이태리, UAE, 일본, 대만 등 다양한 국가의 1위 백화점들과의 제휴를 적극적으로 추진해 나갈 계획"이라고 말했다.[7)]

---

7) 장유미, "롯데百, 글로벌 VIP 서비스 제휴 확대," 아이뉴스, 2015.04.22.

8. 홈쇼핑 VIP 마케팅

지속적인 실적 부진을 겪고 있는 TV홈쇼핑업계가 최우수고객(VIP) 멤버십을 강화하고 나섰다. 상반기(1~6월) '가짜 백수오' 사태와 메르스(MERS·중동호흡기증후군) 여파가 3분기(7~9월)까지 20~30%의 영업이익 감소로 나타나자 '큰손' 고객을 적극적으로 발굴해 이익을 끌어올리기 위해서다.

▲현대홈쇼핑은 지난달 14일 서울 강남구 테헤란로 현대백화점 무역센터점에서 VIP 고객을 대상으로 모녀가 함께 참여하는 뷰티클래스 행사를 열었다.

25일 홈쇼핑업계에 따르면 현대홈쇼핑은 최근 현대백화점의 VIP 멤버십 서비스를 벤치마킹한 '탑클래스 서비스'를 시작했다. TV홈쇼핑의 연간 구매금액을 기준으로 상위 5,000명을 선별해 테마여행 서비스, 호텔 스파이용권, 뷔페 초대권 등을 제공한다. 이들의 연평균 구매금액은 600만 원 수준으로 50만~60만 원인 회원 1인당 평균 구매금액의 10배 이상이다.

현대홈쇼핑 관계자는 "매월 VIP 대상 추첨으로 30여 명에게 제공하는 테마여행의 경우 경쟁률이 15 대 1 정도로 높은 편"이라며 "앞으로 서비스를 늘려 연간 10억 원 정도를 우수고객 관리에 사용할 계획"이라고 말했다.

구매금액 기준 상위 3% 고객이 전체 매출의 35% 정도(약 3,000억 원)를 차지하는 CJ오쇼핑은 일찍부터 VIP 고객을 관리해 왔다. 6개월 이내 6회 이상 총 50만 원 이상 구매고객을 VIP로 분류하고 있다. 이들을 상대로 CJ오쇼핑 소속 골프선수인 김민선 김지현 프로에게 레슨을 받을 수 있는 골프클래스, 자체 화장품 브랜드인 '르페르' 뷰티클래스 등을 열고 있다.

롯데홈쇼핑은 스타 쇼호스트를 전면에 내세워 고정팬 확보에 열을 올리고 있다. '최유라쇼'를 진행하는 배우 최유라는 지난달 VIP 고객 100명을 초청해 손수 만든 곤드레밥과 바지락찜 등을 대접하는 '손수밥상' 이벤트를 마련했고 쇼호스트 정윤정은 이달 18일 우수고객 대상 팬 미팅을 겸한 기부 바자회를 진행했다.[8)]

9. 한국, 자수성가 부자 드물다.

현재 한국의 재벌들은 기업을 상속받아 키웠지만 미국과 중국, 일본 등 다른 나라들의 부호들 대부분은 스스로 창업을 통해 부를 쌓은 것으로 나타났다.

4일 블룸버그의 억만장자 자료에 따르면 지난해 12월 30일 기준 세계 부호 상위 400명을 부의 원천에 따라 분류했을 때 65%인 259명은 자수성가(self-made), 나머지 141명(35%)은 상속(inherited)으로 집계됐다.

400위 안에 든 한국 부호 5명 모두 상속자였다. 이들은 이건희 삼성그룹 회장과 서경배 아모레퍼시픽그룹 회장, 이건희 회장의 아들인

8) 최고야, "큰손 고객 모셔라, 홈쇼핑 VIP마케팅," 아이뉴스, 2015.12.26.

이재용 삼성전자 부회장, 정몽구 현대차그룹 회장, 최태원 SK그룹 회장 등 재벌 2~3세다.

◈ 세계 10대 억만장자는 모두 창업가…빌 게이츠 · 제프 베조스 · 마크 저커버그

세계 최고의 부자인 빌 게이츠(마이크로소프트)를 비롯해 아만시오 오르테가(인디텍스), 워런 버핏(버크셔 헤서웨이), 제프 베조스(아마존), 카를로스 슬림(텔멕스), 마크 저커버그(페이스북), 래리 페이지(구글), 래리 엘리슨(오라클) 등 상위 10명은 모두 자수성가했다.

이들 가운데 오르테가(스페인)와 슬림(멕시코)을 뺀 8명은 미국 출신이다. 억만장자가 가장 많은 미국의 경우, 세계 랭킹 400위 안에 포함된 125명 가운데 자수성가한 사람이 89명으로 71%를 차지해 세계 평균보다 다소 높았다.

김상조 한성대 무역학과 교수는 "미국은 선진국들 가운데 창업을 통해 기업이 성장하는 생태계가 가장 활성화한 나라"라고 설명했다.

아시아 부호 80명 중에서는 63명(70%)이 자수성가한 것으로 집계됐다. 이 가운데 가장 많은 중국 부자의 경우, 29명 가운데 1명만 빼놓고 28명(97%)이 창업가였다.

중국 최고 부자인 왕젠린 완다그룹 회장(세계 13위)과 2위인 마윈(잭 마) 알리바바 회장 등이 대표적 인물이다. 이밖에 모바일 메신저 위챗으로 유명한 텐센트(텅쉰)의 마화텅과 중국 최대 검색사이트 바이두의 리옌훙(로빈 리) 등이 상위권에 있다.

일본은 세계 400위 안에 든 5명 모두가 창업자였다. 의류 브랜드 유니클로를 세운 일본 최고 부호 야다이 다나시를 비롯해 소프트뱅크의 손정의(손 마사요시), 편의점 체인 세븐일레븐의 이토 마사토시 등이다.

재벌 및 CEO 경영평가 사이트인 CEO 스코어의 박주근 대표는 "중국은 여전히 국영 기업이 많지만 1990년대 초부터 개방 정책에 힘입어 부호가 많이 생겼다"면서 "일본은 상위 50명까지 꼽아보면 창업가가 80% 정도 되는데, 10년간 자료를 보면 신규로 들어오는 부호가 꾸준하다"고 말했다.

러시아는 18명 모두, 인도는 14명 중 9명(64%)이 자수성가 부호였다. 다만, 유럽은 자수성가 부호가 54명으로 상속 부호(55명)보다 1명이 적었다.

"이해진 · 김범수 이후 신진 부호 없다…성장 사다리 막혀"

한국은 부호의 범위를 늘려도 자수성가한 사람들이 다른 나라와 비교해 현저하게 적다. CEO 스코어의 지난해 12월 1일 기준 상장사 주식부호 자료를 보면 상위 10명 가운데 창업자는 임성기 한미약품 회장이 유일하다. 나머지는 이재현 CJ그룹 회장과 정의선 현대차 부회장, 이부진 호텔신라 사장, 이서진 삼성물산 사장 등 재벌 3세들이다.

창업 부자는 30위 안에는 김범수 카카오 이사회 의장, 이해진 네이버 의장, 조창걸 한샘 명예회장 등 6명(20%)이, 100위 안에는 25명(25%)이 있는 것으로 나타났다.

CEO 스코어의 박주근 대표는 "이해진과 김범수 외에 신진 부호가 나오지 않고 있다"고 말했다.

창업자는 드물고 할아버지나 아버지로부터 회사를 물려받은 2~3세 상속자들이 대부분인 한국은 기업의 역동성이 떨어지며 성장 사다리가 막혔다는 지적이 나온다.

자본시장 미발달…재벌 중심 구조 · 지나친 규제 지적도

창업 부호가 많이 나오지 못하는 핵심 배경으로 전문가들이 공통으로 지적하는 것은 틀에 박힌 자본시장이 창업에 제대로 된 도움을 주지 못하고 있다는 점이다.

김상조 교수는 "미국에서 10년, 20년 만에 세계 최고의 기업이 생길 수 있는 것도 자본시장이 잘 작동하고 있기 때문"이라면서 "월스트리트의 금융자본과 실리콘밸리의 벤처캐피털이 전통산업이든 첨단산업이든 새로운 아이디어가 있는 기업을 찾아서 지원하고 있다"고 설명했다. 그는 국내의 자본시장이 역동적으로 바뀌어야 한다 주문했다. 그는 "우리가 한수 아래라고 생각했던 일본의 금융산업도 우리보다 앞서가고 있다"고 말했다. 전국경제인연합회의 임상혁 상무도 "벤처자금을 지원해 주는 쪽에서는 돈이 남아 돈다고 하는데, 정작 벤처기업들은 자금을 조달하기 어렵다"면서 "자금을 연결해 주는 시스템이 없기 때문이다. 돈을 빌려줄 때 기술을 평가할 능력이 없으니 아직도 담보를 가져오라고 하는 식"이라고 말했다. 박주근 대표도 "신진 산업이 융성하려면 자본 흐름이 자유로워야 하는데, 자본이 대기업집단에만 몰려 있고 새로운 산업으로 들어가지 않는다"고 지적했다. 재벌 중심의 경제 구조도 영향을 미치고 있다는 분석도 나온다. 박 대표는 "재벌이 산업을 지배하고 골목 시장까지 잠식하고 있다"고 말했다.

김 교수도 "재벌이 경제력을 오남용해 시장을 독과점하고 있다"고 지적했다. 그는 "할아버지, 아버지와 달리 역동적이지 못하고 기업가 정신을 잃어버린 재벌 3세가 부를 지키는 쪽의 의사 결정만 하다 보니 산업이 기존 틀을 벗어나지 못하고 있다"면서 "재벌 3세가 새로운 기업이 성장할 수 있는 환경도 파괴하고 있다"고 비판했다.

전경련의 임 상무는 재벌에 대한 비판을 일부 인정하면서도 각종 규제를 비롯한 제도적 한계가 더 크게 작용하고 있다고 강조했다.

그는 "직업 수가 우리는 1만개, 미국은 3만개라고 한다. 그만큼 우리는 규제 때문에 할 수 있는 새로운 산업이 제한된 것"이라면서 "기업이 커질수록 수많은 규제가 생기기 때문에 중소기업에서 대기업으로 크기도 어렵다"고 말했다.

그는 창의성을 살리지 못하는 교육도 창업가의 출현을 가로막는다면서 "빌 게이츠가 우리나라에서 태어났으면 크게 성공할 수 없었을 것"이라고 말했다.

안정적 직업 선호…"금수저 아니면 성공 어렵다고 창업 포기"

'코리안드림'은 사라지고 있다는 우려의 목소리가 높아지고 있다. 한국무역협회 국제무역연구원이 지난달 발간한 보고서에 따르면 한국의 대학생 가운데 창업을 희망한 사람은 6%에 불과했지만 중국은 41%나 됐다. 보고서는 한국이 안정적인 직장을 선호하는 분위기인데다 창업 생태계가 구축되지 않아 창업 활기가 저조하다고 분석했다.

전경련의 임 상무는 "우리나라 부모들은 자식이 공무원이나 의사가 되기를 바라지 창업을 권하지는 않는다"면서 "안정 지향형으로 가는 사회 풍토부터 문제"라고 말했다.

김상조 교수는 "금수저 물고 태어난 세습 부자가 아니면 위로 올라갈 길이 막혀 버렸다"면서 "똑똑한 젊은이들은 의사나 변호사만 되려고 한다. 비즈니스로 성공할 가능성이 너무 낮다는 것을 잘 알기 때문에 도전을 포기한 것"이라고 지적했다. 실제로 부모로부터 상속한

부에서 얻는 수익의 중요성은 갈수록 커지고 있다는 연구 결과도 최근 나왔다. 김낙년 동국대 경제학과 교수가 지난해 11월 내놓은 논문 '한국에서의 부와 상속'을 보면 상속·증여가 전체 자산 형성에 기여한 비중은 1980년대 연평균 27.0%에서 2000년대에는 42.0%로 크게 늘었으며 앞으로도 증가할 것으로 전망됐다.[9)]

10. 백화점

가. 백화점업계, 불황 속 'VIP 마케팅' 한창

백화점업계가 장기화 되고 있는 불황 속에서도 VIP 고객 마케팅에 적극 나서고 있다. 통상 소비침체가 장기화될수록 VIP 고객군이 차지하는 매출비중은 오히려 커지기 때문으로 풀이된다. 20일 백화점업계에 따르면 VIP 고객만을 대상으로 한 다채로운 마케팅이 진행되고 있다.

올해 글로벌 포지셔닝 확대로 눈길을 끌고 있는 갤러리아백화점은 20일 업계 최초로 VIP 전용 프리미엄 여행상품인 '갤러리아 프리미엄 프레스티지 프로그램(이하 갤러리아 PP패키지)'을 출시했다. 이 상품은 한진관광(KALPAK)과 공동으로 개발했다.

갤러리아 VIP 고객들은 뉴욕 방문시 인천공항과 뉴욕 JFK 공항에서 라운지 이용 및 현지 직원의 에스코트를 받게 된다. 공항에서 숙소까지의 이동은 벤츠 S클래스로 픽업 서비스를 받을 수 있으며 본 패키지를 이용하는 고객들에게는 제주퓨어워터를 월 1회, 1박스씩 1년간 배송해 준다.

특히 고객의 취향에 따라 여행일정을 직접 디자인할 수 있다. 이를테면 여행기간을 바꿀 수 있으며 고객이 선호하는 호텔로 변경이 가

9) 김윤구, "한국, 자수성가 부자 드물다," 연합뉴스, 2016.01.06.

능하다.

이 외에도 호텔과 버그도프굿맨 간의 픽업 서비스, 벤츠 S클래스나 롤스로이스 팬텀을 이용한 데이 투어, 뉴욕 현대미술관(MOMA)의 개관 시간 전 프라이빗 관람(영어 가이드 동행), 뉴욕 최고급 호텔 스파 등 뉴욕에서 누릴 수 있는 최고의 프리미엄 서비스들을 옵션으로 선택할 수 있다.

지난 9월에는 갤러리아 명품관과 미국 뉴욕 버그도프굿맨이 제휴 협약을 맺고, 양사 VIP 고객들이 상호 백화점 방문시 VIP 서비스와 혜택을 동일하게 받도록 했다.

갤러리아 VIP 고객이 뉴욕 버그도프굿맨을 방문할 예정일 경우 뉴욕 도착 1주일 전까지 갤러리아백화점 VIP 라운지를 통해 방문 일정을 알려주면 갤러리아는 이를 버그도프굿맨에 전달한다. 이후 버그도프굿맨과 제휴하고 있는 최고급 호텔의 숙박을 특별 할인된 가격으로 예약해 주는 방식이다.

또 센트럴파크가 내려다보이는 버그도프 굿맨 7층의 레스토랑에서 티(Tea) 서비스가 무료로 제공되며 쇼핑시 한국어나 영어가 가능한 퍼스널 쇼퍼 서비스도 받을 수 있다.

▲갤러리아 백화점 서비스 상담

롯데백화점은 올해 문화마케팅을 벌였다.

아시아 최초로 진행한 '홀스뮤지컬(Imagine)' 공연에 VIP 고객 500명을 초청해 저녁식사를 제공하고, 공연관람 기회를 제공했다. 또 뮤지컬 '캣츠'의 프리오픈(Pre-open) 공연 때도 관 1곳을 대관해 VIP 고객들에 공연을 선보이기도 했다.

신세계백화점은 VIP 고객에 포인트를 부여해 이들이 원하는 콘텐츠(스파·식사권 등)를 자유롭게 설계해 신청할 수 있도록 했다. 또 VIP 라운지에 아트 카페라떼, 에스프레소 캐비어, 분자커피 등 스페셜 메뉴를 도입했다.

업계 관계자는 "내수경기 침체로 소비가 줄어들고 있는 상황에서 VIP 고객들은 백화점의 주요한 소비층"이라며 "이들을 통해 조금이나마 소비를 활성화시키기 위해 업계에서는 특히나 VIP 마케팅에 집중하고 있는 것"이라고 말했다.10)

나. 갤러리아백화점

(1) 그들만의 특별한 VIP 파티

한화그룹이 운영하는 갤러리아 백화점 명품관의 VIP고객 마케팅이 유통업계의 시선을 끌고 있다. VIP고객 마케팅이야 다른 백화점도 다 하는 것이지만, 갤러리아의 VIP고객 마케팅은 남다른 구석이 있기 때문이다.

부자 동네 서울 압구정동에 있는 갤러리아 명품관은 오는 16일 정기 휴일로 백화점 문을 닫는다. 하지만 엄밀히 말하면 이날 백화점문은 일반 고객에게만 닫혀 있다.

VIP고객들은 닫힌 문을 열고 들어가 한적한 백화점 매장을 편하게 돌아다니며 쇼핑을 즐길 수 있다. 갤러리아 측이 정기 휴일을 이용해 VIP고객들을 초청해 별도의 판촉행사를 진행하고 있기 때문이다.

'P-DAY'로 불리는 이 행사는 갤러리아 백화점이 연간 매출 우수

10) 구변경, "백화점업계, 불황 속 'VIP 마케팅' 한창," 서울파이낸스, 2014.11.20.

고객 1,500여명을 대상을 벌이는 이벤트다. VIP 고객들은 공식적으로는 문을 닫는 백화점에서 식사와 다과를 즐기고 물건을 싼 값에 살 수도 있다. 갤러리아는 이 행사를 벌써 10년 넘게 진행해 왔다.

국내 백화점 중 하루동안 문을 닫고 VIP고객 초청행사를 진행하는 것은 갤러리아가 유일하다. 한적한 매장에서 특별한 대우를 받으며 쇼핑을 즐길 수 있는 덕에 VIP고객들의 호응도 높은 것으로 알려졌다.

▲ 갤러리아 백화점

하지만 갤러리아의 이 행사를 일반 고객들은 그리 좋은 시선으로 바라볼 리가 없다. 갤러리아 백화점을 자주 간다는 주부 김모 씨는 "공식적으로 백화점 문을 닫는다고 공지하고 비밀스럽게 돈을 많이 쓰는 고객들만 초청한다는 게 보기에 좋은 그림은 아니다"라고 말했다.

하지만 갤러리아 측은 우수 고객에 대한 사은 행사일 뿐 고객을 차별 대우하려는 의도는 없다고 설명했다.

갤러리아 관계자는 "우수 고객들에 대한 감사의 뜻을 표현하기 위해 매년 여는 일종의 이벤트"라며 "매출액 중 일부는 소아 난치병 환자들을 위해 사용하는 등 좋은 취지의 행사"라고 말했다.[11)]

11) 민재용, "갤러리아백화점만의 특별한 VIP 파티," 이데일리, 2015.11.14.

(2) 문 닫은 갤러리아명품관 "VIP 고객만 들어오세요"

- 갤러리아명품관 18일 올해 두 번째 VIP데이(p-day) 행사
- 백화점, 영업전략 vs 위화감 조성 고객 차별

'명품 백화점'을 표방하는 갤러리아백화점의 남다른 VIP 고객 사랑이 세간의 눈총을 사고 있다. 백화점의 영업전략이긴 하지만, 고객 간 위화감을 조장한다는 비판도 따른다. 18일 서울 압구정동에 위치한 갤러리아명품관(본점)은 공식적으로는 오늘 하루 휴점을 한다. 갤러리아백화점의 VIP 초청 행사(P-Day)를 하기 위해서다. 온·오프라인을 통해 휴점 공지를 하고 정문은 닫지만, 다른 백화점의 휴점일처럼 영업하지 않는 것은 아니다. 오늘 하루는 VIP들만의 행사를 진행한다. 백화점 전체 매출의 80%를 차지하는 이들만을 위한 특별한 행사를 준비한 것이다. 이날은 초청장을 받은 고객만이 백화점에 들어갈 수 있으며 10~30%의 가격할인과 케이터링(식사, 다과) 서비스, 경품 응모 혜택 등을 받게 된다.

갤러리아백화점 홈페이지를 보면 본점의 경우 전년도 연간 구매액(1.1~12.31)에 따라 VIP를 선정하고 등급을 나눈다. 이 중 연간 3,500만원 이상 구매한 고객부터 VIP 행사에 초청한다고 명시하고 있다.

▲ 갤러리아명품관(본점)의 VIP 고객 선정 기준(출처: 갤러리아 홈페이지)

갤러리아백화점은 해마다 상·하반기 한 번씩 P-Day 행사를 연다. 다만, 올해 상반기(5월)에는 다른 때와 달리 휴점을 하지 않고 VIP 고객에게만 할인혜택과 시식권, 기프트카드(2만원)를 제공했다. 지난 4월 발생한 세월호 참사 이후 전국민적인 애도 분위기를 고려해 떠들썩한 연회 형식의 행사를 피한 것이다.

하반기에는 다시 VIP 초청 행사가 부활했다. 지난 17일에는 센터시티점, 수원점, 진주점이 하루 앞서 VIP 초청 행사를 진행했다.

국내 백화점 중 이러한 VIP 초청 행사를 하는 곳은 갤러리아 백화점이 유일하다. 롯데백화점도 VIP 초청 행사를 하지만 영업을 시작하기 전이나 영업시간이 끝난 후에 VIP만을 위한 행사를 따로 열어 연장 영업을 하는 식으로 진행하고 있다.

유독 갤러리아의 VIP 초청 행사가 빈축을 사는 이유가 여기에 있다. 밖으로는 백화점이 쉬는 날인 것처럼 공지하고, 뒤로는 '돈이 되는' 고객들만 따로 부르는 공공연한 차별대우를 한다는 점이다.

갤러리아 관계자는 "우수 고객들에 대한 감사의 뜻을 표하고 매출액 중 일부를 소아 난치병 환자들의 소원을 이뤄주는 '메이크어위시재단'에 기부하는 등 좋은 의도로 하는 행사"라고 말했다.

하지만 갤러리아의 VIP 사랑을 바라보는 시선은 곱지만은 않다. 압구정동에 사는 주부 김모씨(34)는 "휴점일이라고 하길래 통상적인 쉬는 날로 생각했다"며 "얼마나 대단한 혜택을 주는지 모르겠지만 초대받지 못한 사람들은 중요하지 않다는 것처럼 느껴져 기분이 나쁜 건 사실"이라고 말했다.

현대백화점 본점을 주로 이용한다는 주부 민모씨(56)도 "굳이 휴점하고 행사를 진행할 필요가 있는지 모르겠다."며 "백화점도 일종의 편의시설인데 다른 소비자들을 속이는 행위 아니냐"고 지적했다.

갤러리아측이 VIP 초청 행사에 대해 드러내기를 꺼리는 것도 이러한 비난 여론을 의식한 것으로 보인다.

한 백화점 관계자는 "VIP 고객들이 전체 매출에서 차지하는 비중이 높은 것은 사실이다"며 "대다수의 일반 고객도 백화점 입장에서는 중요한 만큼 최근에는 위화감을 조장하는 행사는 자제하고 특화 서비스를 제공하는 방식으로 변화하는 추세"라고 설명했다.12)

다. 백화점 먹여 살리는 VVIP…입 벌어지는 혜택

#1 A백화점 어느 날 오후 발렛데스크로 고급 외제차량 한대가 들어섰다. 운전석에서 내린 사람은 아무런 얘기 없이 대기 중이던 백화점 직원에게 차량키를 맡기고 유유히 백화점 안으로 들어갔다.

#2 백화점 정규 휴일인 월요일 오후 8시께 김모씨는 D백화점으로 향했다. 백화점에서 준비한 스탠딩뷔페로 저녁을 먹고, 쇼를 겸한 음악회를 감상하며 연말분위기를 즐겼다. 이후 일반 고객이 없는 백화점에서 편하게 쇼핑을 즐기며, 세일이 없던 명품 브랜드도 할인된 가격에 구매했다.

12) 장영은, "문 닫은 갤러리아명품관 "VIP 고객만 들어오세요," 이데일리, 2014. 11.18.

누구나 TV드라마 속 주인공 같은 백화점 쇼핑을 꿈꾼다. 이들은 백화점 VVIP(Very Very Important Person · 매우 매우 중요한 사람) · MVG(Most Valuable Guest · 제일 귀중한 고객)라 불리는 '큰손'들이다. 백화점의 경우 '고객이 왕'이지만, 이들은 고객 위에 있는 'VIP'들이다.

18일 업계에 따르면 백화점 매출 중 상위 1% VIP고객의 상품 구입액은 한해 백화점 전체 매출의 25%를 차지한다. 상위 20% VIP 구입액은 매출의 80%다. 이들은 백화점의 든든한 버팀목이다. VIP고객의 기준은 각 백화점마다 천차만별이지만, 대부분 연간 구매액으로 등급이 정해진다.

롯데백화점의 경우 우수 고객을 'MVG'와 '애비뉴엘'로 나눈다. MVG는 모든 제품의 구매액을, 애비뉴엘은 명품 구매액으로 선정된다. 지난 1년간 구매금액이 6,000만원 이상인 경우 'MVP Prestige(프레스티지)'로, 3,500만원 이상이면 'MVG Crown(크라운)'으로, 각 점포에 따라 1,500만~2,000만원일 경우 'MVG Ace(에이스)'로 나뉜다. 최우수(MVG)고객에게는 5% 상시 할인과 전용 라운지 이용, 주차 대행, 무료 세차, 명절 및 생일 선물 등의 최고급 혜택이 제공된다.

애비뉴엘은 명품 구매액 기준으로 1억원 이상이면 'LVVIP', 5,000

만~6,000만원 이상은 'VVIP', 2,500만~3,000만원 이상이면 'VIP'로 구분된다. VIP고객에게는 개인 비서와 스타일리스트 역할을 하는 퍼스널 쇼퍼가 1 대 1 쇼핑을 지원한다. 30~40명 정도에게는 자신의 이름이 새겨진 와인 캐비닛도 제공된다.

현대백화점의 경우 연간 4,000만원 이상 구매 고객에게 VVIP 등급인 쟈스민 등급이 부여된다. 자스민 등급은 또 다시 구매액에 따라 최고등급인 자스민 블랙, 자스민 블루, 자스민으로 나뉜다.

자스민 고객에게는 등급에 따라 열차여행과 특급 문화공연, 프로동반 골프클리닉 등의 최고급 서비스가 제공된다. 또 전 점에서 전용라운지 이용, 주차대행, 무료 주차, 1 대 1 쇼핑 도우미 서비스 혜택을 제공한다.

신세계백화점은 연간 4,000만원 이상 고객들을 '퍼스트 VVIP'로, 6,000만원 이상 고객들은 '퍼스트 프라임 VVIP'로 선정하고 있다. 특히 연간 구매액 순위 999위 안에 든 고객들은 '트리니티' 회원으로 선정돼 백화점에서 특급호텔 수준의 서비스는 물론 개인 맞춤형 쇼핑서비스, 트리니티 회원 전용 라운지 등 최고의 서비스가 제공된다.

백화점 업계 관계자는 "불황에도 변함없는 구매력을 가진 VIP고객 확보는 각 백화점의 필수"라며 "각 백화점의 VIP고객 인원수 및 다양한 서비스 등은 영업비밀"이라고 말했다. 또 다른 관계자는 "주요 백화점에서는 VIP고객을 위해 밀착서비스 등 다양한 행사를 통해 프라이버시를 중시하는 VIP 고객잡기에 나서고 있다"며 "씀씀이가 일반 고객과 차원이 다른 만큼 제공받는 혜택도 남다르다"고 설명했다.[13)]

11. 주택

올해 초부터 분양경쟁이 치열한 가운데 건설사들이 차별화된 마케팅으로 'VIP 고객잡기'에 총력전을 펼치고 있다. 건설사들은 VIP 마케팅으로 충성도가 높은 고객을 다른 건설사에 앞서 확보, 청약률 및 경쟁률 높이기에 나서고 있다. 특히 일부 건설사는 VIP고객 등록을 통해 각종 혜택을 우선 부여하거나 이들과 함께 신규 분양마케팅에 나서고 있다.

■ VIP 마케팅 효과 '쏠쏠'

20일 건설·부동산 업계 등에 따르면 지난 3월 아이에스동서가 부산 남구 용호동에 분양한 'W(더블유)'의 경우 분양 전에 사업장 인근에 위치한 39층 아파트 최고층에다 현장 인근 상가 11층을 임대해 별도의 상담라운지를 마련했다. 분양 전까지 상담라운지를 찾은 고객은 4만여명에 이르며 VIP 관심고객으로 등록한 고객은 이 중 2만4,000여명에 달했다는 게 회사 측 설명이다.

최근 부산에서 분양된 '센텀리버 SK뷰' 역시 마찬가지다. 견본주택에 마련된 상담석에서 청약의사가 있고 계약열의가 높은 고객들에게 별도로 우수고객 신청서를 작성토록 했다. 우수고객으로 등록할 경우

13) 양길모, "백화점 먹여살리는 VVIP…입 벌어지는 혜택," 뉴시스, 2015.12.18.

1일차 추첨을 통해 명품가방 등 경품을 주는 혜택을 부여했다.

또 이수건설이 대구 범어동에서 지난달 분양한 '브라운스톤 범어'는 홈페이지를 통해 VIP 관심고객을 모집했으며 이들에게는 브라운스톤 범어에 관한 각종 정보와 혜택을 제공하는 등 일반 고객과는 차별화했다.

이 같은 VIP 마케팅은 실제 효과를 보이고 있다는 것이 업계의 전언이다. 더블유의 경우 9,000명이 넘는 순위 내 청약자가 몰리며 초기 계약률만 70% 이상을 웃돌았다. 센텀리버 SK뷰도 461가구 모집에 1순위에서만 3,716명이 청약을 신청하며 평균 8.06 대 1의 경쟁률로 전 주택형이 마감됐다. 브라운스톤 범어는 124가구 모집에 1만7,382명이 몰리면서 1순위에서 평균 140.2 대 1로 마감, 올해 최고 경쟁률을 기록했다.

건설업계 한 관계자는 "충성도가 높은 고객을 확보하면 계약률을 높일 수 있을 뿐 아니라 해당 건설사의 후속 단지 분양에도 효과가 있기 때문에 앞으로도 특별 고객 모시기 경쟁은 더욱 치열해질 것"이라고 전망했다.

■ VIP고객만 입장, 홍보관 등장

올 하반기에도 분양대전을 앞둔 건설사들이 VIP고객 모시기에 나선다.

삼성물산은 오는 10월 분양예정인 '래미안 장전' 마케팅 활동에 참여할 고객홍보대사인 '래미안 앰버서더(Ambassador) 2기'를 모집했다. 래미안 앰버서더로 선정된 고객은 브랜드를 소개하는 홍보대사 역할을 수행한다. 이들은 추첨을 통해 추석 차례비 지원이나 해외여행 혜택 등을 제공받게 된다.

래미안 앰버서더란 삼성물산의 아파트 브랜드 '래미안'과 외교대사(大使), 외교사절단의 의미인 '앰버서더(ambassador)'가 결합된 단어다. 앰버서더는 실제 래미안 장전 아파트에 청약·계약 의향이 있는 고객을 대상으로 진행되는 이벤트다.

래미안 장전은 부산 금정구 장전3구역(장전3동 637 일대)을 재개발한 아파트로, 지하 2층~지상 38층, 12개동, 전용면적 59~114㎡, 1,938가구로 구성됐으며 이 중 1,389가구가 일반 분양된다.

올 하반기 VIP 마케팅 주요 단지

사업명	래미안 장전	엘시티(LCT)	창원 더 샵 센트럴파크
행사내용	'래미안 앰버서더 2기 모집, 앰버서더 외 마케팅 병행, 추첨 통해 추석차례비 및 해외여행 혜택부여	사업장 인근 호텔에서 VIP 고객 및 외국인 투자자 대상 사전 분양홍보관 개관	조합원·분양 희망고객 대상 사업설명회 및 부동산 세무특강
전용면적(m^2)	59~114	144~244 (펜트하우스 포함)	59~117
총 가구수	1,938	822	1,458
건설사	삼성물산	CSCEC	포스코건설

※ 건설사 사정에 따라 변동될 수 있음.
자료 : 각 업체

중국건축공정총공사(CSCEC)가 부산 해운대구 중1동에서 하반기 선보일 초고층 주상복합인 엘시티(LCT)도 VIP 마케팅에 나섰다. 현장 인근 호텔인 팔레드시즈에 분양홍보관을 마련, 사전 마케팅을 진행 중이다. 분양홍보관에는 일반 주택수요자나 투자자는 입장할 수 없다. 시행사 측에서 별도로 엘시티 사업에 관심이 높은 VIP 고객들에게 발송한 홍보물을 받았거나 사전 방문 예약을 한 외국인투자가만 입장할 수 있다. 현재 이곳에는 국내 VIP 투자자 3,000여명이 방문했고 매달 100명이 넘는 외국인투자가들이 찾고 있다는 설명이다.

엘시티는 지하 5층~지상 101층, 전용 144~244㎡(펜트하우스 포함), 총 822가구 규모(공동주택)로 조성된다.

포스코건설은 경남 창원시에서 이달 분양 예정인 '창원 더샵 센트럴파크'와 관련, 지난 6월 중순께 사업 조합원과 분양 희망고객을 초청해 사업설명회 및 부동산 세무특강을 진행했다. 이 아파트는 지하 2층~지상 29층, 15개동, 1,458가구 규모로 조성되며 이 중 318가구를 일반분양한다.[14)]

12. Rolls-Royce vs Bentley

"모두가 꿈꾸지만, 누구나 가질 수는 없다?"

화려하고 멋진 자태와 최고의 브랜드 가치를 갖고 있는 명품들은 엄청난 몸값으로 인해 언제나 모든 이들에게 부러움의 대상이 된다. 모두가 갖고 싶어 하지만, 누구나 가질 수 없기 때문에 바로 '명품'이 되는 것이다.

자동차 업계에도 이런 명품이 있다. 바로 세계 3대 럭셔리카로 불리는 롤스로이스, 벤틀리, 마이바흐다. 이중 마이바흐는 모기업인 다임러가 생산을 중단한 후 자회사인 메르세데스-벤츠의 플래그십세단인 S클래스의 최고급 버전으로 생산을 재개했으니, 과거의 명성에서 퇴색한 모습이다. 반면 롤스로이스와 벤틀리는 여전히 최고급 명차로 불리며 럭셔리카의 지존으로 대접받고 있다.

특히 롤스로이스와 벤틀리는 최고급 럭셔리카 라이벌이란 관계를 떠나, 같은 고향(영국) 출신임에도 현재는 모두 독일계 자동차기업들의 소속이란 점이 흥미롭다. 또한 최고급 브랜드임에도 한때 한집안 식구로 지내 왔다는 점도 자동차 마니아들의 호기심을 자극하는 요소로 손꼽힌다.

오직 한 사람을 위한 최고급 명차를 만들어온 롤스로이스와 벤틀리. 영국 왕실의 공식 의전차량이면서 100년의 시간을 경쟁해온 두 브랜드의 길고 긴 라이벌 관계를 되짚어 봤다.

---

14) 박인옥, "브랜드 충성고객 우대- 건설사 VIP마케팅 열전," 파이낸셜뉴스, 2014.08.20.

가. VIP를 위한 최고의 럭셔리카, 롤스로이스

롤스로이스는 완벽한 자동차를 만들겠다는 같은 꿈을 꿨던 두 사람에 의해 시작됐다. 바로 찰스 롤스와 헨리 로이스다. 찰스 롤스는 귀족 집안에서 태어나 이튼스쿨과 케임브리지 대학을 졸업한 후 런던에서 자동차 판매점 겸 정비소를 운영했다. 헨리 로이스는 가난한 제분업자의 아들로 태어나 여러 직업을 거친 뒤 엔지니어로 성장했다. 완전히 다른 삶을 살아왔던 두 사람은 1904년 맨체스터에서 조우했다. 찰스 롤스가 지인들의 소개로 헨리 로이스를 만난 것이다. 당시 찰스는 헨리가 만든 2기통 10마력 엔진의 프로토타입 차량을 직접 시승한 뒤, "오늘 세상에서 가장 뛰어난 엔지니어를 만났다"며 동업을 제의했다.

그렇게 시작된 인연은 2년 뒤 두 사람의 이름을 딴 '롤스로이스'란 브랜드로 등장했다. 럭셔리카의 지존으로 불리는 롤스로이스의 시작이었다. 그리고 1907년 전설로 평가받는 세계 최고의 차 '실버고스트'를 출시했다. 하지만 1910년 찰스가 비행기 사고로 급작스럽게 사망했다. 그러나 헨리는 꾸준하게 자동차 생산에 나섰고, 영국 더비와 크루에 공장을 설립하며 럭셔리카 브랜드로서의 위상을 단단히 다져갔다. 실버고스트 이후 또 하나의 전설로 불리는 '팬텀'을 출시한 헨리는 1930년 영국 왕실로부터 자동차산업에 기여한 공로로 남작 지위를 받았고, 이듬 해인 1931년에는 라이벌이었던 벤틀리마저 인수한다. 이후 세계대전 기간 동안 항공기와 전함의 엔진을 만들며, 규모를 키워갔다. 그러나 1960년대 후반부터 불어닥친 불황과 석유파동으로 롤스로이스는 경영에 큰 어려움을 겪었고, 결국 1973년 자동차 부문을 독립시켜 롤스로이스모터카를 설립한다. 항공기 엔진 부문은 롤스로이스 PLC로 남았다.

최고급 차로서 명성은 쌓았지만, 수작업 시스템을 유지하고 있던 롤스로이스는 낮은 이익률로 인해 경영에 어려움을 겪었다. 그리고 1998년 폭스바겐에게 영국 크루공장과 계열 브랜드였던 벤틀리를 매각했으며, 롤스로이스 브랜드는 BMW그룹에 매각됐다. 이후 2003년부터 롤스로이스는 미니의 고향인 영국 굿우드 공장에서 자동차를 생산하고 있다. 오랜 기간 부침을 겪었던 롤스로이스는 경영에 어려움을 겪기는 했지만, 자동차에 대한 정체성을 잃은 적이 없다. 언제나 쇼퍼드리븐을 위한 최고의 차를 만들어 왔기 때문이다. 쇼퍼드리븐은 운전은 기사에게 맡기고, 오너는 뒷좌석에 앉아 편안하게 주행을 즐길 수 있는 차를 의미하는데, 통상적으로 뒷좌석에 모든 편의사양이 집중돼 있으며 뒷좌석 탑승객을 위해 설계했기 때문에 편안하고 여유로운 승차감을 갖고 있다. 롤스로이스가 '달리는 호텔'로 불리는 이유도 바로 여기에 있다.

롤스로이스는 보는 순간 압도당할 것 같은 거대하고 웅장한 디자인이 특징이다. 파르테논 신전의 거대 기둥을 연상시키는 프런트 라디에이터 그릴이 대표적이다. 여기에 10cm 정도로 솟아 있는 '환희의 여신상'은 그야말로 환상적인 자태와 가치를 보여준다. 파리 루브르박물관의 여신상에서 영감을 받아 제작된 '환희의 여신상'은 1911년부터 장착됐는데, 이후 롤스로이스의 상징이 됐다. 업계에 따르면 롤스로이스는 통상 1대를 제작하는 데 2개월 이상의 시간이 걸린다. 내장재로 쓰이는 가죽 작업에만 60여 명 이상의 장인들이 동원되며, 차량을 주문한 소비자들의 신체적인 특징과 취향, 그리고 요구사항에 맞춰 한 대당 보통 450여 개의 가죽 조각들과 200여 개 이상의 패딩 부품을 사용한다. 여기에 사용되는 소가죽을 만들기 위해 직접 소를 기르고 있다. 내부를 감싸는 무늬목 역시 남다르다. 마호가니, 오크, 엘름, 버드 아이 메이플, 월넛, 피아노 블랙 등 6가지 색상을 선택할 수 있는데, 좌우 대칭이 꼭 맞게 짜 맞춘다. 이 역시 직접 재배한 나무에서 채취한다. 또 차량 내부 지붕에 쓰이는 헤드라이너는 순면 90%와 캐시미어 10%가 섞인 보송보송한 재질로 구성되며, 바닥 깔개는 캘리포니아산 어린 양털이 사용된다. 럭셔리카의 지존으로 불리는 만큼, 부호들의 천국인 중동에서 높은 인기를 얻고 있는 롤스로이스는 이들을 위해 '플러스 옵션제도'도 두고 있는데, 이 가격은 그야말로 상상을 초월한다. 중동 부호들의 경우 내장을 모두 도금해 달라고 요청하는데, 이를 위해 특별한 도금방법을 고안하기도 한다. 국내에서는 코오롱그룹이 롤스로이스의 딜러를 맡고 있다.

코오롱그룹의 롤스로이스모터카에 따르면 국내에 출시된 롤스로이스는 총 3종류다. 플래그십모델인 '팬텀'과 엔트리급으로 분류되는 '고스트', 그리고 스포츠모델인 '레이스'가 있다.

나. 스포티한 감성의 화려한 럭셔리카, 벤틀리

1912년 스피드에 빠진 월터 벤틀리와 동생 호레이스 벤틀리에 의해 설립된 벤틀리는 스포티한 주행감성과 화려한 디자인으로 전 세계 셀레브리티들의 사랑을 한 몸에 받고 있다. 프랑스 자동차 수입상에 불과했던 이 형제는 스피드를 너무 사랑한 나머지, 튜닝카에 빠졌고, 결국 직접 자동차 제작에 나서면서 명차 벤틀리의 역사가 시작됐다.

라이벌인 롤스로이스보다 한발 늦게 출범한 벤틀리는 1919년 '3-리터'라는 최초 모델을 선보였다. 당시 3-리터는 획기적인 4기통 직렬 엔진을 장착했으며, 재규어를 디자인한 고든 크로스비가 제작한 보디를 얹으며, 멋진 모습과 뛰어난 주행성능이 자랑이었다. 특히 이때부터 벤틀리의 상징이 된 '날개 달린 B' 엠블럼이 사용됐다. 특히 레이싱계의 리더였던 부가티와의 경쟁에서 승리하며, 스포츠카 마니아들의 주목을 받기 시작했다. 이후 1929년에는 6.5리터의 스포츠버전인 '스피드 식스'가 르망 레이스에서 우승하며 당대 최고의 메이커로서 성장했다.

창업주인 벤틀리 형제의 성격처럼 빠른 스피드로 업계 리더가 된 벤틀리는 그러나 미국 발 세계대공황의 파고를 넘지 못했다. 경영악화로 도산 위기에 몰린 벤틀리는 결국 1931년 롤스로이스와 가족이 됐다.

이후 벤틀리는 스포츠카 브랜드에 가까웠던 모습에서 럭셔리 스포츠세단으로 변신을 시작했다. 한때 '롤스로이스의 스포츠 버전'이란 비웃음을 듣기도 했지만, 특유의 물방울 디자인과 화려하고 럭셔리한 스타일, 그리고 놀라운 주행성능을 유지하며 다이내믹한 감각의 럭셔리카로서의 정체성을 확립했다. 그러나 1960년대 말 석유파동과 경기침체로 인해 결국 벤틀리는 롤스로이스와 함께 분사됐고, 앞서 밝힌 것처럼 1998년 크루공장과 함께 폭스바겐그룹에 인수됐다. 벤틀리는 긴 시간 동안 롤스로이스와 함께 있었던 탓에 비슷한 생산방식을 고수하고 있다.

과거 롤스로이스를 만들었던 영국 크루공장의 장인들을 통해 비스포크(맞춤생산) 방식으로 생산된다. 차량의 소유주는 변형이 가능한 모든 것들에 대해 선택할 수 있는데, 이를 모두 적용하면 10억 가지 이상의 조합을 만들 수 있다. 벤틀리의 최고급 모델인 뮬산의 경우 모든 공정이 수작업으로 진행되는데, 하루 생산량이 2~3대에 불과하며, 주문 후 인도까지는 최소 6개월 이상이 소요된다. 벤틀리의 가장 큰 특징은 폭발적인 주행성능과 화려하고 스포티한 디자인에 있다. 창업

주인 벤틀리 형제가 스피드에 빠져 레이싱경기에 출전하기 위해 차량을 개발했던 만큼, 역동적인 주행감각이 단연 돋보인다. 롤스로이스가 귀족을 위한 최고의 쇼퍼드리븐카라면 벤틀리는 주행성능을 강조한 최강의 오너드리븐 모델인 셈이다. 오너드리븐은 쇼퍼드리븐과 달리, 모든 편의사양과 안전장비, 주행감성 등을 운전자에게 집중시켜 개발된 차량을 의미한다. 뒷좌석에 타는 VIP에 대한 배려도 잊지 않았지만, 그래도 벤틀리의 진짜 모습을 경험하려면 직접 운전을 해야 한다. 화려하고 스포티한 감각을 가진 만큼, 디자인 역시 수려하다. 긴 후드와 짧은 데크는 스포츠카 스타일을 제대로 반영하며, 전면부의 커다란 격자형 라디에이터그릴과 물방울 헤드라이트는 벤틀리의 상징이기도 하다. 국내에서는 아우디폭스바겐코리아가 벤틀리를 수입하고 있다.

한국에 출시된 벤틀리는 총 3개 모델로 플래그십세단인 '뮬산', 엔트리급인 '플라잉스퍼', 스포츠쿠페 스타일의 '컨티넨탈'을 판매 중이다. 주목할 점은 국내에서 벤틀리가 높은 인기를 얻고 있다는 점이다. 벤틀리는 대당 2억원이 넘는 가격에도 불구하고 작년 한 해 322대가 판매됐다. 특히 플라잉스퍼가 지난해 전 세계에서 가장 많은 판매된 곳은 바로 서울이었다.[15]

13. 슈퍼리치 신용카드

신용카드는 갈수록 지불 수단 이상의 금융 상품이 되고 있다. 신용카드가 단순히 현금 대신 결제하는 역할을 넘어 그 사람의 소비성향이나 취향, 일상 등은 물론 경제·사회적 지위까지 담아내는 게 오늘날의 추세다. 수천억원 이상의 재산을 가진 슈퍼리치들에게도 이는 마찬가지다. 슈퍼리치들을 위한 서비스가 덜 발달된 우리나라에선 찾아

15) 서종열, "Rolls-Royce vs Bentley…단 한 사람을 위한 최고의 명차," 매일경제, 2015.04.10.

보기 힘들지만, 세계에는 초고액 자산가들을 위한 다양한 '슈퍼리치 신용카드'가 존재한다. 손바닥 만한 카드 한 장을 소유하는 것만으로 '원없이 살 수 있을 뿐' 아니라 일반인이라면 상상도 못할 다양한 서비스가 제공된다.

카드를 발급하는 회사들의 생각 역시 일반 고객들을 상대할 때와는 다르다. 단순히 수수료를 챙기기 위한 것이라기보다는 초고액 자산가들의 금융생활을 자신들의 울타리 안에 두기 위한 '프리미엄 서비스' 차원의 의미가 강하다. 금융회사의 브랜드 이미지 관리 차원의 성향도 강하다. 그렇다보니 돈이 좀 있어도, 속된 표현으로 '격이 떨어지는' 고객들에게는 발급되지 않는 카드가 많다. 세계의 진짜 부자들이 사용하고 있는 신용카드 '베스트 10'을 살펴봤다.

(1) 블랙 브라질리언 마스터 카드(Black Brazilian MasterCard from the Santander Group)

2000년대 중반 라틴권 최대 금융 기업인 산탄데르가 마스터카드와 손잡고 브라질 부호들만을 대상으로 발급한 카드다. 카드를 발급받기 위해 얼마의 재산을 보유하고 있어야 하는 지는 비밀에 붙여졌지만, 카드의 혜택(?)의 일부만 살펴봐도 최소 몇 천 억원 수준의 자산가들에게 발급되었음을 짐작케 한다.

우선 개인용 제트기나 요트 구입 및 이용 시에 할인혜택이 주어지고, 전세계 모든 공항에서 전용라운지 서비스를 받을 수 있다. 물론 카드가입에는 기본 조건이 있다. 라틴 아메리카 지역에 거주하는 사람이어야 하고, 산탄데르 그룹에 최고급 최우량 개인구좌를 가지고 있어야 한다.

(2) **메릴 어콜레이드 아메리칸 익스프레스**(Merrill Accolades American Express)

뱅크 오브 아메리카에서 최초로 발급한 초고액자산가들을 위한 프리미엄 카드다. 카드의 연회비는 의외로 저렴한 295달러. 메릴린치의 위탁매매 계좌에 25만 달러 이상의 잔고가 있다면, 연회비를 낼 필요도 없다. 카드의 사용한도 역시 의외로 적은 50만 달러. 그렇다고 카드가 아무에게나 발급될 것이라고 생각하면 오산. 메릴린치의 자산관리 서비스 고객 가운데 자산규모와 직업, 사회적 명망, 교양 등 다양한 분야에 대한 종합적인 평가를 통해 선별된 극소수에게만 가입권유서가 전달된다.

(3) 냇웨스트 블랙 마스터 카드(NatWest Black MasterCard)

영국의 내셔널 웨스트 민스터 은행에서 발급하는 고액 자산가 전용 마스터카드. 연회비는 395달러에 불과하지만 카드한도는 150만 달러에 달해, 영국의 부자나 유명인들에게 인기가 높다. 혜택도 괜찮은 편이다. 전세계 공항에서 프라이빗 라운지 이용이 가능하고, 1년 365일 내내 컨시어지서비스(고객의 요구에 맞추어 모든 것을 일괄적으로 처리해주는 가이드 서비스)도 가능하다.

(4) 씨티그룹 블랙 체어맨 카드(Citigroup Black Chairman Card)

전세계 부자들 가운데에서도 5% 이내에 드는 사람들만 가질 수 있는 카드. 연회비는 연 500달러로 싼 편이지만, 역시나 '씨티 그룹의 개인 자산관리 서비스의 평생회원' 이어야만 발급 받을 수 있는 자격이 생긴다. 365일 컨시어지 서비스, 해외 여행시 항공, 호텔 등의 업그레이드 서비스 등 다양한 서비스도 제공된다.

(5) 비자 인피니트 카드(Visa Infinite)

비미국권 고액자산가들에게 가장 인기있는 신용카드다. 국가별로 세부적인 발급 기준은 다소 차이가 있지만, 한가지 공통적인 발급 조건이 있다. 바로 관련 은행 계좌에 '6자리(십만달러) 이상의 잔고가 있을 것'이다. 물론 구좌에 돈이 있다고 발급되는 것은 아니다. 금융기관들의 종합적인 심사를 통과한 사람들에게만 가입 권유가 간다.

여행(Travel), 보상(Rewards), 편의(Convenience), 서비스(Services), 평안(Peace of Mind) 등의 카테고리 가운데 가입자가 원하는 다양한 혜택을 받을 수 있다.

(6) 코우츠 월드 실크 카드(Coutts World Silk Card)

정말로 아무나 쓸 수 없는 카드다. 유럽을 중심으로 각국의 왕족이나 귀족 및 여러 가지 심사를 거친 검증된 부자들에게만 발급 권유가 간다. 실제로 영국의 엘리자베스 여왕이 사용하는 신용카드라고 알려져 있다. 카드의 혜택 역시 남다르다. 개인 전용기와 요트를 이용할 수 있고 유명 디자이너들의 명품샵 이용시 원하는 시간에 다른 고객들 없이 한적하게 전세 쇼핑이 가능하다.

(7) 스트라투스 리워드 비자(Stratus Rewards Visa)

검정색이 일반적이던 초고액자산가 대상 프리미엄 카드 가운데 최초로 등장한 흰색 신용카드. 카드답게 연회비가 1,500달러로 다른 카드보다 높은 편이지만, 개인제트기 이용, 세계 최고급 호텔 숙박 등의 혜택의 폭이 넓다는 평이다.

발급 금융기관의 까다로운 심사를 거친 일부에게만 발급 권유가 간다. 그 중에서도 이 카드를 이용해 연간 최소 10만 달러 이상 소비하겠다는 약속을 해야만 발급받을 수 있다.

(8) 아메리칸 익스프레스 센츄리언 카드(American Express Centurion Card)

세계적으로 가장 유명한 VVVIP용 신용카드다. 할리우드 영화에도 종종 등장할 정도로 프리미엄 카드의 대명사로 알려져 있지만, "이 카드를 실제로 사용하는 사람을 평생 한 번 만나보는 것 자체가 행운일 것"이라는 업계 관계자들의 말처럼 실제 카드를 가진 사람은 얼마 되지 않는다는 게 관계자들의 설명이다.

물론 가입을 위한 기본 조건은 있다. 기존 아메리칸 익스프레스 회원 중 연간 25만 달러 이상 쓴 소비자들이 우선 대상이다.

하지만 많이 쓴다고 무조건 발급되는 것은 아니다. 그들 가운데 자산, 수입, 직업, 거주지, 학력, 평판 등 여러 가지 심사를 거친 소수의 인물들만이 대상이 된다. 예컨대 돈을 많이 버는 할리우드 최고급 스타라고 할지라도 추문이 없고, 대중으로부터 정말 사랑받는 이들에만 발급 권유를 받는다고 한다.

연회비 2,500달러에 가입비 7,500달러로 가입 시에만 최소 1만 달러 이상을 들여야 한다. 슈퍼리치들이 꼽는 카드의 가장 큰 장점은 한도 제한이 없다는 것이다.

(9) JP모건 체이스 팔라디엄(JPMorgan Chase Palladium)

세계적인 금융기업인 JP모건 체이스가 정말 소수의 초고액 자산가를 대상으로 내놓은 신용카드다. 카드를 통해 돈을 벌겠다기보다는,

자신들의 최고위급 고객들에게 최상의 서비스를 제공하겠다는 차원에서 내놓은 상품이다. 그렇다 보니 가입 조건 자체도 엄청나게 까다로운 것으로 알려져 있다.

카드 자체도 남다르다. 23캐럿의 백금으로 뒤덮인 카드에 JP모건의 로고나 고객의 이름 등이 레이저로 새겨진다. 카드의 제작비용만 1,000달러 정도 든다고 한다. 595달러의 연회비가 비싸지 않게 느껴질 정도다.

물론 제공되는 서비스나 혜택도 상상 이상이다. 다른 럭셔리 카드들에서 제공되는 모든 서비스는 기본으로 제공될 뿐만 아니라, 고객 만족을 위한 다양한 서비스가 제공된다. 예컨대 명품 구입이나 여행 계획 시 고객이 만족할 때까지 담당자가 상품이나 기획안을 제공한다.

(10) 두바이 퍼스트 로얄 마스터 카드(Dubai First Royal MasterCard)

두바이 퍼스트사가 마스터 카드와 손잡고 두바이에 내놓은 프리미엄 카드 중에도 최고 프리미엄급 카드다. 그야말로 돈을 물 쓰듯 하는 두바이의 최고 부호들을 겨냥한 카드답게, 외형부터가 다르다. 신용카드의 좌상단은 실제 금으로 덮여 있고, 카드의 중심부에는 0.235캐럿의 다이아몬드가 박혀 있다.

카드의 가장 큰 장점은 역시 한도가 없다는 것이다. "고객이 원하면 달이라도 살 수 있게 하겠다."는 것이 카드를 내놓은 두바이 퍼스트(Dubai First) 측의 설명이다. 실제로 두바이에서는 이 카드를 이용해 슈퍼카나 저택은 물론 개인 제트기나 요트 등이 결재되는 경우를 심심찮게 볼 수 있다고 한다. 물론 부자라고 해서 아무에게나 발급되는 것은 아니다. 자산가가 많은 두바이에서도 특별하다고 할 수 있는 왕족이나 귀족 등이 주요 발급 권유 대상이다.[16]

카드사별 VVIP카드 현황

카드사	현대카드			신한카드			KB국민카드		삼성카드	하나SK카드	비씨카드	롯데카드
카드명	블랙	퍼플	레드	프리미어	디에이스	더베스트	태제	로블	라움	클럽원	인피니트	인피니트
연회비	200만원(50만원)	60만원(15만원)	20만원(7만원)	100만원	50만원	20만원	100만원	30만원	200만원(100만원)	200만원(50만원)	100만원	100만원(없음)
대상	상위 0.05%	임원 및 부장급, 전문직	대기업 대리 이상	상장기업 CEO, 종합병원장, 대학총장 등	상장기업 임원, 단과 대학장급 교수, 일반병원장 등	상장기업 부장, 교수, 의사 등	상위 0.1%	상위 1%	CEO, 전문직, 자산가	사회저명인사와 고위 임원, 자산가, 예체능 스타	은행 최상위 PB고객, 임원이상, 전문직	롯데백화점 VVIP 고객 등
출시일	2005년 2월	2006년 2월	2008년 7월	2009년 6월	2010년 3월	2006년 6월	2007년 8월	2007년 8월	2009년 10월	2010년 3월	2006년 6월	2008년 6월
발급수	2,000	22,000	45,000	1,500	1,500	14,000	비공개	비공개	비공개	300	1,600	비공개
월평균 사용액	1,000만원	350만원	300만원	700만원	400만원	300만원	비공개	비공개	비공개	1,000만원	비공개	비공개

14. 가전제품

값보다 질을 중시하는 고객을 겨냥한 최고급형 가전제품 시장이 뜨겁게 달아오르고 있다. 고가 제품 선호 고객을 타깃으로 '프리미엄' 가

16) 홍승완, "'원하면 달이라도 살 수 있다?'…세계 부호들의 신용카드는," 헤럴드경제, 2014.10.27.

전을 선보였던 메이커들은 이제 전 세계 5% 부자들을 위한 한 차원 높은 '초(超) 프리미엄' 제품 출시를 서두르고 있다.

글로벌 가전 시장 규모는 현재 약 350조원으로 추산된다. 이 가운데 초 프리미엄 가전제품 시장 비중은 약 5%(17조5,000억원)에 이르는 것으로 분석된다.

그렇다면 가전제품 제조회사들이 95% 대중이 아니라 5% 부자들을 타깃으로 한 마케팅에 열중하는 이유는 뭘까.

가장 큰 이유는 성장성이다. 최근 수년 간 프리미엄 가전 시장은 일반 가전 시장 대비 3배에 달하는 성장성을 보였다.

글로벌 경기 침체에 따른 여파로 실질소득이 줄면서 전 세계적으로 중산·서민층의 구매력은 날이 갈수록 떨어지고 있다. 때문에 중산·서민층은 교체수요가 있어도 새 제품 구입을 미루는 추세다. 새 제품으로 교체할 때도 좀더 저렴한 중국산 제품 구입을 선호하는 현상이 짙다.

반면 구매력이 여전한 부자들은 '질 좋고 품격 있는' 제품 구매를 주저하지 않는다. 불경기가 지속되는 가운데서도 프리미엄 가전제품 판매가 증가하는 것은 바로 이 때문이다. 프리미엄 제품이 일반 제품보다 마진율이 높고, 프리미엄 제품을 선보이는 것이 기업 이미지와 직결된다는 점도 이 시장의 성장성과 맞물려 있다.

전문가들은 프리미엄 시장을 겨냥한 제품 출시는 시간이 지날수록 가속화될 것으로 보고 있다. 실제로 삼성전자가 올해 최고급 냉장고, 오븐, 인덕션, 식기세척기 등 프리미엄 주방가전 라인업인 '셰프컬렉션'을 선보여 선풍적인 인기를 모은 가운데 LG전자도 내년부터 전 가전제품을 아우르는 초 프리미엄 제품군의 'LG 시그니처'를 본격 출시하기로 했다.

앞서 LG전자는 280만원대 고가 세탁기 '트롬 트윈워시'와 스탠드 타입의 고가 김치냉장고를 출시하면서 소비자들로부터 큰 반향을 일으켰다. 트롬 트윈워시는 하루 최대 700대가 판매되고 있고, LG 김치냉장고는 판매비중이 60%까지 치솟은 것으로 전해졌다. 프리미엄 가전 시장의 성장성에 의문을 제기하는 전문가들은 많지 않다. 국내의 경우 양문형 냉장고, 김치냉장고, 드럼세탁기 등 주요 가전 품목들이 대중화된 지 10년이 지나면서 교체수요가 발생하고 있는 데다 기존에 사용하던 제품보다 한 단계 질 높은 제품이 선보여지면서 자연스럽게 프리미엄 수요가 증가하고 있기 때문이다. 1가구 다(多)냉장고, 세탁기, 청소기 등의 경향이 두드러지면서 세컨드 가전 시장이 덩달아 커지는 추세라는 점도 이런 진단을 뒷받침한다.

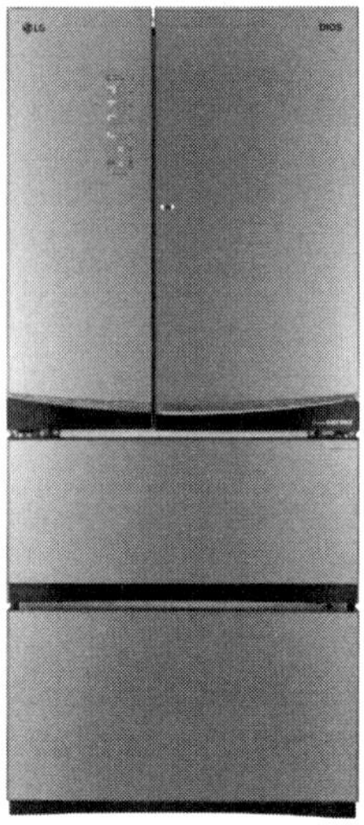

LG 전자 관계자는 "지속적으로 프리미엄 시장 공략을 강화해 양적 질적 성장을 동시에 도모한다는 전략"이라고 소개했다.[17)]

지난 9월 결혼한 김명희(33 · 가명) 씨는 세탁기와 냉장고, 청소기 등의 생활가전제품을 구매하는 데 1,000만 원에 가까운 돈을 썼다. 침대, 소파 등 가구에 비해 오래 쓴다는 고급 외국계 브랜드 제품을 구매했기 때문이다.

평소 사본 적이 없는 가전제품인지라 신중을 기해 각종 커뮤니티를 통해 정보를 얻은 결과였다. 고연봉의 전문직에 종사하긴 하지만 500만 원을 호가하는 냉장고와 100만 원에 가까운 청소기를 사는 게 쉬운 일은 아니었다. 하지만 커뮤니티에 질문 글을 올릴 때마다 상당수의 주부들이 "독일제 청소기가 흡입력이 다르긴 하다" "금전적 여력이 되면 한 번 사서 평생 쓰는 게 좋지 않겠느냐"고 답하는 것을 보고 생각을 바꿨다. 김 씨는 "저가의 제품이 너무 많아서 신뢰도가 다소 떨어지는 게 사실"이라며 "오래 쓴다는 생각으로 비싼 제품으로

17) 윤제섭, "[초고가 가전시장 5% 부자를 잡아라] 부자 타깃 超프리미엄 가전제품 마케팅 왜?," 헤럴드경제, 2015.12.25.

구매했다"고 말했다.

실제로 '레몬xxx'와 같은 결혼관련 정보가 오가는 온라인 커뮤니티에서 고가 가전제품에 대한 평가는 대체로 긍정적이다. 젊은 주부, 예비주부들은 '비싸지만 성능 때문에 후회하지 않는다'고 말한다. 오는 2월 결혼을 앞둔 한 이용자는 "모든 가전제품을 다 비싼 제품으로 살 수는 없지만 청소기와 제습기만큼은 건강과 연결되는 만큼 무리해서 비싼 것으로 구입했다"며 "주변에도 추천할 정도로 마음에 든다"고 말했다. 밀레나 지멘스, 다이슨의 진공청소기는 주부들에게 큰 호응을 얻고 있다.

공기청정기 역시 주부들이 깐깐하게 고르는 제품 중 하나다. 지난 5월 결혼한 이명호(34 · 가명) 씨는 "겨울이 되면서 중국 미세먼지도 많아져 가습기는 비싸더라도 좋은 제품을 찾았다"며 "중국 제품도 싸고 좋은 제품이 많지만 아직은 신뢰할 수 없는 게 사실"이라고 말했다.

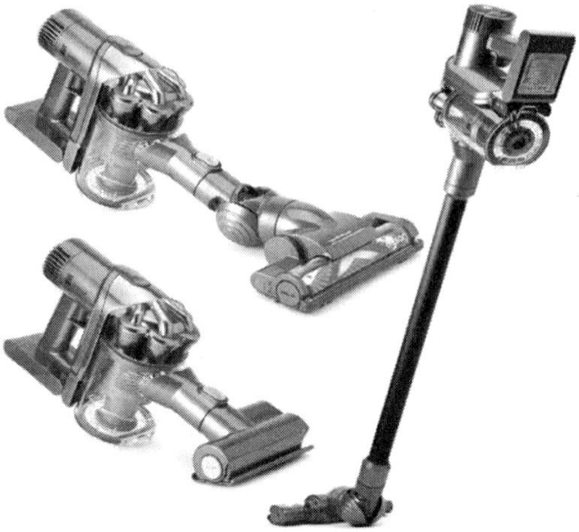

이처럼 고급 가전이 틈새시장에서 장외전투를 벌이는 동안 삼성, LG 등 국내 가전업계도 '프리미엄' 전략으로 주부들에 대한 홍보를 강화하고 있다. 냉장고와 세탁기 등 국산이 세계적으로도 강세를 보이는 제품은 '고가'임에도 시장에서 큰 호응을 얻는 추세다. LG전자의 '트롬 트윈워시'는 280만 원대의 고가지만 하루 최대 700대가 판매되는 등 이례적으로 인기를 끌었다.

특히 국내업체는 빌트인 가전을 묶어 '명품 브랜드'를 만드는 전략으로 부엌을 공략한다. 냉장고, 오븐 등이 결합된 LG의 'LG스튜디오'가 대표적인 예다. 삼성은 '셰프콜렉션' 등 기존 냉장고와 차별화되는 고급 명칭을 부여한 브랜드를 마케팅하고, 세계 정상급 셰프들이 직접 냉장고 개발에 참여하게 하는 '클럽 드 셰프'라는 이색 마케팅을 펼치고 있다.

하지만 국내 업체의 명품마케팅으로 5% 프리미엄 시장은 국내업체와 외산업체의 시장 경쟁이 치열해질 것으로 보인다. 국내업체의 경우 수리 등 서비스를 받기 편해 고가제품을 선호하는 소비자 사이에서 수요가 늘어날 전망이다.

업계 관계자는 "중국산 때문에 저가 제품이 많아지면서 아예 고가 제품만 선호하는 수요가 늘고 있다"며 "국내업체와 외국업체가 주력

하는 제품군이 다르기 때문에 차별화해서 각자 성장할 수 있을 것으로 보인다"고 말했다.[18]

15. 아프리카 여행

가. 블루 트레인

내가 진정 그 자리에 있었던가? 진정 그 기차를 타고 아프리카 대지를 달렸던가? 아프리카에 '블루 트레인(The Blue Train)'과 '로보스 레일(Rovos Rail)'이란 호화열차가 있다는 건 오래 전부터 알고 있었다. 하지만 나와는 상관없는 일이라 여겼다. 1박 2일 여정에 대략 미화 2,000달러, 2박 3일 여정에 3,000달러 정도 하는 기차에 내가 탈 일은 없을 거라 생각했다. 그런데 '세계 최고의 럭셔리 기차'라는 이름에 걸맞게 아주 부유한 사람들이나 탈 것이라 생각했던 그 기차에, 그것도 블루 트레인과 로보스 레일, 두 기차에 어느 날 문득 내가 몸을 실었다. 눈 깜짝할 새 이루어진 꿈같은 일이다. 블루 트레인을 타고 요하네스버그(Johannesburg) 인근 프리토리아(Pretoria)에서 케이프타운(Cape Town)으로 1박 2일을, 로보스를 타고 프리토리아에서 인도양의 도시, 더반(Durban)으로 2박 3일을 달렸다.

● 블루 트레인(The Blue Train)
레드카펫 위를 걸어 기차에 오르다

- 남아프리카의 영혼을 향해 열린 창(A Window to the Soul of South Africa)

블루 트레인의 애칭이다. 내가 블루 트레인에 끌리게 된 데는 이

18) 서지혜, "[초고가 가전시장 5% 부자를 잡아라] 허리띠 졸라맨 30대 주부들도... "냉장고는 명품으로"," 헤럴드경제, 2015.12.25.

한마디 말이 큰 영향을 미쳤다. 어찌 보면 그저 광고 문구에 불과한 이 말은 왠지 내 가슴에 와 닿았다. 블루 트레인이란 호화열차를 타고 아프리카 대륙의 일부라도 달릴 수 있다면 영화 〈아웃 오브 아프리카 Out of Africa〉의 한 장면 속으로 들어갈 수 있을 것만 같았다. 그리고 마침내 오늘 블루 트레인을 타고 프리토리아역을 출발해 케이프타운으로 향한다. 블루 트레인 라운지 앞에는 붉은 카펫이 깔려 있다. 붉은 카펫을 밟고 VIP 라운지로 들어선다. 드디어 2,000달러짜리 호화열차 블루 트레인의 세계가 시작된다.

▲ 블루 트레인을 타고 1박 2일을 달리는 동안 창밖으로 기차가 온전히 제 모습을 드러내긴 처음이다. 둘째 날 아침 10시경이다.

▲ 거의 모든 승객이 커플인 호화 열차에 혼자 탄다는 게 처음에는 좀 어색했지만 의외로 편안했다.

▲호사스런 서비스를 즐겼던 블루 트레인의 런치 타임

▲운이 좋았다. 나미티 게임 리저브로 사파리를 갔다가 매우 가까운 거리에서 코뿔소와 만났다.

아침 7시 30분, 출발 한 시간 전에 체크인을 하고 라운지에 앉아 차를 마신다. 스팀 밀크를 넣으니 차 맛이 한결 부드럽다. 늘 커피만 마시느라 외면하던 차 마시는 즐거움을 블루 트레인에서 새삼 알게 되었다.

8시 30분, 블루 트레인에 올랐다. 블루 트레인의 코치는 럭셔리 스위트와 딜럭스 스위트 두 가지로 나뉜다. 두 코치의 가장 큰 차이는 욕조가 있느냐 없느냐, 그리고 크기 차이이다. 럭셔리 코치에 있는 스위트의 길이는 5.13m, 딜럭스 스위트는 4m다. 럭셔리는 한 코치에 세 개의 스위트가 있고, 딜럭스는 네 개의 스위트가 있다. 여기서 말하는 스위트는 객실이다. 그렇다. 블루 트레인에선 방이 아니라 '스위트'라고 말한다. 단순한 방, 객실이 아니라 모든 서비스가 가능한 스위트라는 의미다. 승객도 마찬가지다. 나는 여기서 '승객'이 아니라 '게스트'라 불린다.

내 방은 '딜럭스 스위트' 35번. 낮에는 소파가 자리를 차지하고 있지만 밤에는 트윈 베드룸으로 변한다. 짙은 적갈색 원목 인테리어의 은은한 윤기가 스위트를 빛낸다.

담당 버틀러는 부드러운 미소를 가진, 건장한 체격의 흑인 남자 '리페'다. 24시간 서비스가 가능하다. 나로선 객실에서 리페에게 애프터눈 티 서비스를 받는 게 특별하게 여겨졌다. 묵직한 실버 티 포트 세트가 참 마음에 들었다.

▲블루 트레인을 타고 1박 2일을 달리는 동안 창밖 풍경에서 한 순간도 눈을 뗄 수 없었다. 심지어 잠을 자는 시간도 아까웠다.

▲바(Bar)가 완비된 블루 트레인의 라운지 카는 승객들의 사교장이다.

▲작은 사진만으론 크기를 좀체 짐작할 수 없지만 실은 사람이 '손으로만' 파내려간 구멍으론 세계에서 제일 크다.

- 거대한 킴벌리 홀(Kimberley Hole)

익스커션(Excursion)은 첫째 날 오후, 블루 트레인에서 내려 즐기는 소풍이다. 노던케이프(Northern Cape)주의 주도인 킴벌리에 있는 거대한 '구멍'을 보러 간다. 달리 표현할 말이 없어 구멍이라고 말했지만 킴벌리 '홀'의 깊이는 326m, 둘레는 1.6km에 달한다. 이제 구멍의 스케일이 상상되는가? 킴벌리 홀은 다이아몬드와 금을 찾아 파 내려간 구멍이다. 1869년 킴벌리의 농가주택 벽 안에서 다이아몬드가 발견되자 행운을 찾아 아프리카 전역에서 1만여 명의 사람들이 몰려들었다. 사람들은 여기서 2,250만톤의 흙을 파내고 2,722kg의 다이아몬드를 채굴했다. 이때 사람들이 단지 '손으로만' 파 내려가 만든 구멍은 이제 '지구상에서 사람이 만든 가장 큰 구멍'으로 불린다. 다이아몬드 채굴은 1914년에 끝났지만 인간의 집요한 욕망이 투영된 그 흔적은 지금까지 고스란히 남아 있다. 세계 다이아몬드 시장을 장악하고 있다는 디 비어스(De Beers)사의 본사가 바로 킴벌리에 있다. 킴벌리 광산 박물관의 다이아몬드 홀에서는 다양한 형태의 다이아몬드들을 볼 수 있다. 박물관 주변에는 1880년대 다이아몬드 러시 시절, 마을의 모습을 재현해 놓았다.

▲ 이른 아침에 눈을 뜨니 창밖으로 이런 풍경이 펼쳐진다. 블루 트레인의 아침이다.

▲승객들은 잠을 깨면 블루 트레인의 전망 카에서 커피와 차를 즐긴다.

▲담배도 안 피는 내가 클럽 카에서 시가를 폈다. 내 인생 최초의 시가다.

- 화려하고 영광스러웠던 시절의 향수

1박 2일 블루 트레인 여정의 하이라이트는 디너 타임이다. 그런데 낮에는 드레스 코드가 '스마트 캐주얼'이지만 디너 때는 재킷과 타이를 해야 한다. 재킷과 타이는 블루 트레인의 전통이자 승객들의 '의무사항'이다. 남아프리카로 떠나기 전, 사실 이 문제로 한참을 고민했다. 변변한 양복 한 벌 없는 내가 파티 때나 입는 슈트가 있을 리 만무했다. 결국 어느 친구에게 빌리기로 했지만 단 한 끼의 저녁 식사를 위해 슈트와 구두를 한 달 동안 싸 들고 다녀야 하는 건 정말 귀찮은 일이었다. 출국 전날 밤까지, 짐은 안 싸고 슈트를 가져갈까? 말까? 두어 시간을 고민하다 결국 챙겨 왔는데 블루 트레인에서 저녁을 먹으며 생각했다. 정말 잘 가져왔구나! 블루 트레인의 다이닝 카에선 슈트와 보타이가 자연스럽다.

다이닝 카로 가기 전 내 방에서 거울을 들여다보았다. 블루 트레인이기 때문에 이런 차림이 자연스럽다. 흔히 회사에서 일할 때 입는 '양복'과는 다르다. 여기서 양복은 웨이터와 버틀러가 입는 옷이다. 블루 트레인에는 승객이 인식하건 못하건 엄격한 격식이 존재한다. 단 한 끼의 식사를 위해 한 달 동안 슈트와 구두를 들고 다닌 일이 헛되지 않다. 슈트를 입고 다이닝 테이블에 앉는 순간 나는 다른 사람이 된다. 블루 트레인의 다이닝 카는 마치 무도회장 같다.

19세기 중후반 빅토리아 시대의 기차 여행이 이렇지 않았을까? 블루 트레인에 영국 손님이 많은 것도 이런 이유 때문이 아닐까 싶다. 그들은 영국 역사상 가장 화려하고 영광스러웠던 시절에 대한 향수를 블루 트레인에서 곱씹는지도 모른다. 영국인이 아니더라도 여기서 블루 트레인이란 세계는 누구에게나 지속되어야 할 영광의 시대일 것이다.

– 한 모금의 선물

블루 트레인에서 유독 내 흥미를 끌었던 곳은 '클럽 카Club Car'다. 남자들, 아니 신사들의 놀이터인 클럽 카는 기차의 맨 끝에 있다. '신사들만의 클럽'은 술도 잘 안 마시고 변변한 슈트 한 벌 없는 내가 평소에 품고 있던 로망 중 하나다. 내 로망은 클럽 카에서 쿠바산 '로미오와 줄리엣(Romeo and Juliet)'으로 이루어졌다. 로미오와 줄리엣은 담배도 안 피는 내가 클럽 카에서 난생 처음 피워 본 시가 이름이다.

"시가를 한 번도 안 피워 봤다고요? 그럼 해봐야죠! 연기를 삼키는 게 아녜요. 쭉쭉거리며 입 안에서 향을 느끼고 연기를 내뿜는 거예요. 영국수상 처칠처럼."

옆 자리의 중년신사, 마이클은 "시가는 코냑과 잘 어울려요"라며 코냑 잔까지 내 손에 쥐어 준다. 언젠가 한 친구가 이런 말을 했었다. "시가를 피워 봤는데 너무 독해 입 안이 다 헐었어."

그의 말 탓에 살짝 긴장한 채 시가를 입에 물고 마이클이 시키는 대로 서너 번 시가를 빨았다 연기 내뿜기를 반복했다. 그런데 웬걸, 예상과 다르게 아주 순했다. 심지어 입 안에서 느껴지는 향은 부드럽기까지 했다. 블루 트레인 명성에 걸맞는 쿠바산 핸드 메이드 고급 시가여서일까?

흔히 블루 트레인 앞에는 '세계 최고'라는 수식어가 붙는데, 이는 나처럼 평범한 사람들을 종종 긴장하게 만든다. 한편 궁금했다. 도대체 어떤 사람들이 이런 기차에 탈까? 라운지에서 만났던 30대 후반의 여자는 이렇게 말했다.

"기차를 타러 가는데 무슨 옷을 입어야 하나 한참을 고민했어요. 어떤 분위기일까? 도무지 종잡을 수 없는 거예요."

나처럼 그녀도 블루 트레인에 처음 탔다. 하지만 전혀 다른 사람들도 있다. 세계 최고에 익숙한 사람들이다. 마이클은 케이프타운에서 사업을 하며 요트를 즐겨 탄다고 했다. 나는 블루 트레인에 오르며 꿈같은 일이라고 말했지만 마이클처럼 기차 안의 어떤 이들에겐 블루 트레인이 대수롭지 않다. 같은 세상을 살아가는 것 같지만 기실 사람들이 살아가는 세상은 천차만별이다. 여행이 좋은 점은 나와 아주 다른 삶을 엿볼 수 있기 때문이다.

시가를 피고 방으로 돌아와 침대에 누웠다. 어둠 속에 바깥 풍경이 흐른다. 블루 트레인에 탔는데 블루 트레인에 타는 꿈을 꾼다. 하나의 세계가 끝나고 다른 세계가 나타난다. 열차는 그저 달릴 뿐이다. 야간 기차의 철로 위에서 어느새 잠이 들었는데 햇살 때문이었을까? 이른 아침에 눈이 뜨였다. 창밖은 온통 붉은 빛이었다. 블루 트레인에서 맞는 아프리카의 일출이다.

- 블루트레인의 완벽한 배려

1946년부터 운행을 시작했지만 블루 트레인은 모던하다. 스위트 안에서 와이파이가 가능하고, GPS와 TV는 물론 DVD 플레이어가 있으며, 스위트에 에어쿠션 서스펜션 장치가 있어 고속 주행에도 흔들리지 않는다.

최고 속도는 시속 90km, 프리토리아에서 케이프타운까지 1,600km를 27시간 동안 달린다. 차량 길이는 대략 396m, 블루 트레인의 코치 구성은 컨퍼런스룸이 있느냐 없느냐에 따라 16개 또는 17개 코치로 구성된다. 게스트 룸으로 사용되는 코치는 각각 8개, 10개인데, 내가 탔을 때처럼 17개 코치로 구성될 경우 승객 정원은 74명이고, 컨퍼런스 카가 있으면 58명이다. 다이닝 카의 좌석은 모두 42개로 승객들은 두 차례에 걸쳐 식사를 하게 된다. 프랑스 샴페인과 캐비어를 제외하곤 기본적으로 모든 서비스가 요금에 포함된다. 아침은 7시에서 10시 사이 편한 시간에 즐긴다. 라운지 카는 미팅 플레이스, 만남의 장소다. 바(Bar)가 있어 식전 음료나 스낵과 함께 애프터눈 티를 마실 수 있다.

룸서비스도 특별한 메뉴를 제외하고 별도의 비용 없이 가능하다. 코치의 실내 온도는 20도에서 21도 사이에 맞춰진다. 하지만 18~28도 사이에서 개별적으로 조절할 수 있다. 제한적이지만 세탁 서비스도 가능하다. 응급처치가 가능한 직원도 탑승한다.

담배를 필 수 있는 클럽 카는 기차 앞부분에 위치한다. 담배를 안 피우는 다른 승객을 배려하기 위해서다. 클럽 카를 지나면 세탁 차, 전력실과 수하물 차가 있다. 팁은 캐빈에 있는 봉투에 넣어 라운지 카에 있는 박스(gratuity box)에 넣으면 된다.

블루 트레인은 'Africa's Leading Luxury Train' 상을 2009년에서 2014년까지 한 번도 놓치지 않고 받았다.[19)]

나. 로보스 레일(Rovos Rail)

- 럭셔리 기차 여행의 황금시대

열두 칸 기차에 승객은 스물여덟 명뿐

블루 트레인에 이어 이번에는 2박 3일간 로보스 열차를 타고 프리토리아에서 남아프리카의 서부, 인도양에 접한 도시 더반으로 달린다. 더반에 살면서 정치에 무관심했던 변호사 간디가 요하네스버그로 가기 위해 일등석 기차에 탔다가 단지 유색인이란 이유로 쫓겨나면서 정치적 각성을 했다는 일화를 가진 바로 그 구간이다.

내가 탄 로보스 열차의 객차 수는 열두 개인데 승객은 전부 스물여덟 명이다. 지난번에 탄 블루 트레인의 승객이 전부 70명이란 말에 깜짝 놀랐는데 로보스 승객 수는 훨씬 더 적은 셈이다. 열차의 호사스러움을 단적으로 보여 주는 대목이다. 수는 적지만 국적은 다양하다. 남아프리카, 독일, 스위스, 벨기에, 캐나다, 미국 그리고 한국까지 7개국 사람이 모였다.

사실 나는 처음 내가 원한 날짜에 로보스를 예약할 수 없었다. 그때는 예약이 꽉 찼다는 말을 좀체 이해할 수 없었다. 기차의 그 많은 좌석 중에 내 자리 하나가 없다는 게 의아했다. 그런데 오늘 승객 수를 보니 그 상황이 이해된다. 무엇보다 내가 착각한 건 승객들이 좌석이 아닌 '캐빈'에 머무른다는 사실이다.

프리토리아역에서 출발하는 블루 트레인과 다르게 로보스는 약 24만 평방미터(7만3,000평 정도) 규모의 로보스 기차역을 따로 운영한다. 덕분에 무심코 프리토리아 기차역으로 간 나는 서둘러 택시를 잡

19) 블루트레인, "해외여행-남아프리카를 달리는 럭셔리 열차 ① The Blue Train," 서울신문, 2015.06.09.

아타고 4km 정도 떨어진 캐피털 파크의 로보스 기차역으로 가는 소동을 치렀다. 서둘러 찾아간 로보스역사 라운지에서 마주친 사람들이 승객이건 직원이건 너무 한가로워 보여 늦을까 허둥지둥 대던 모습이 머쓱했다. 로보스는 안전하고 편안한 자기만의 기차역을 자랑하고 있었다. 이곳에 로보스 박물관도 있다. 승객들은 열차에 오르기 전 라운지에서 샴페인 리셉션을 즐기고, 아프리카에 관한 사진집을 들쳐보고, 박물관을 둘러본다. 라운지를 둘러보다 보니 키가 훤칠한 중년 남자가 눈에 띈다.

"저 분이 로보스 레일의 창립자 '로한 보스'씨입니다. 오늘 손님들에게 인사말을 하기 위해 오셨어요."

나와 눈이 마주친 로보스 직원이 친절히 설명해 준다. 로한 보스는 기차가 출발하고 도착할 때 종종 기차역에 나와 손님의 이름을 일일이 호명하며 인사를 건넨다고 한다. 이런 오너가 또 있을까?

▲ 나미티 게임 리저브로 사파리를 갔다가 마주친 기린 가족

▲로보스 전망 카에서는 온몸으로 바람을 맞으며 해가 지는 것을 보고, 별이 뜨는 것을 볼 수 있다.

▲로보스 열차 게스트와 웨이터의 근사한 옷차림은 종종 영화의 한 장면 같다.

▲둘째 날 새벽, 로보스 열차에서 스피온콥 리저브로 사파리를 갔다. 아침 공기가 제법 쌀쌀했다.

▲그녀는 오스트리아 잘츠부르크에서 왔다. 로보스 기차에 탄 2박 3일 내내 사진 찍기를 즐겼다.

▲로보스 다이닝 카의 빈티지한 커튼은 매번 자리에 앉을 때마다 시선을 끈다.

– 특별했던 로보스 사파리

기차 여행 중에 사파리를 간다는 점은 블루 트레인과 다른 로보스의 특징이다. 프리토리아–더반 구간에서는 둘째 날 이른 아침과 오후에 걸쳐 두 번 사파리를 간다. 스피온콥 리저브(Spionkop Reserve)와 나미티 게임 리저브(Namiti Game Reserve)를 둘러본 로보스의 사파리는 오전과 오후에 걸쳐 전부 6시간 넘게 진행된다. 이날 나는 운이 좋았다. 스피온콥 리저브에서는 4,500만 평방미터(1,350만평) 넓이의 리저브 안에 단 한 마리밖에 없다는 치타를 보았고 8,000m^2(2,450만평) 넓이의 나미티에서는 매우 가까운 거리에서 코뿔소를 보았다.

사파리 외에도 로보스의 익스커션은 더 있다. 첫째 날에는, 라이온스 리버역에 내려 버스로 갈아타고 아드모어 세라믹 갤러리(Ardmore Ceramic Gallery)와 1962년 8월 5일 넬슨 만델라가 체포된 장소 인근에 세운 기념관(Nelson Mandela Capture Site)을 방문했다. 세라믹 갤러리에선 줄루족의 민속, 동물과 자연 환경이 투영된 작품들을 보았고, 넬슨 만델라 기념관에서는 6m에서 9.5m에 달하는 철제빔 50개로 만든 만델라의 얼굴과 만났다. 그런데 재미있는 건 만델라 조형물과 적절한 거리를 유지해야만 만델라의 얼굴이 보인다는 점이었다. 흔히 기념관이 있는 곳을 만델라가 체포된 곳으로 여기기 쉬운데 만델라가 운전수로 위장했다가 경찰에 의해 체포된 장소는 조형물 부근 도로다.

▲음식이 아니라 꽃처럼 느껴졌던 로보스의 첫째날 브런치의 메인 디시, 감자 갈레뜨

▲로보스의 첫째날 브런치의 애피타이저, 새우와 아보카도 무스

▲로보스의 엔진 이름은 오너인 '로한 보스'의 자녀 이름에서 따왔다. 숀(Shaun), 브렌다(Brenda), 비앙카(Bianca) 그리고 티파니(Tiffany). 로보스의 역사는 곧 가족사다

▲로보스 열차의 디너 타임, 마치 19세기 빅토리아 시대로 시간여행을 온 것 같다.

– 빈티지 열차에 담은 아프리카 대모험의 로망

2014년 로보스 레일은 25주년을 맞았다. 로보스의 애칭이자 슬로건은 '더 프라이드 오브 아프리카(The Pride of Africa)'다. 로보스의 자부심이 이 한마디에 달려 있다고 해도 과언이 아니다. 로보스는 지금보다 심플하지만 더 우아했던 과거를 그린다.

로보스 역시 블루 트레인과 마찬가지로 비싸다. 하지만 로보스에서 제공하는 와인은 남아프리카에서 최고로 꼽히는 와인들이다. 5성급 호텔 음식과 와인을 무제한으로 즐길 수 있다는 것만으로 요금은 비싼게 아닌지도 모른다. 로보스를 타고 달리는 2박 3일은 온갖 와인을 시음하고 공부하는 시간이 될 수 있다. 음식도 마찬가지다. 승객들은 정장을 하고 한 시간, 또는 두 시간에 걸쳐 디너를 즐긴다. 하지만 나는 마냥 즐길 수만은 없었다. 사실 나는 처음 메뉴판을 받아 보고 당황했다. 메뉴를 읽을 수가 없었다. 낯선 단어가 너무 많다. 이를테면 둘째 날 저녁 애피타이저 메뉴는 이렇다.

"Seared loin of springbok with a port and black cherry

demi-glace set on stir-fried vegetable and a creamy parmesan and sage polenta."

"센 불에 재빨리 구어낸 후 포르투갈 산 와인과 블랙 체리 데미 글라스 소스를 뿌린 남아프리카산 영양의 허릿살에 볶은 야채, 그리고 크리미한 파마산 치즈와 세이지라는 허브를 섞어 만든 폴렌타(옥수수 가루로 만든 음식)를 곁들임."

이번엔 메인 메뉴다.

"A special duo of Rovos cheeses locally made from goats milk and infused with peppadew and biltong, served with fresh grapes, pears, apples, figs and melba toast."

"산양 우유로 만든 특별한 로보스 치즈 두 조각에 스위트 페퍼와 육포를 가미하고, 신선한 포도, 배, 사과, 무화과와 바삭하게 구운 얇은 토스트를 곁들임."

호화열차 다이닝 카에서 공부하듯 사전을 찾았고, 맛을 최대한 천천히 음미했다. 하나하나 알아 가는 과정은 번거롭지 않았다. 오히려 다이닝의 즐거움은 배가됐다. 사실, 내가 위의 메뉴를 제대로 이해한 건 지금 아직도 잘 모르겠지만….

"승차권 요금에 모든 식사, 음료, 좋은 와인과 주류, 기차에서 내려 즐기는 익스커션, 룸서비스, 세탁 서비스를 포함시킨다는 건 우리가 제일 먼저 내린 결정이에요. 이 결정을 한 번도 후회한 적 없습니다."

로보스의 어느 관계자는 이렇게 말한다. 그러니 일단 로보스에 승차만 한다면 남은 일은 모든 서비스를 하나하나 디테일하게 즐기는 일뿐이다. 이런 서비스는 블루 트레인도 크게 다르지 않다. 로보스에도 블루 트레인과 마찬가지로 드레스 코드가 있다.

"낮에는 캐주얼 스마트, 하지만 디너 때는 '아프리카의 프라이드'에 걸맞게 슈트와 타이를 하는 게 예의입니다." 블루 트레인 때와 다르게 어느 새 슈트를 입고, 보타이를 하고 식사를 하는 게 그다지 어색하지 않다. 여행은 이렇듯 인생학교가 될 수 있다. 여행 중 시도하는 새로운 경험은 언제나 유익하다.

1박 2일 상품만 운영하는 블루 트레인과 다르게 로보스는 9일짜리 헌팅 사파리와 나미비아 사파리, 골프 사파리 등 2박 3일에서 14박 15일까지 8가지 다양한 여정을 선보인다. 프리토리아-케이프타운 구간도 1박 2일의 블루 트레인과 다르게 로보스는 2박 3일 여정이다. 기간이 가장 긴 상품은 케냐를 지나 탄자니아 다르에 살람(Dar es Salaam)까지 가는 15일짜리 여정이다. 로보스는 세월이 흘러도 변하지 않는, 아프리카 대모험의 로망을 우아한 빈티지 열차에 담았다.

▲세라믹 갤러리로 익스커션을 다녀오니 로보스 직원들이 칵테일 리셉션을 준비했다.

▲로보스 열차에서 지낸 2박 3일 동안 펼쳐지는 창밖 풍경은 눈도 마음도 시릴 만큼 아름답다.

- 전혀 다른 삶을 엿보는 사교장

로보스에서 한 가지 인상적이었던 것은 스위트별 승객 명단을 모두에게 나눠준 점이다. 이름을 기억하고 부르는 건 승객간 사교의 출발점인데 로보스는 승객 명단을 제공하면서 이를 적극적으로 도와주는 셈이다.

로보스 역시 워낙 고가의 열차이기에 블루 트레인처럼 중년, 노년의 승객이 많다. 60대 초반의 마르셀은 스위스 루체른에서 왔다. 아니, 케이프타운에서 왔다고도 할 수 있다. 집이 루체른과 케이프타운 두 곳에 있어 스위스가 여름일 때는 루체른에서, 겨울일 때는 케이프타운에서 지내는 식인데 요즘은 케이프타운에서 지내기 때문이다. 스위스 은행에서 일했던 그는 마흔아홉살 때 은퇴했다고 했다. '쉰아홉이 아니고요?' 그에게 되물었다.

"은행에 다니면서 돈은 많지만 너무 빨리 세상을 떠나는 사람들을 많이 봤어요. 나는 일만 하다가 돈 쓸 시간도 없이 죽고 싶진 않아요. 인생을 즐기며 살 거라고 진작 결심했죠. 내가 아주 일찍 은퇴한 이유에요."

아내 카타리나와 함께 여행 중인 마르셀은 로보스에 '여덟 번째' 타는 거라고 했다. 그는 기차 여행을 즐기는데 내가 알고 있는 세계의 호화열차는 거의 다 타 본 듯하다. 마르셀의 노년은 세상 사람 모두가 꿈꾸는 인생인지도 모르겠다.

마르셀과 얘기를 마치고, 전망차로 갔다. 로보스의 마지막 칸은 오픈 데크(open deck)의 전망차다. 말 그대로 바람과 공기를 차단하는 유리창이 없는 탁 트인 전망대다. 바람이 더할 나위 없이 시원하다. 내 개인적 취향으로 블루 트레인과 로보스를 비교할 때 로보스의 장점은 캐빈의 냉난방을 전적으로 조절할 수 있고, 창문을 열고 바깥 공기를 마실 수 있다는 점이다.

나는 27일 오전 11시 로보스 열차에 올라 이틀 밤을 기차에서 보내고, 드라켄즈버그 산을 넘어, 29일 아침 해발 1,903m의 하이델베르크를 지나 오후 4시 30분 더반역에 도착했다. 더반, 인도양이 저 앞이다. 69819번. 로보스 레일에서 준 '럭셔리 기차 여행의 황금시대'란 제목의 탑승 증명서의 내 이름 옆에 쓰인 일련번호다.

- 고상한 느낌을 추구하다

로보스에는 풀맨 스위트(Pullman Suites), 딜럭스 스위트(Deluxe Suites), 로열 스위트(Royal Suites) 등 세 가지 스위트가 있다. 내 방은 딜럭스 스위트. 세 가지 캐빈 중 중간 등급이다. 그런데도 요금은 장장 R2만2,900(2인 기준, 1인 요금). 하지만 나처럼 혼자 스위트를 쓰면 요금의 50%가 추가되어 USD3,000 정도다.

각 슬리퍼 캐리지의 길이는 22m, 무게는 11톤으로 '경쟁자'보다 25% 무겁다. 수납공간은 아주 넓다. 골프 클럽 세트와 다섯 개의 큰 슈트케이스를 넣을 수 있을 정도다. 수납장도 욕실도 경쟁자보다 25% 넓다. 로열 스위트에는 욕조도 있다.

블루 트레인에서 가능했던 와이파이가 로보스에선 불가하다. 라디오도 TV도 로보스에선 찾아볼 수 없다. 로보스는 승객들에게 "핸드폰, 노트북 등은 라운지나 다이닝 카 같은 퍼블릭 에어리어가 아닌 자기 캐빈 안에서 사용해 달라"고 요청한다.

로보스는 식사를 하거나 잠을 잘 때 간혹 기차가 멈춘다. 로보스의 최고 속도는 겨우 60km, 하지만 속도를 못내는 게 아니다. 여유를 즐기기 위해서다. 블루 트레인과 로보스의 성향은 이렇게 다르다.

로보스는 1989년 최초로 운항을 시작해 10년 후인 1999년에는 프리토리아의 캐피털 파크에 본사 역사를 지었고, 2002년에는 '에어 사파리'란 이름으로 기차여행에 항공기를 추가했으며, 2011년에는 캐피털 파크에 로보스 레일 박물관을 완공하기까지 26년이 넘는 세월의 부침을 거쳐 여기까지 왔다.[20]

20) 로보스레일, "남아프리카를 달리는 럭셔리 열차②로보스 레일," 서울신문, 2015.06.09.

16. 사교공간

반얀트리 서울의 멤버스 라운지 1층은 소나무 등을 들여와 정원으로 꾸며졌다.

최근 우리 사회에 VVIP라는 '신인류'가 등장했다. '매우 매우 중요한 사람(Very Very Important Person)'인 이들은 주로 고급 재화나 용역의 고객으로 등장한다. 분양가가 45억원이나 하는 서울 뚝섬의 주상복합아파트는 분양에 앞서 자신의 고객을 VVIP에 한한다는 점을 분명히 선언했다. 1월 말 폭스바겐은 VVIP 고객들을 초청해 제주도에서 실내악 연주회를 열었는데, 그들에게 항공권과 숙박권까지 무료로 제공했다. 현대자동차의 후륜 구동 프리미엄 세단 '제네시스'는 런칭 행사 20여일 만에 계약대수 1만 대를 돌파하는 기염을 토하면서 우리 사회에 VVIP층이 꽤나 두껍다는 사실을 입증했다.

그리하여 지난 10년간 한국 진출을 모색해 온 세계적인 고급 리조트 체인 반얀트리 홀딩스(Banyan Tree Holdings)가 드디어 국내 상륙을 실현하면서 타깃으로 삼은 대상 또한 VVIP다. 서울 남산의 타워호텔을 리모델링해 2009년 3월 '반얀트리 클럽 앤 스파 서울'(이하 반얀트리 서울)로 재탄생시키는데, 이곳은 철저히 회원제로 운영된다.

"VVIP들에게 프라이빗(private)한 도심 속 휴식공간을 제공하겠다." 반얀트리 서울의 출사표는 이렇게 요약된다. 반얀트리 서울 관계자는 "일반 호텔이 수백 개 객실을 갖추고 불특정 다수를 상대로 서비스를 제공한다면 우리는 프라이빗한 공간과 서비스를 제공하고자 한다. 한국의 VVIP들에게 이러한 욕구가 강하다고 판단하고 있다"고 말했다.

원로 건축가 고(故) 김수근의 설계로 1965년 개관한 타워호텔의 리모델링은 해외 유수 호텔 건축 및 리모델링에 경험이 많은 쌍용건설이 맡았다. 리모델링이 완료되면 타워호텔 본관의 218개 객실은 50여 개로 대폭 줄어든다. 대신 객실당 면적은 60㎡(18평) 이상으로 늘어난다. 기존 야외 수영장 이외에도 실내 수영장, 골프연습장, 고급 대리석으로 마감된 프라이빗 풀 빌라(Private Pool Villa), 몽골식 게르 천막, 헬스클럽, 반얀트리 스파, 키즈클럽 등이 들어설 예정이다. 골프연습장은 세계 유명 골프 매니지먼트사인 트룬 골프(Troon Golf)가 맡는다.

반얀트리 서울은 현재 회원권을 분양하고 있는데, 분양가는 1억원(개인회원 기준) 수준이다. 부부회원이나 가족회원, 법인회원의 경우 가격은 더 올라간다. 일반인에겐 고가로 비춰질 수 있으나 가격저항은 거의 없다고 한다. “호텔 헬스클럽 회원권도 수천만원에 거래되지 않습니까. 헬스클럽뿐 아니라 골프연습장, 객실, 수영장 등의 서비스를 누릴 수 있으니 그다지 비싸게 느껴지진 않죠.” 반얀트리 서울 회원 가입에 관심을 가진 한 인사는 이렇게 평했다.

반얀트리 서울은 지난해 9월 공식 런칭 행사를 가졌다. 그러나 그 전에 이미 500여 명의 창립회원을 확보했다. 이는 목표로 하는 전체 회원 수의 5분의 1 규모다. 언론을 통한 노출 없이도 알음알음으로 다수의 VVIP를 고객으로 확보한 것. 반얀트리 서울 측은 “전문경영인, 사업가, 예술인 등 다양한 분야의 리더들이 회원으로 가입했다”고 말했다.

VVIP들의 만남 장소로 애용되는 서울 청담동 멤버스 라운지 2층의 전경(왼쪽), 서울 남산의 타워호텔은 리모델링을 거쳐 내년 3월 ‘반얀트리 클럽 앤 스파 서울’로 개관될 예정이다.

폭스바겐 공식 딜러사인 마이스터모터스의 이기준 대표도 지난해 여름 반얀트리 서울의 창립회원으로 가입했다. 아내와 중학생, 초등학생인 두 아들과 함께 가족회원으로 등록한 그는 “무엇보다 가족이 함께 이용할 수 있어 마음에 든다”고 했다. 이 대표는 호텔 헬스클럽 회원권을 두 개 가지고 있다. 그러나 18세 이상만 이용 가능하기 때문에 가족이 함께 이용할 수는 없다. 주말에는 아이들만 집에 둘 수 없어 아예 헬스클럽에 가지 못한다고 한다. 그러나 반얀트리 서울이 개관하면 그의 주말 풍경은 달라질 것이다. 이 대표는 “아이들과 함께 수영도 하고 농구도 할 수 있기를 고대한다”고 했다.

반얀트리 서울이 ‘파는’ 것은 프라이빗한 휴식공간만은 아니다. ‘VVIP를 위한 소셜 커뮤니티의 제공’. 이 또한 반얀트리 서울이 내세우는 VVIP 상품이다.

‘반얀트리 클럽 앤 스파 서울은 국내 최초로 상류사회를 대변하는 클럽으로 상류층을 위한 프레스티지 클럽을 개발하고, 회원들의 3~4대 자손에 걸쳐 멤버십이 이어지는 헤리티지 클럽을 실현하고자

합니다.'

회원가입 신청서에 적힌 이 문구대로 반얀트리 서울은 시설은 고급 리조트, 콘텐츠는 100년 넘는 역사를 자랑하는 서울클럽 같은 상류층 사교클럽을 지향한다. 반얀트리 서울 관계자는 "크리에이티브 리더들을 회원으로 모시면 그 속에서 자연스럽게 여러 사교모임이 활성화할 것으로 기대한다"고 말했다. 이를 위해 반얀트리 서울은 입회 심사를 통해 회원을 선별적으로 가입시키고 있다. 10여 명의 창립회원들로 구성된 운영위원회가 입회 심사를 맡아 신청자들의 이모저모를 살핀다. 연예인의 경우 가족이나 부부회원만 회원 가입이 가능하다고 한다. 몸에 문신이 많은 어느 신청자는 가입이 거절됐다고 한다.

창립회원이자 운영위원회 위원을 맡고 있는 박윤수 디자이너(한국패션디자인협회장)는 이러한 반얀트리의 전략이 유효할 것으로 본다. 한국사회에서도 VVIP들의 사교모임이 점점 활발하게 이뤄지고 있지만, 막상 한데 모일 공간이 부족하기 때문이다. 그는 "불특정 다수를 대상으로 한 호텔은 이미 포화상태"라며 "특정인들을 대상으로 한 좀 더 프라이빗한 공간이 제공된다면 다양한 테마를 가진 사교모임이 활발히 이뤄질 수 있을 것"이라고 평했다.

반얀트리 홀딩스 1995년 설립된 고급 호텔 & 리조트 체인. 태국 홍콩 몰디브 그리스 모로코 이집트 영국 호주 남아프리카공화국 등 32개국에 21개 호텔과 리조트, 58개의 스파, 69개 갤러리, 2개의 골프 클럽을 운영하고 있다. 세계적 여행전문지 콘데나스트 트래블러가 해마다 세계 유수 호텔을 선정해 발표하는 골드 리스트에 여러 차례 이름을 올린 바 있다. '신체와 정신 그리고 영혼의 안식처를 제공한다'는 것이 반얀트리의 철학이다.

–반얀트리 서울의 청담 홍보관은 개폐 가능한 천장 … 최고급으로 꾸며

지난해 12월 서울 청담동에 문을 연 반얀트리 클럽 앤 스파 서울의 멤버스 라운지는 VVIP들을 위한 프라이빗 공간 서비스 구실을 하고 있다. 4층 높이의 건물 외벽은 반얀트리 서울의 로고 이외엔 아무것도 없어 외부인의 시선을 차단한다. 그러나 내부로 들어서면 자연 속으로 들어온 듯한 착각을 불러일으킨다. 로비 중앙은 소나무와 400그루의 대나무로 둘러싸인 실내 정원으로 꾸며졌다. 개폐가 가능한 천장을 통해 빛과 바람이 통한다. 2층은 푹신한 소파에 앉아 담소를 나눌 수 있는 프라이빗한 공간들로 꾸며졌다. 십수명이 모여 사교행사를 가질 수 있는 비즈니스룸도 마련돼 있다.

이곳은 물론 반얀트리 서울 회원들만 사전 예약을 통해 이용할 수 있다. 이미 회원으로 가입한 이들 사이에서는 강남에서 누군가를 만날 때 카페에 가는 대신 이곳에서 차 한 잔 하는 용도로 애용된다. 반얀트리 서울은 앞으로 이 홍보관에서 연극, 갤러리, 명품 브랜드 행사 등을 개최할 계획이다.[21]

21) 강지남, "도심 속 VVIP 사교 꿈 성공할까, 서울 진출 반얀트리 최고 교류의 場 지향 … 입회 심사 통해 선별적 회원 가입," 주간동아. 627호, pp.

17. VVIP 건강검진

- 건강검진, VVIP고객 유치 경쟁

대형 병원들이 500만원에서 2,000만 원 사이의 숙박 건강검진 프로그램을 경쟁적으로 선보이면서 의료계의 VVIP(Very Very Important Person) 위치 경쟁이 뜨겁다.

- 서울대병원 1,800만원 주치의 프로그램 시행

서울대병원 강남헬스센터의 1,800만원을 호가하는 '파트너스 프리미어 CEO'는 365일 주치의로 관리되는 프로그램이다. 이 프로그램에는 120명 정도가 등록돼 있다. 등록된 고객은 별도의 헬스매니저와 주치의를 배정받는다. 헬스매니저는 주치의가 환자를 관리할 수 있도록 일주일에 한 번 환자와 커뮤니케이션을 갖는다. 이때 헬스매니저는 고객과 기본적인 건강상담 외에 정기검사를 통해 감지된 질병증후가 있을 시 본 병원인 서울대병원과 연계해 전문의의 진료를 받도록 조치한다. 당뇨 체크와 같이 별도의 채혈검사가 필요할 시 의료진이 고객이 있는 곳으로 직접 파견되기도 한다.

또한 고객이 응급상황에서도 의료진의 도움을 받을 수 있도록 24시간 언제든지 개인의 헬스매니저와 연락이 가능하다. 이러한 밀착형 의료서비스는 거리와 시간에 구애받지 않고 응급상황에서도 이어진다.

서울대학교병원 강남센터 심원희 고객관리실장은 "고객 중에는 해외출장이 잦은 CEO들이 많은데 해외 출장 시 응급상황이 발생할 경우를 제휴된 세계 360여 개 병원에서 현지 진료서비스를 받게 할 수 있다"고 말했다.

24~25, 2008.03.18.

주기적인 관리가 VVIP관리의 1차적 역할이라면 고객에게 검진 결과에 대한 보다 빠른 통보를 VVIP 차별화 전략으로 제시하는 병원도 있다.

옵션에 따라 500만원에서 1,000만원대의 서울성모 병원의 '마리아 프리스티지' 숙박검진의 경우 검진 결과를 당일 의료진으로부터 들을 수 있다.

검사 결과에 이상 발견 시 조직검사 또한 당일 실시하며, 별도의 대학병원 내의 진료스케줄을 잡아 최대한 빠른 시일 내 적극적인 치료를 받을 수 있도록 한다.

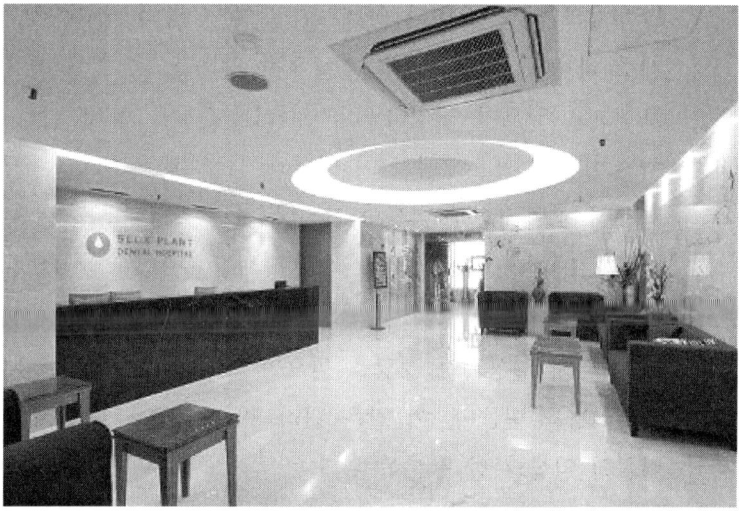

▶석플란트치과병원 외국인 전용 별관

- 서울성모병원, 검진 결과 당일 통보

VVIP들은 대중적인 홍보보다는 대부분 입소문을 듣고 병원문을 들어서는 경우가 많다는 것이 병원 관계자들의 설명이다. 이에 대해 VVIP를 찾기 위한 병원 측의 노력도 이어진다. 서비스업종은 달라도 기존 VIP고객을 유지 관리하고 있는 서비스업체와 공동마케팅이 좋은 방법이 되기도 한다.

서울성모병원 종합건강검진센터 관계자에 따르면 은행의 VIP모임에 함께 참여해 건강강좌를 개설한다든가 실버회원을 전문적으로 보유한 서비스 회사와 공동으로 프로모션을 진행하는 등에 간접홍보를 진행하고 있다.

VVIP의 라이프 스타일에 따라 주 고객의 출입이 비교적 용이한 곳인 특급호텔로 병원들이 자리 잡고 있다. VVIP 그룹의 일반적인 특성은 개인의 사생활보호를 중요시한다는 것이다. 대부분 신분의 노출을 꺼리며 사람들로 붐비지 않는 한적한 곳을 선호한다. 이런 면에서 호텔은 차별화된 고객층을 접하는 데 최적인 장소가 된다.

신라호텔 3층에 위치한 라끄리닉드파리는 프랑스 본점을 거점으로 11개국 17개로 운영되는 네트워크 병원 중의 하나이다. 철저한 예약제로 하루에 10명 이상을 진료하지 않는다. 국내 100명의 고정회원을 보유하고 있으며 질병치료라기보다는 건강을 통해 삶의 질을 높이는 차원의 관리 프로그램이 이 병원의 특징이다.

특히 호텔 6층에 별도의 크리닉 전용 피트니스 클럽을 두고 회원을 대상으로 체형진단에 따른 적합한 개인 운동을 찾아내 훈련시키는 개인별 맞춤 프로그램을 운영하고 있다. 회원은 2주마다 의료진과 건강에 관련해 일상적인 상담을 받으며 운동을 위해선 주 1회 개인 운동 트레이닝을 받는다. 이 같은 관리 프로그램은 건강하게 살기 위한 사람들의 일상의 한 부분이 된다.

- 인터케어

클리닉 전용 피트니스 클럽도 운영

특급호텔인 인터컨티넨탈 5층에 위치한 인터케어는 호텔 내 입성한 유일한 건강검진센터이다. 대학병원 검진센터의 검진장비를 갖추고 있으며 치과와 내과의 진료실을 별도로 운영하고 있다. 특히 검진의 정확성을 높이기 위해 검사 결과의 이상 발견 시 제휴선을 갖고 있는 미국의 존스홉킨스대학병원으로 결과를 의뢰해 2차 소견을 받는다. 최종 확진에 신중을 기해 오진의 오차를 줄임으로 진단의 질을 높였다.

인터케어 송인숙 원장은 "VVIP고객층은 국내에서 이상 발견 시 대부분 권위 있는 병원으로 확진을 받기 위해 해외로 나간다"며 "신뢰성 있는 의료 진단 결과를 위해 미국 제휴병원의 소견을 받아 최종 진단을 내린다"고 설명했다.

- VVIP서비스, 외국인 고객에게도 어필

VVIP를 대상으로 하는 고급 의료서비스는 해외고객들까지 불러들이고 있다. 일례로 국내의 한 대학병원의 건강검진으로 전립선암을 발견한 아랍의 한 귀족은 진단병원에서 수술도 받았다. VIP병동에서 1개월 동안 입원비로 1억원 가량을 지불했다. 국내 환자들과 외국인 환자가 같은 병원을 사용하면서 벌어질 수 있는 불편함을 애초에 차단한 것이다.

외국인 전용 별관에는 영어, 일어, 중국어 등 언어별 전문 코디네이터를 고용해 외국인 환자가 치과 치료를 받는 데에 전혀 불편함이 없도록 했다.

국내 해외환자 유치는 아직 초기단계이기는 하다. 그러나 의료계에서는 새로운 프리미엄 고객층 확보라는 점에서 높은 시장성을 전망하고 의료장비 시설투자는 물론 별도 인력을 구성하는 등 고급서비스 마련에 투자를 집중하고 있다.[22] *

- 삼성서울병원, VVIP용 건강검진 프로그램 도입

2월부터 '프리미어 헬스 프로그램' 도입, 최고 3500만원

삼성서울병원이 해외 VVIP를 위한 최상급 '프리미어 헬스 프로그램'을 오는 2월부터 도입한다고 31일 밝혔다. 기존의 해외 CEO급 인사들을 위한 건강검진 프로그램을 한 단계 업그레이드한 프로그램이다.

22) 한미영, "건강검진, VVIP고객 유치 경쟁," 이코노믹리뷰, 2009.10.27.

삼성서울병원에 따르면 프리미어 헬스 프로그램은 최상급의 건강검진 프로그램뿐만 아니라 주치의 제도와 건강관리 서비스를 제공하는 차별화된 맞춤 서비스라는 점이 특징이다. 주치의 전화 상담과 해외 24시간 응급 서비스를 비롯해 예방접종·성형상담·유전자검사 등 세계 최고 수준의 차별화된 의료서비스를 제공하겠다는 것이 병원의 목표다. 국내에 체류하고 있는 수진자가 병원에 오기 힘든 경우 방문채혈, 가정간호 등의 특화된 서비스가 제공된다.

검사는 1박 2일, 2박 3일, 3박 4일 등의 코스를 수진자가 선택할 수 있다. 검사는 흉부 및 복부 CT, 머리 MRI 및 MRA, 전신 PET-CT와 같은 첨단 장비를 사용한다. 병실은 VIP 특실이 제공되며 전담간호사와 통역사가 검진기간 내내 일 대 일 안내를 담당한다. 연중 서비스로 예방접종과 방문채혈, 가정간호서비스를 받을 수 있으며 비만·금연·고혈압 클리닉의 진료도 받을 수 있다. 최고급 건강검진 코스의 비용은 약 3,500만원 정도로 책정될 예정이다.

한편 삼성서울병원 건강의학센터는 2010년 한 해 동안 미국, 러시아, 아프리카, 유럽, 아시아 등 총 60개국 1,902명의 외국인 수진자가 건강검진을 받아 전년도보다 30% 정도 증가했다고 밝혔다. 이에 대해 삼성서울병원 최윤호 건강의학센터장은 "해외 수진자의 경우 대중적 프로그램부터 세계 최고급 건진 프로그램까지 요구수준이 다양하기 때문에 이들의 요구수준을 맞추기 위해 최상위급 '프리미어 헬스 프로그램'을 도입하게 됐다"고 설명했다.

이어 최윤호 센터장은 "이러한 프로그램은 삼성서울병원 검진센터의 가장 큰 장점인 최고급의 고객서비스와 세계적 수준의 의료진과 의료 인프라를 갖췄기 때문에 가능하다"며 내외국인들의 관심이 높을 것으로 기대했다.[23)]

---

23) 허지혜, "삼성서울병원, VVIP용 건강검진 프로그램 도입," 메디컬투데이.

18. VVIP 성형

성형외과가 거리에 즐비한 압구정역 일대, 건물마다 모자를 눌러쓰고 선글라스와 마스크를 낀 여성들이 나와 차에 오르기 시작한다. 들리는 소리는 한국말이 아닌 중국어다.

메이(28)씨는 "A성형외과 중국인 관광객 VVIP 패키지에는 성형수술은 물론 호텔 숙박과 호텔과 병원 이동시 리무진 서비스까지 포함됐다"며 "내일 아침 수술 결과를 점검하기 위해 병원에 들릴 때에도 리무진 서비스를 이용할 것"이라고 기자에게 말했다. 이어 "그냥 수술만 받을 때보다 비용은 훨씬 비싸지만, 비용에 상관없이 최고의 서비스를 받고 싶다"며 "직접 경험해 보니 지인에게 소개하고 싶을 정도로 편한 것 같아 만족스럽다"고 덧붙였다.

요우커 맞춤형 마케팅이 날로 진화하고 있다. 특히 지갑을 열 때 한 번에 5,000만원에서 1억원가량을 통 크게 지출하는 VVIP(초우량고객) 요우커들을 위한 특별한 마케팅은 일반인들의 상상을 뛰어넘는다.

VVIP 요우커들이 경제력과 능력을 과감없이 드러내며 돈을 쏟아내는 곳은 바로 성형외과와 피부과다. 압구정과 강남 일대에 밀집한 성형외과와 피부과는 과거 성형 브로커를 통해 일정 부분의 수수료를 내고 요우커들을 접했지만, 최근에는 자체적으로 손님몰이에 나서고 있다. 이들이 요우커를 상대로 제공하는 성형 패키지는 그 비용과 생각지도 못한 서비스 제공으로 놀라움을 자아낸다.

압구정에 위치한 A성형외과 관계자는 "한국을 찾는 횟수가 많아질수록 브로커를 끼지 않고, 스스로 정보를 입수한 뒤 병원을 찾는 똑똑한 요우커들이 증가하고 있다"며 "이들에게 성형은 경제력과 능력을 과시하는 수단이 되고, 성형에 대한 거부감도 없어 자신만을 위한 서비스를 받길 원한다"고 말했다.

이 병원이 VVIP 패키지로 내건 서비스에는 호텔식 입원실 제공과 간병인, 통역사 제공, 요리사의 환자식 제공 등이 포함되어 있다. 병원 관계자는 "요우커 매출이 한해 벌어들이는 수익의 70%를 차지한다"고 귀띔했다.

강남의 B성형외과는 호텔식 입원실은 물론, 인근의 호텔 숙박도 제공한다. 중국인 환자들을 위한 간병인, 통역사 등 동원 인력만 100여명에 달한다. 이 병원 관계자는 "입원을 해야 하는 양악과 가슴성형을 제외하고는 하루에서 이틀 정도만 쉬면 되기 때문에 인근 호텔 숙박을 제공하게 됐다"며 "간호사가 직접 호텔까지 데려다주고, 1 대 1 맞춤 케어 서비스를 제공한다"고 말했다.

호텔들의 걸음도 분주하다. 요우커의 취향을 고려한 특급 서비스 마련에 심혈을 기울이고 있다. 체크인 시 중국어로 제작한 호텔 이용 안내문을 제공하는 것은 기본이다. 또 비상연락망·관광지 안내·교통편 안내 등 호텔에서 발생할 수 있는 다양한 상황도 중국어 매뉴얼로 제작해 요우커의 편의를 높이고 있다. 조식에 중국인이 좋아하는 메뉴를 추가하고, 요우커 투숙 객실에는 고급 차(茶)와 찻주전자를 제공한다. 중국인들이 가장 많이 사용하는 은련카드를 사용할 수 있는 것은 기본이다.

그랜드 인터컨티넨탈 서울 파르나스와 인터컨티넨탈 서울 코엑스는 호텔 업계 처음으로 요우커들을 위한 일명 '스드메(스튜디오 촬영·드레스·메이크업)' 패키지 판매를 시작했다. 한류 스타의 메이크업에 반한 이들이 그들과 똑같은 메이크업을 받고, 예쁜 모습을 사진과 앨범으로 남기고 싶어하는 감성을 적극 공략한 것이다.

병원과 밀집해 있는 호텔들은 죽과 수프 등으로 구성된 '환자식'을 개발해 선보이고 있다. 한 요우커는 "세종호텔의 환자식이 입소문을 타고 인기가 많다"고 전했다. 서울 내 대표적인 '메디텔'로 알려져 있는 리츠칼튼은 A2층에 위치한 메이클리닉, 페보니아 스파 이용 고객들의 접근성을 위해 진입로 공사도 새롭게 실시했다.

면세점 업계는 전용 VIP 라운지 및 통역 제공 등의 기본 서비스와 더불어 중국인들이 선호하는 브랜드 유치에 공을 들이고 있다. 서울 광장동 워커힐호텔 내 워커힐면세점은 최근 시계·보석 전문 매장을 리뉴얼해 오픈했다. 이들 매장은 철저히 요우커 입맛에 맞는 브랜드를 중심으로 꾸몄다.

새로 오픈한 시계·보석 매장에는 브레게, 피아제, 예거 르쿨트르, 롤렉스와 같은 명품 브랜드부터 패션 시계 브랜드까지 약 70여개 브랜드 제품이 마련돼 있다. 중국 VIP 가이드가 365일 상주하며, 외국인 전용 VIP 라운지에서는 프라이빗 컨설팅을 비롯해 희소성이 높은 제품을 선보일 예정이다.

업계 관계자는 "비용에 상관없이 특급 서비스를 받고 싶어하는 요우커들의 취향은 더욱 커지고 있다"며 "이런 취향을 잘 반영해 마케팅을 구사하는 것이 국내 업체들의 숙제"라고 말했다.[24]

24) 이선애, "요우커가 온다. 입원실+간병+통역+요리사 풀옵션 '황제성형' 인기," 이투데이, 2015.02.16.

19. 대한민국 '1% 상류층' 결혼문화

결혼정보업체를 통해 데릴사위를 공개 모집한 1천억원대 재력가가 사윗감을 찾았다. 지난해 서울 강남 일대에서 부동산 임대업 등으로 1천억원대의 재산을 모은 60대 후반의 남자는 사윗감을 공개 모집하면서 장남보다는 차남이거나 막내이고, 딸에 준하는 학벌과 직업을 갖고 있어야 하며, 신앙심이 깊은 기독교 신자여야 한다는 조건을 붙였다. 딸이 좋은 배필을 만났으면 하는 마음에 그는 데릴사위 공개 모집에 적극적이었다고 한다. 그의 딸은 올해 38살이며 본인의 재산만 20여억원이 넘는다. 미국에서 영상 관련 분야 학부와 대학원 석사 과정을 마친 뒤 현재 강사로 활동하고 있는 인물.

까다로운 조건에도 당시 데릴사위 모집에 총 2백70명이 지원했다. 대부분은 결혼정보회사에서 A급 신랑감으로 분류하는 사람들이었으며 직업은 의사, 변호사, 펀드매니저, 한의사 등 유망한 전문직 종사자가 많았다.

- '士'자 직업에도 등급이 있다

이번 맞선을 처음부터 끝까지 진행한 선우 측은 "많은 지원자 중 여덟 번째 맞선남과 올해 2월부터 교제를 하고 있다"고 밝혔다.

"그동안 여덟 명의 남자를 만났는데, 전문직에 종사하는 40대 미남형 남자 회원과 지난 2월부터 교제해 5월 양가 상견례를 치렀다. 만난 사람 중에는 의사, 교수 등이 있었으며 공개 모집에 지원하지 않은 회원도 포함돼 있다. 교제가 성사되지 않은 남자 대부분은 여자 쪽에서 거절했지만 남자 쪽에서 먼저 거절 의사를 밝힌 경우도 있다."

선우 측은 아직 결혼이 성사된 게 아니기 때문에 더 많은 정보를 공개할 수 없다는 입장이다. 현재 좋은 만남을 이어가고 있으며 좋은 결실이 맺어지면 그때 회원의 동의를 얻어 공개하겠다는 것.

공개 모집 사례는 극히 이례적이지만 많은 결혼정보회사가 일반 회원과 별도로 VIP 회원을 특별 관리하고 있다. 노블레스, VIP, 명품 등 각기 다른 명칭을 사용하고 있지만 회원을 선정하는 방식이나 서비스는 비슷하다. 과연 어떤 사람들이 'VIP'로 대우받을까? 또 최고 배우자감의 조건은 무엇일까?

VIP 회원은 두 종류로 나눌 수 있다. 전문직 종사자들이 주로 가입하는 일반 VIP(Very Important Person) 회원과 이른바 명문가 자제들이 가입하는 VVIP(Very Very Important Person) 회원이다. VIP 회원에 가입하기 위해서는 철저한 입회심사를 거쳐야 한다. 평가 기준은 업체마다 조금씩 차이가 있지만 직업, 학벌, 외모, 재산 등을 본다. 남자는 직업 30%, 학벌, 집안 배경, 재산 각각 20%, 외모 10%이며, 여자는 외모 30%, 직업, 집안 배경, 학벌 각각 20%, 재산 10% 순으로 집계해 VIP 기준을 적용한다.

일반 VIP 회원은 남자의 경우 전문직이면 대부분 가입된다. 단, 장남, 35세 이상, 비호감 외모, 곱슬머리와 특정 혈액형, 특정 지역 출신, 음주 빈도, 건강 상태 등에 따라 감점을 받는다. 여자의 경우 직업, 학벌, 재산보다는 외모와 집안의 경제력에 더 큰 비중을 둔다. 남자는 '직업'이 없으면 회원 등록이 불가능한 반면 여자는 대학생이나 대학원생도 회원으로 등록할 수 있다. 대신 아무리 능력 있고 뛰어난 전문직 여자라 해도 나이가 많으면 회원 가입이 불가능한 업체가 많다. 남자 쪽에서 커리어우먼보다는 예능계 전공자나 신부수업을 받는 여자를 선호하는 경향이 있기 때문. 능력 있고 경제력 있는 골드미스가 인기라는 말은 이곳에서 통하지 않는다. 세상은 빠르게 변하는데 '이곳'에서만큼은 여전히 '전통'을 고수하는 모양이다.

VVIP 회원에 가입하기 위해서는 본인의 능력은 물론 가문 역시 중요하다. 남녀 모두 학력은 서울대, 연·고대 이상이어야 하며 부모님 직업은 장·차관급의 고위 공직자, 대기업 임원 이상이어야 한다. 부모님 재산은 50억원 이상이고 본인 연봉은 1억원 이상이어야 한다. 다시 말해 '개천에서 난 용' 출신은 가입할 수 없다. 이같이 까다로운 조건 때문에 결혼정보회사 VVIP 회원에 가입하기 위한 문턱은 턱없이 높다. 대신 심사에 통과하면 직업, 학력, 가정환경은 물론 취미와 가치관도 고려한 일 대 일 맞춤 서비스를 제공받게 된다.

그렇다면 비용은 얼마일까? 결혼정보회사 일반 회원 1년 가입비가 약 1백만원대인 데 반해 VIP 회원 가입비는 약 3백만~5백만원이며 한 단계 높은 VVIP 회원 가입비는 1천만원대다. 일반 회원이 1년 기준 한 달에 1~2회 만남을 갖는다면 VIP 회원은 1년에 5~7회 만남을 갖는다. 일부 결혼정보업체에서는 한 번 가입으로 결혼에 이를 때까지 만남을 주선하기도 한다. 이 경우 가입비는 수천만원을 호가한다. 또 성혼 확정이 안 될 경우 가입비 일부를 돌려주는 경우도 있다. 하지만 만약 맘에 드는 상대와 결혼에 이르게 되면 사례비로 수백만원에서 많게는 수천만원을 내놓는 사람들도 있다.

- 사법연수원생 NO, 로펌 변호사 YES!

많은 돈을 지불하고서라도 자신에게 맞는 최고 조건의 배우자를 찾겠다는 게 VIP 회원들 생각이다. 때문에 이들을 담당하는 커플매니저들은 경력 5년차 이상 팀장급이다. 한 결혼정보회사 VIP 담당 커플매니저는 "일반인보다 VIP 회원이 더 상대하기 쉽다"고 말했다.

"일반 회원 중에는 막연히 '좋은 사람', '착한 사람' 등을 찾아달라고 하는 경우가 많다. 사실 말이 좋아 '착한 사람'이지, 맞선에서 착한 사람을 찾는 것은 현금 1백억원을 가지고 있는 부자를 찾는 것보다 힘들다. 반면 VIP 회원들은 지나칠 정도로 자신이 원하는 이상형을 솔직하게 말한다. 물론 무리한 조건을 고집하는 사람도 있지만 이른바 명문가 자제들은 사회적 체면 때문에라도 매너 있게 행동하기 때문에 상대하기가 훨씬 수월하다."

강남 소재 한 결혼정보회사 VIP 회원인 S씨의 경우, 배우자감으로 오로지 의사만을 고집한다. 현재 외국에서 유학을 마치고 돌아와 강사로 활동 중인 그녀는 막내아들에 학벌은 서울대, 연・고대 출신이어야 하며 스마트한 외모에 키가 커야 한다는 점을 강조했다. 또 해외 영주권자여야 하며 차는 특정 외국 브랜드 이상을 조건으로 달았다. 이처럼 VIP 회원들은 자기가 원하는 것이 무엇인지 얄미울 정도로 뚜렷하게 밝힌다.

특히 결혼 상대자의 직업에 대한 선택이 분명하다. 의사는 이비인후과, 안과, 성형외과, 치과 등이 인기가 좋으며 변호사는 대형 로펌에서 근무하는 사람이 아니면 자격 미달이다. 업계 관계자에 따르면 과거에는 사법연수원생이라는 간판만으로도 미팅 건수가 줄을 이었지만 이제는 사법연수원도 믿지 못하는 상황. 사법연수원 졸업 성적 상위에 들어 검사나 판사로 임용된 회원들은 미팅 제의가 많은 반면, 성적이 하위권으로 밀려나 어쩔 수 없이 변호사 개업을 한 사람은 찬밥 신세를 면치 못한다는 게 그의 설명이다.

반면 VVIP 회원은 부모님의 직업을 본다. 본인 조건이 아무리 뛰어나도 가문이 좋지 않으면 회원으로 가입할 수 없다. 실제로 서울 명문대 출신에 국내 굴지의 로펌에 근무하는 J씨는 1백80㎝가 넘는 키에 준수한 외모, 높은 연봉을 받고 있지만 부모님이 VVIP 회원 가입 기준에 못미쳐 거절당했다. 강남의 D결혼정보회사 관계자에 따르면 "직업이 전문직이어도 부모님의 학벌, 집안의 경제력 등이 뒷받침하지 못하면 VVIP 회원 가입이 불가능하다"고 말했다.

"VVIP 회원들은 이른바 명문가 자제들이 대부분이다 보니 직업보다 가문을 먼저 본다. 그들은 우리가 주는 정보 외에 따로 상대방 프로필을 확인하는데, 부모님 재산도 중요하지만 국회의원이나 고위 공직자, 집안이 모두 의사인 대학병원 원장, 재벌 못지않은 집안인가를 확인한다. 대부분 포털 사이트에서 이름만 검색하면 프로필이 나오는 사람들이다."

정·재계 유명인사의 자녀 등 최상류층 인사들을 회원으로 두고 있는 청담동 H결혼정보회사는 외모는 기본이고 가문, 직업, 학벌 순으로 회원을 심사한다. 그리고 출신 고등학교와 부모의 학벌을 추가적으로 본다. 이 업체가 출신 고등학교나 부모의 학벌을 보는 이유는 어려서부터 어떤 환경에서 생활했는지를 알기 위해서다.

"회원들은 주로 강남, 서초, 강동, 분당 출신을 선호한다. 부모님 학벌 역시 서울·연·고대 이상이다. 우리는 연예인은 가입할 수 없다. 외국에서 공부했다면 하버드, MIT, 옥스퍼드 정도 돼야 한다. 유명하지 않은 외국 대학을 나온 것은 오히려 마이너스 요인이다. 부모가 아무리 돈이 많아도 본인 이력이 떨어지면 역시 가입하지 못하며, 본인이 아무리 뛰어나도 부모 이력이 떨어지면 가입하지 못한다. 주로 어머니가 대신 회원 가입을 하는 경우가 많다. 회원들끼리 서로 알 만한 집안이다 보니 수준에 못 미치는 사람을 소개하면 금방 입소문이 돈다. 따라서 돈 많은 졸부형 명문가는 애초 가입 신청을 받지 않는다. 그렇다고 이들이 집안 배경만 믿고 생활하는 재벌 2세쯤으로 생각하면 오산이다. 이미 태어날 때부터 평생 쓸 수 있는 돈이 있지만 교육수준은 물론 현재 자신이 몸담고 있는 분야에서 능력을 인정받는 사람도 많다."

VVIP 회원들은 보수적 성향이 강한 것이 특징이다. 결혼에 있어서 부모의 말을 잘 따르며, 검증되지 않았거나 부모가 싫어하는 사람과는 결혼을 생각하지 않는 경향이 있다. H결혼정보회사 관계자는 "이들은 비슷한 사람끼리 공감대를 형성하고 싶어한다"고 말했다.

"대부분 부모에게서 물려받는 가업이나 재산이 비슷해 공감대를 형성할 수 있는 배우자감을 원한다. 문화적 취향, 출신 고등학교 등을 꼼꼼히 따지는 경우가 많다 보니 이름을 말하면 먼저 알아보는 경우도 있다. 프로필을 보면 다들 너무 잘 나가기 때문에 조건이 비슷한 집안끼리 연결해야 혼사가 잘 성사된다. 이들은 교제를 시작하기까지가 힘들어서 그렇지 일단 교제를 시작하면 결혼은 빨리 결정된다."

- 명문가 자제들은 보수적인 결혼 원해

현재 결혼정보회사 측에서는 개인 정보 보호를 위해 회원들의 신상 기록을 공개하지 않는다. 데릴사위 공개 모집 때와 마찬가지로 종종 사실이냐를 두고 의심을 받기도 한다. 그도 그럴 것이 취재 중에 만난 한 남자 회원은 "현재 일반 VIP 회원의 경우 남자 전문직 종사자들의 회원 가입비가 여자보다 싸다. 어떤 결혼정보회사는 전문직 남자들을 거의 무료에 가까운 금액만 받고 회원으로 가입시키기도 한다. 한 커플매니저는 나 같은 총각 변호사나 의사를 만나면 무조건 친구들을 소개해달라고 조른다"고 말했다. 반면 커플매니저들의 입장은 조금 다르다.

"최근에는 전문직에 종사하는 사람들이 늘다 보니, 결혼시장에서 전문직 프리미엄이 전과 같지 않은 게 사실이다. 특히 로펌에 소속되지 않은 변호사에 대한 인기가 많이 떨어졌다. 그런데도 자신이 전문직에 종사한다는 이유로, '무슨 가입비를 받느냐?'는 반응을 보이는 회원도 많다."

미국 유명 로스쿨에서 국제변호사를 취득한 한 남자 회원은 유학파 국제변호사에 대한 여성회원들의 선입견만 믿고 여러 여성 회원에게 추파를 던졌지만, 연봉이 낮은 개인 변호사란 이유로 제대로 된 대접을 받지 못하고 있다. 반면 현재 면적이 약 1백91㎡(58평) 되는 강남 아파트와 고급 벤츠 승용차가 자신의 명의로 되어 있는 J씨는 부모가 상당한 재력가다. 아담한 키, 귀여운 외모에 외동딸인 그녀는 특별한 직업이 없지만 남성 회원들의 러브콜을 받고 있다. 뿐만 아니라 인터넷을 통해 자신의 VIP 회원권을 싸게 양도하는 모습도 종종 찾아볼 수 있다. 실제로 빼어난 외모에 음대를 졸업한 한 여자 회원은 자신과 비슷한 수준의 여자에게 3백만원 상당의 결혼정보회사 VIP 회원권을 싼값에 양도하겠다는 글을 올렸다. 그녀는 원칙적으로 양도가 불가능하지만 회사 측에 양해를 구했기 때문에 문제될 게 없다는 설명이다.

사정이 이렇다 보니 결혼정보회사들은 '사고'를 미연에 막기 위해 각종 증명서류를 받고 있다. 그러나 이마저도 조작 여부는 알 수 없다. 많은 결혼정보회사가 '최상의 배우자를 연결해준다'고 말하지만 일부 회원들 사이에서는 투명하지 못하고 수준에 못 미치는 회원 관리 때문에 불만이 쏟아지는 게 현실이다. 결혼이 '조건' 맞는 집안끼리의 만남이라는 측면이 강한 한국만의 독특한 결혼문화가 빚어낸 풍속도다.[25)]

20. PB

#1. KB국민은행은 연내 서울 도곡동 타워팰리스 인근에 스타PB센터점을 추가로 오픈한다. 이로써 금융자산 30억원 이상 고객을 중심으로 프라이빗뱅킹(PB) 서비스를 제공하는 국민은행의 스타PB센터는 강남스타PB센터, 명동스타PB센터에 이어 3개로 늘어난다. 상업지역에 있던 PB센터가 주거지역으로 들어서는 셈이다.

#2. 씨티은행은 지난 25일 서울 반포동에 자산관리(WM)에 특화된 '씨티골드 반포지점'을 열었다. 이 지점은 자산관리 서비스를 10억원 이상 고액자산가군인 씨티골드프라이빗, 2억원이상 10억원 미만인 씨티골드, 5,000만원 이상 2억원 미만인 씨티프라이어리티 고객 등 3단계로 세분화됐다. 씨티은행은 내년까지 이런 특화 점포를 10개로 늘릴 계획이다.

국내 은행들이 '부자고객 모시기'에 발 벗고 나섰다. 금융 자산 10억원 이상 고액 자산가를 대상으로 했던 은행들의 PB서비스는 이제

25) 김성욱, "결혼정보회사 이용하는 대한민국 '1% 상류층' 결혼문화," 우먼센스,

2억원대 아래로 문턱이 낮아지는 추세다. 현재 부자 고객은 물론, 미래 고액 자산가가 될 수 있는 잠재 부자 고객까지 미리 선점하겠다는 전략으로 풀이된다.

KB금융지주 경영연구소가 발간한 '2015년 한국 부자 보고서'에 따르면 2014년 말 기준 금융자산 10억원 이상인 한국 부자는 약 18만 2,000명으로 전년 대비 8.7%가량 증가한 것으로 추정된다. 이들이 보유한 금융자산은 약 406조원, 1인 평균 22억3,000만원이다. 전체 국민의 상위 0.35%에 해당하며 가계 총 금융자산의 14.3%를 차지하는 규모다.

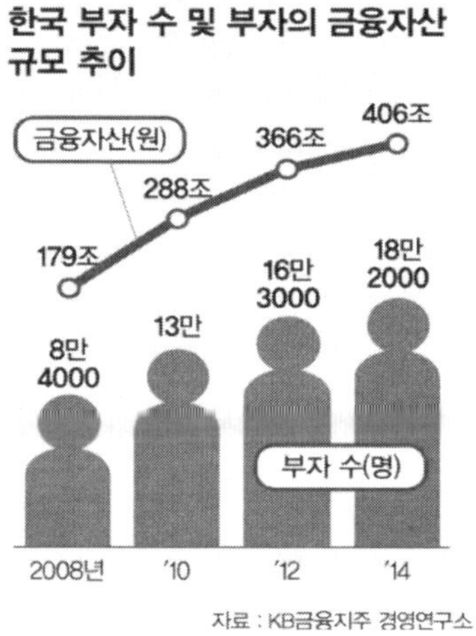

이 400조원 시장을 선점하기 위해 은행들의 VIP PB서비스는 계속 업그레이드되는 추세다. 가장 큰 트렌드는 복합점포다. 한 장소에서 부동산, 세무, 증권, 보험 등 모든 분야 자산관리가 가능하도록 했다. 각자의 자산을 관리하는 개별 PB가 있지만 전문적인 상담이 필요할 경우 각 전문 PB와 연계하는 원스톱 서비스를 제공한다.

국민은행은 현재 30억원 이상 자산가를 위한 2개의 스타PB센터를 운영하며, KEB하나은행은 10억원 이상 자산가들을 위한 WM클럽 2

곳을 운영하고 있다. 우리은행도 자산 10억원 이상의 VIP 고객을 위해 서울과 부산에 투체어스(TC) 센터를 열었다.

은행권에 따르면 고액자산가들이 가장 관심을 가지는 부분은 상속과 증여의 문제다.

국민은행 김영길 강남스타PB센터 수석센터장은 "고액 자산가들은 대체로 연령대가 높기 때문에 상속과 증여 문제에 많은 관심을 갖고 있다"며 "상속세와 증여세는 갈수록 증액되는 추세여서 앞으로도 부의 이전 문제는 고액 자산가들 사이에 가장 큰 이슈가 될 것"이라고 내다봤다.

저금리 시대, 대체투자도 관심 사안으로 떠올랐다. 김원옥 국민은행 강남스타PB센터 팀장은 "저성장, 저금리 기조가 지속되면서 리츠(Reits. 부동산투자신탁), 사모펀드(PEF), 사회간접자본(SOC), 해외시장 등으로 투자처를 다양화하는 추세"라고 말했다.

자산관리를 받을 수 있는 자산 규모 또한 3,000만원까지 낮아졌다. 은행들은 자산규모별로 고객을 구분해 맞춤형 자산관리 서비스를 제공하고 있다. 국민은행은 3,000만원 이상 고객은 전 영업점의 상담창구에서 밀착 전담해 맞춤 자산관리를 제공하는 '스타 테이블' 서비스를 강화하고 있다. KEB하나은행 역시 1억원 이상이던 PB서비스 대상 자산규모를 3,000만원 이상으로 낮추고 852개 전 지점에 전문 PB교육을 받은 행복파트너를 2명씩 배치했다. 세무, 부동산, 법률, 유언신탁 등 보다 전문적인 서비스가 필요할 경우 행복파트너를 통하면 기존의 VIP 고객(1억원) 이상만 받을 수 있었던 본점과 연계한 '상속증여센터'의 서비스도 받을 수 있다.

우리은행은 금융자산 1억원 이상이던 PB 자산관리 대상 기준을 내년부터 5,000만원으로 낮출 계획이다.

금융자산 2억~5억원 이상을 보유한 준자산가들도 주목받는 고객이다. WM관리를 통해 자산을 키워 미래 고액 자산가로 편입될 '잠재부자 고객'인 셈이다. 씨티은행 관계자는 "그들은 대부분 이미 주택을 보유하고 있으며 금융자산에 투자할 수 있는 여유자금이 억대인 30~40대 젊은 계층"라며 "이들은 머지않아 고액 자산가로 성장할 가능성이 높은 미래 VIP 고객으로 꼽힌다"고 말했다.[26)]

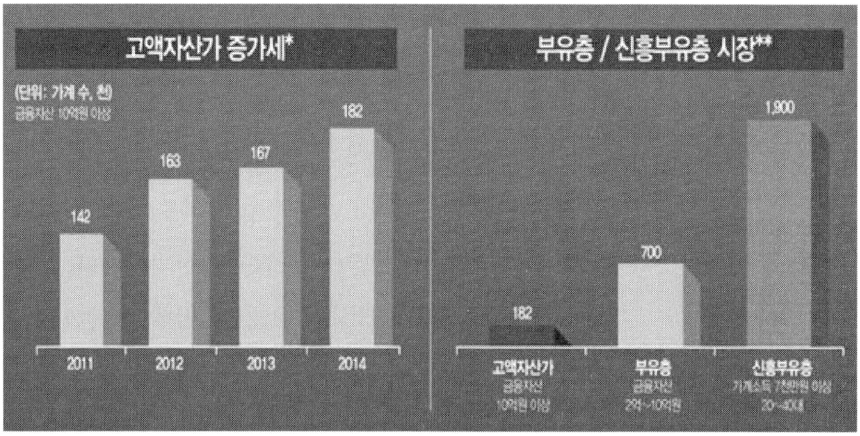

시중 은행들이 88만 가구가 넘는 부자 고객 유치전에 뛰어들었다. 저금리로 은행들의 수익성을 보여주는 순이자마진이 날로 악화되는 가운데, 수익을 낼 만한 새로운 시장으로 큰손 고객들의 자산관리가 떠오른 것이다.

5일 금융권에 따르면 최근 들어 국민은행, KEB하나은행, 신한은행 등 국내 시중은행들이 PB(프라이빗뱅킹) 서비스를 잇달아 강화하고 있다. '알짜'인 부자고객을 대상으로 자산관리 수수료 수익을 노리겠다는 것인데, 채널(영업점 및 제공 서비스)은 늘리고 문턱(서비스를 받을 수 있는 자산기준)은 낮추는 것이 대세다.

특히 은행들은 금융자산 10억원 이상의 고액자산가에게만 제공하던 PB서비스를 2억원 이상의 부유층 고객까지 범위를 넓히고, 고객의 자산규모에 따라 맞춤형 서비스를 제공해 다양한 고객들을 유치한다는 복안이다.

---

26) 이세경, "'400조 PB시장 경쟁' 은행 3대 트렌드," 파이낸셜뉴스, 2015.11.29.

국내에서 2억원 이상, 10억원 미만의 자산을 보유한 부자는 모두 70만가구. 기존 고객인 10억원 이상 부자 18만2,000가구에 이들을 더하면 PB시장 고객은 모두 88만2,000가구로 늘어난다.

이 같은 부자고객 관리는 그동안 외국계 은행들이 힘을 들여왔던 분야다. 하지만 저금리 기조에 따라 순이자마진이 사상 최저치로 떨어지는 등 이자수익을 내기 어려워지자 시중 은행들도 새로운 시장 확대가 절실해졌다.

개인금융에 강점이 있는 국민은행은 올해부터 PB서비스 제공 대상을 기존 5억원 이상에서 3억원 안팎의 금융자산을 지닌 고객까지 확대했다. 중노년층 고객을 중심으로 제공하던 종합자산관리 서비스 브랜드인 '스타테이블(STAR TABLE)'도 20~30대 고객까지 대상을 확대했다.

지난해 11월 윤종규 KB금융회장이 취임하면서 "고객의 부(富)를 늘려줄 수 있는 자산관리 분야를 집중적으로 육성하겠다."고 밝힌 뒤의 결과물이다.

국민은행은 이와 함께 은퇴시장을 선점하기 위해 기존 57개의 은퇴·노후설계 특화점을 VIP라운지가 있는 전국 850여개 지점으로 확대했다. 사실상 전국 어디서든 노후설계 상담이 가능하도록 한 것이다.

지난 9월 1일 외환은행과 통합한 KEB하나은행은 '전 직원 PB화'를 선언하고 공격적인 PB 고객 유치전에 뛰어들었다. 통합 이전 'PB 명가'인 하나은행의 강점을 발전시키겠다는 함영주 KEB하나은행장의 첫 작품이다.

KEB하나은행은 최근 1708명의 PB 전문가를 선발해 854개 지점에 각 2명씩 배치했다. 이 은행의 모든 지점에서 PB서비스를 받을 수 있도록 한 것이다.

이와 함께 KEB하나은행 역시 국민은행처럼 PB서비스 대상자를 기존 23개 지점의 골드클럽(금융자산 5억원 이상)과 246개 지점에서 시행하고 있는 1억원 이상의 VIP클럽을 포함해 금융자산 3,000만원 이상 고객과 장기거래 고객으로 확대했다. 회사 관계자는 "자산관리와 연금 계획 등 고액자산가들만 받을 수 있었던 세무, 부동산, 법률 등 자문서비스를 받을 수 있는 고객이 확대된 것"이라고 설명했다.

신한은행도 최근 자산관리 서비스 자격 요건을 금융자산 3억원에서 1억원으로 하향 조정했다. 금융자산이 1억원 이상만 되면 16개 복합점포에서 은행과 증권의 통합자산관리 서비스를 받을 수 있다.

신한은행은 지난 8월에는 업계에서 처음으로 스마트WM센터를 오픈, 고객유치에 힘을 쓰고 있다. 이 서비스는 고객이 인터넷뱅킹을 통해 자신의 자산현황과 투자성향, 시황 등을 분석한 맞춤 제안서를 받아보고 추천받은 상품에도 바로 가입할 수 있는 서비스다.

외국계 은행들도 고객확대에 나서는 모습이다. 한국씨티은행은 오는 11월 금융자산이 5,000만원 이상 2억원 미만인 고객들을 대상으로 하는 PB서비스인 '씨티프라이어리티'를 시작한다.

금융권 관계자는 "저금리 기조가 지속되면서 예금금리에 만족하지 못하는 부유층 및 신흥부유층 고객들 중 자산관리 서비스를 받으려는 고객이 늘고 있다"며 "은행 역시 저금리 시대를 돌파할 복안으로 PB사업에 중점을 두고 차별화에 나섰다"고 말했다.[27)]

21. 대한민국 VIP 1%의 삶

드라마에 비치는 재벌가의 라이프 스타일은 과연 어떨까. 상위 1%의 부자에 속하는 그들에겐 평범하지만, 일반인들에겐 특별할 수밖에 없는 일상을 취재했다.

재벌드라마에서 '그들이 사는 세상'에 대한 묘사는 필수다. 상류층의 호화로운 삶을 보고 싶어 하는 시청자들의 욕망을 자극하기 때문이다.

27) 이현아, "88만 부자를 잡아라"…은행권, VIP 고객 쟁탈전," 뉴스1, 2015.10.05.

그런 점에서 드라마 '마이더스'와 '로열패밀리'는 재벌가의 일상을 과감히 그린다. '마이더스'에서 등장한 김희애의 회사 '론아시아'는 그야말로 최고급 사무실의 결정판. 세트 제작비만 2억5천만원가량 들었다. '로열패밀리' JK가의 생활 터전인 정가원은 잭니클라우스골프클럽의 협조를 받아 촬영하고 있다. 이곳은 세계적 건축가인 메흐르다드 야즈다니가 설계한 고급 리조트로 알려져 있다. '로열패밀리'는 재벌 가족의 일상도 디테일하게 소개한다. 회장의 아들은 취미로 레저용 헬기를 몰고, 딸과 며느리들은 집에서 패션쇼를 열며 신상 아이템을 고른다.

그렇다면 과연 드라마 속 재벌이나 신흥 부유층, 대한민국 상위 1%라 불리는 이들은 누구일까. 재벌의 의미부터 살펴보면, 그들은 복합기업 중에서도 주로 가족 구성원이나 일가친척으로 이루어진 기업집단을 말한다. 한마디로 2세, 3세로 대가 이어진 그룹 오너의 가족이란 얘기다. 신흥 부유층은 재벌과는 개념이 다르다. 중소기업 이상의 규모를 가진 사업가, 벤처기업이나 부동산으로 벼락부자가 된 경우다.

둘 다 차이는 있지만 대한민국 상위 1% 안에 든다는 건 분명하다. 재벌닷컴 정선섭 대표는 대한민국 상위 1%의 자산 기준을 "부채를 제외한 가계 자산이 최소 30억 이상"이라고 정의했다. 연봉 3천만원의 평범한 직장인이라면 백년 넘게 먹지도, 쓰지도 않고 벌어야 모을 수 있는 금액이다.

이들은 상류계층이나 유한계급이라고 표현되지만 'VIP(Very Important People)'란 호칭으로 더 자주 불린다. 일반인들도 'VIP 마케팅'이란 말에는 익숙하겠지만 이들과 같은 VIP 서비스를 즐기는 것은 그림의 떡. 그러나 1%의 부자들에게는 그들만의 VIP 서비스가 일상처럼 제공되고 있다.

그 대표적인 분야가 쇼핑이다. 이들에게 쇼핑은 문화이자 취미다. 하지만 대부분 드러내놓고 하지 않는다. 한화 갤러리아명품관 박영수 MD 전략담당팀 과장은 "업계 최초로 VIP를 위한 퍼스널 쇼퍼(쇼핑 도우미)를 시작했고, 각 브랜드의 매니저들은 단골 고객의 쇼핑 편의를 위한 각종 서비스를 제공한다"고 말했다. VIP 대부분은 유행을 따르기보단 자신이 원하는 물건을 미리 알아보고 연락하는 경우가 많다. 박 과장은 "진정한 VIP일수록 잘 알려지지 않은 브랜드를 선호하고, 가방·구두 등 패션잡화보다 의류나 액세서리류 등의 제품을 구입한다"고 말했다. 특히 의류의 경우 계절별로 구입하는데, 가격은 아이템에 따라 5백만~1천만원 선. 한때 어깨 부분이 뾰족하게 솟은 파워숄더 재킷으로 유명해진 발망의 경우 1억원짜리 원피스가 판매 대기 중이다.

1% 부자들이 자주 가는 쇼핑 장소는 갤러리아명품관과 편집매장이 있는 청담동 일대로 알려져 있다. 그러나 재벌닷컴 정선섭 대표는 "호텔신라나 하얏트호텔 아케이드"를 꼽았다. 그는 "이곳에서 하루 종일 있어보면 알겠지만 손님이 거의 없다"며 "그럼에도 장사가 잘되는데 대부분 전화를 이용해 필요한 물품을 사기 때문"이라고 말했다.

이들이 호텔 아케이드를 최적의 쇼핑 공간으로 이용하는 이유는, 백화점 명품관에 비해 드나드는 사람이 적어 주변의 시선을 피할 수 있다는 점 때문이다. 호텔 아케이드에 입점한 브랜드들은 의류부터 패션잡화, 액세서리, 생활용품까지 모두 최정상의 명품들이다. 호텔 아케이드 부티크는 고객의 사생활을 보호하기 위해 별실에서 상담을 진행하며, 고객이 매장 방문을 원치 않으면 직접 제품과 카탈로그를 준비해 VIP 출장 서비스를 나가기도 한다.

호텔 아케이드에서 잘 팔리는 명품들은 대부분의 VIP들이 선호하는 아이템이다. 평균 가격이 3천만원대인 악어가죽 브랜드 '콜롬보', 기본 모델이 1천5백만원이 넘는 명품 시계 브랜드 '바쉐론콘스탄틴', 정장 한 벌 가격이 대략 1천만원대부터 시작하는 남성 정장 브랜드 '키톤' 등이 있다.

이처럼 쇼핑과 결합된 호텔은 1%의 상류층들이 즐겨 찾는 프라이빗한 공간이 됐다. 쇼핑, 외식, 비즈니스 등 복합문화공간으로 호텔을 이용하는 것이다. 쉐라톤그랜드워커힐호텔 유우성 지배인은 "VIP 고객을 대상으로 명품 브랜드와 조인해 신상품을 소개하는 쇼케이스를 여는 등 다양한 행사를 개최한다"며 "의식주와 관련한 모든 정보를 제공하고 있다"고 말했다. 그는 "특히 요즘 VIP들에게 인테리어 분야에 관련된 질문을 많이 받는다"며 "가격 흥정에는 관여하지 않지만 이들에게 필요한 상품을 알리는 차원에서 가구, 조명, 침대 브랜드를 연계하는 프로모션을 진행했다"고 한다.

1%의 부자는 단순히 돈이 많다고 되는 것이 아니다. 그것을 즐길 수 있는 여유로운 시간 또한 많아야 한다. 대부분 한남동이나 평창동에 본가를 두고, 청담동·방배동에 세컨드 하우스를 지니고 있는 이들은 휴식을 취할 수 있는 공간 역시 따로 마련해두는 것이 기본이다. 리조트 회원권은 필수인데 특히 반얀트리클럽앤스파서울은 VIP들이 선호하는 곳이다. 기본 회원가만 1억3천만원, 연회비 8백만원(4인 기준)이지만 아무리 돈이 많아도 엄격한 회원 기준을 통과하지 못하면 가입할 수 없는 것으로 알려져 있다. 삼성, 신세계 등 우리나라 대표 그룹의 최고위 인사를 비롯해 재벌 2세, 연예인 등 3천7백 명이 회원으로 등록돼 있다. 가족 단위 회원권을 구입할 경우 자녀들은 따로 특별 관리된다. 소셜 클럽의 일원으로 배워야 할 에티켓과 매너, 승마·사진·발레·축구 등 각 분야 유명인들에게 배우는 다양한 취미활동 클래스도 마련돼 있다.

재벌 드라마에서 빠지지 않는 소품 중 하나는 고급 세단이다. '마이더스'에서는 BMW의 협찬을 받아 국내에 출시되지 않은 자동차까지 선보인다. 실제 재벌 총수나 재벌 2세들 중 자동차에 푹 빠져 있는 사람이 많다. 그들에게 자동차는 단순한 운송수단이 아니다. 특별하고 개인적인 공간이다. 바쁜 하루 일과 중 피로를 풀 수 있는 휴식공간이자 업무도 처리하는 집무실이기 때문이다.

이건희 삼성전자 회장과 박용곤 두산그룹 명예회장, 이명희 신세계그룹 회장 등 국내 재벌 총수들이 아끼는 애마는 독일 벤츠사의 프리미엄 독립 브랜드 '마이바흐'다. 벤츠 수입사 더클래스효성 김민준 마케팅팀 대리는 "7억~8억원대 마이바흐의 경우 수제품 형식으로 판매된다"며 "차를 좋아하는 VIP들은 마이바흐 외에도 롤스로이스나 벤틀리 같은 차들을 선호한다"고 밝혔다.

- A그룹 B부회장 C여사의 하루 재구성

재벌가 사람들도 재벌드라마를 볼까? 답은 '본다'다. 재벌닷컴 정선섭 대표는 "이들 역시 사람"이라며 "자신들의 이야기가 나오는 것에 대해 관심 갖고 있다"고 말했다. 그러나 자신들의 본질적인 문제보다 외적인 요소에 치중하는 것에 대해선 부정적이고 유치하게 생각한다고 한다. 하지만 일반 대중에게 1%의 삶을 사는 그들의 외적 모습이 궁금한 건 사실. A그룹 B부회장 사모님 C여사(50대)의 하루를 공개한다.

오전 9시 기상. 한남동 자택에서 청담동 미용실로 향함. 기사 딸린 벤츠 S350 시리즈 이용.

오전 10시 미용실 도착. 머리는 절대로 펌 하지 않음. 약속이 있을 때마다 와서 두피 마사지와 트리트먼트, 드라이 정도만 받음. 가격은 일반인과 같지만 팁을 후하게 줌.

오전 11시 S호텔 도착. E브랜드 VIP 패션쇼 구경. 잘 아는 브랜드 매니저와 지배인이 수시로 신상품 정보를 알려줌.

오후 2시 H백화점 명품관에서 쇼핑. 이세이미야케, 블루마린 등 의류브랜드 선호. 1백20만원짜리 블루마린 카디건이 저렴해서 한 벌 구매. 콜롬보 백 마니아로 3천만원 상당 기본 라인 3개 갖고 있지만 컬러별로 갖고 싶어 또 하나 구매.

오후 5시 M호텔 스포츠센터 이용하기 위해 M호텔 방문. 친구와 만나서 저녁 먹고 운동.

오후 8시 청담동 단골 피부과 방문. 30대 후반으로 보이지만 계속해서 보톡스, 필러 등 시술 받음.

오후 9시 귀가. 가정부 2명에게 가사일 상황 듣고 마무리. 미국에

있는 딸에게 전화 걸어 조만간 방문하겠다고 얘기함.[28]

22. 아테크(Art Tech)

한국 추상화의 대부 김환기 화백의 '달밤(그림)'. 김 화백이 부산 피난 시절 그린 것으로 당시 심정을 잘 나타낸 작품이다. 그가 50년대 초반 그린 작품은 소수밖에 남아있지 않아 그 가치는 더욱 높게 평가된다. 지난 2013년 경매에서 2억3,000만원에 낙찰됐으며 최근에는 4억5,000만원 선에서 거래됐다. 투자 수익률로 따지면 2년여 만에 100% 성장, 연간 50%에 달한다.

단색화의 대가 정상화 화백의 작품은 미술시장에서 '없어서 못파는' 작품 중 하나다. 국내 미술시장에서 '단색화' 열풍이 불면서 그의 작품 가격도 상승곡선을 그리고 있다. 2012년 4,500만원 선에서도 유찰되던 그의 작품은 2014년에는 7,300만원에 낙찰, 올해 5월 홍콩 경매에서는 5억5,000만원에 낙찰됐다. 무려 1년 만에 7배가량 올랐다.

개인의 취향도 만족시키고 투자수익도 올리는 '아테크(Art Tech)'가 주목받고 있다. 시장에서 주목받는 그림은 경매가가 기본 수억대를 호가해 진짜 부자들은 미술품을 통해 돈을 번다는 얘기도 나온다.

이같은 자산가들의 수요를 파악해 KB국민은행은 VIP고객 대상 아트클래스(Art class) 행사를 진행했다. 지난 10일 서울 평창동 가나아트센터에서 진행됐으며, 서울옥션 음정우 미술경매 팀장이 국내 미

28) 김민지, "대한민국 VIP 1%의 삶-재벌가 라이프스타일," 여성동아, 2011.04.15.

술시장 전반에 대한 설명하고 경매 관련 노하우도 전수했다.

◆ 미술시장+국내외 경제상황 대한 관심 병행돼야

음정우 서울옥션 미술경매 팀장은 미술투자에 성공하려면 미술시장 동향과 국내외 경제상황에 대한 이해가 병행돼야 한다고 강조했다. 일반적으로 경기가 살아나면 미술시장도 거래가 활발해진다. 지난 2013~2014년은 중국 미술시장이 폭발적으로 성장한 시기다. 중국 경기가 호황을 누리면서 인접국가인 국내 미술시장도 경기도 살아났다.

이는 미술 경매업체들의 주가를 통해서도 확인할 수 있다. 작년 이맘때 3,260원 수준이었던 서울옥션 주가는 최근 2만4,000원대를 호가하고 있다. 미술시장 거래가 활발해지면서 경매업체들의 실적도 개선된 덕분이다.

▲달밤(김환기, 하드보드에 유채, 31x22cm, 1950)

음 팀장은 "2007년 미술시장이 전 세계적으로 호황을 누릴 때는 미술품이 자산가들의 필수품으로 절대 가격이 떨어지지 않을 것이라고 생각했지만, 이 정설은 2008년 금융위기 때 무참히 깨졌다"며 "일반적으로 경기변동의 여파로 주식가격이 급격히 하락하면 미술시장은 2개월반 이후 후행하는 모습을 보인다"고 설명했다.

그러면서 그는 "투자심리로만 접근하거나 혹은 미적가치로만 미술품에 투자한다면 실패할 확률이 높다"며 "미술시장과 경제 상황에 대한 전반적인 이해가 필수"라고 강조했다.

◆ "미술투자도 주식처럼 발로 뛴 '정보'가 중요"

주식투자는 기업의 재무제표를 바탕으로 쏟아지는 각종 실시간 정보에 민감해야 성공할 수 있다. 음 팀장은 미술투자도 주식투자처럼 작가의 작품세계, 미적인 요소 뿐만 아니라 작가 신상의 호재 정보들을 아는 것이 중요하다고 강조했다.

그는 "작가가 유수 갤러리에서 전시 일정이 잡혔다든지, 아니면 특정한 컬렉터 후원자가 나타났다 던지, 대형 갤러리와 계약 조건을 주고받고 있다던가 하는 호재정보들은 작품의 가격에 직접적인 영향을 미친다."고 말했다.

다만 그는 전문가의 말만을 믿은 맹목적인 투자나 작가의 명성에 함몰돼 투자가치를 정확히 구분해내지 못하는 무분별한 투자는 실패를 불러올 수 있다고 경고한다. 같은 작가의 작품이라도 연대에 따라, 명성 있는 작가의 작품이라 해도 시장의 선호도가 변하면 가격도 달라진다.

미술작품의 공급 상황도 가격에 영향을 미친다. 음 팀장은 과연 10년 후에도 작품세계를 지속할 수 있는지 등 작가의 잠재능력에 따라서도 가격이 달라진다고 귀띔했다.

한편, 지난 2007년 미술시장이 대대적인 호황을 맞았을 때 한 투자자는 전문가의 말만 믿고 거금 5억원을 들여 미술품에 투자했지만 1년만에 가격은 8,000만원 대로 떨어졌다. 결국 그는 충격을 이기지 못하고 극단적인 선택을 했다. 저명한 전문가의 의견에만 의존해 투자에 실패한 대표적 사례다.

음 팀장은 "개인 취향에 따른 수집품을 투자하려면 절대로 전문가의 말을 맹신해선 안된다"며 "본인이 관심 있는 작가를 충분히 공부하고 투자하셔야 실패를 피할 수 있다"고 말했다.

◆ 해외서도 주목한 김환기 · 서도호 · 정상화

이날 강연에서는 주목할 만한 작가도 소개됐다. 한국 추상화의 대부 김환기, 단색화 대표작가 정상화, 설치미술의 대가 서도호는 해외에서도 주목받는 작가들이다. 특히 서 작가의 작품은 지난 2008년 금융위기 때 자금난에 시달렸던 리먼브라더스가 소장하고 있던 그의 작품을 경매에 내놓으면서 국내에서도 주목받기 시작했다.

투자자들이 직접 경매에 참여하려면 경매일 전날 오후 7시까지 경매업체를 통해 신청하면 된다. 서울옥션의 정회원 가입비는 연 20만원 수준이며, 정회원에게만 경매응찰 자격이 주어진다. 구매 수수료는 낙찰가를 기준으로 10~15% 범위에서 산정된다.

이날 강연에 참석한 한 KB국민은행 VIP고객은 "생소한 미술투자를 사례 위주로 설명한 재밌는 강연이었다."며 "자식에게 물려줄 만한 가능성 있는 신진작가의 작품이나 2~3호짜리 작은 그림들도 경매할 수 있는 이벤트가 자주 마련됐으면 한다"고 말했다.[29)]

23. 기부

사재 2,000억원을 외부 재단에 투척한 이준용 대림산업 명예회장의 기부가 재계 안팎에서 주목받고 있다. 대기업 오너들은 그동안 자신이

29) 우수연, "'아테크(Art Tech)' 모르면 부자 아니죠, 김환기 · 서도호 · 정상화 작가는 해외에서도 주목," 뉴스핌, 2015.09.13.

만든 재단에 재산을 기부해 우회 승계 수단으로 삼는 경우가 많았다. 하지만 이 회장이 전혀 다른 선택을 하면서 새삼 국내 기업가들의 기부 활동에 대한 관심이 높아지고 있다.

아직 국내 기부 문화는 세계와 비교하면 걸음마 수준이다. 기업과 기업가가 특히 그렇다. 기업 이름의 기부 활동은 늘고 있지만, 개인 재산을 기부하는 기업가는 극소수에 불과하다. 이 같은 척박한 풍토 속에서도 알게 모르게 기부 활동에 적극적인 기업가 기부왕이 있긴 있다. 그들은 누구인가.

우리나라 기부를 얘기할 때 항상 인용되는 조상이 있다. 경주에 사는 '최부잣집'이다. 12대 300년에 걸쳐 '조선시대 최고 부자'로 평가받던 이 집안에는 몇 가지 독특한 가훈이 있다. 그중 하나가 '사방 100리 안에 굶어 죽는 사람이 없게 하라'는 것. 이를 위해 그들은 스스로 검소하게 살아가면서도 1년에 1만석 이상의 재산을 이웃에 돌렸다고 한다. 한국형 '노블레스 오블리주(noblesse oblige · 지도층 도덕적 의무)' 표본으로 불려도 손색이 없다.

'최 부자'의 사례가 있긴 했지만 국내 기업가들이 적극적으로 기부 활동에 나선 것은 얼마 되지 않았다.

전문가들은 사회복지공동모금회법이 제정된 1998년을 시초로 본다. 20년도 되지 않았다. 하지만 짧은 기간에도 국내 기업의 기부 문화는 양적 성장을 이뤘다. 전국경제인연합회에 따르면 2013년 국내 주요 기업들의 연간 기부액 규모는 약 2조8,000억원 수준(각종 사회 공헌 활동 포함)으로 전해진다.

기업의 기부 행위는 주체에 따라 크게 세 가지로 구분된다. 기업(법인) 명의 기부, 기업의 사회 공헌 활동, 그리고 기업가 개인 기부 등이다.

기업 이름으로 기부하는 활동은 대개 여론 때문에 기업가 의지와 상관없이 하는 경우가 많다. 기부 규모도 기업 순위에 맞춰 한다. 진정성이 부족하다. 사회 공헌 활동은 기업 명의의 기부보다 한 단계 발전한 형태다. 최근 많은 기업이 별도 전담 부서를 만들어 조직 구성원들과 함께 기부 활동을 펼친다.

최근 주목받는 것은 기업가 개인의 기부다. 빌 게이츠 마이크로소프트(MS) 회장, 워런 버핏 버크셔해서웨이 회장, 마윈 알리바바그룹 회장 등은 매년 수조원의 재산을 기부해 사회의 모범이 되고 있다. 특히 빌 게이츠 회장은 주변 부자들의 기부 동참도 적극 권유하고 있다는 점에서 진정한 '기부왕'으로 불린다. 곽대석 사회공헌정보센터 소장은 "기업의 존재 목적이 과거엔 이윤 추구였지만 지금은 사회와 국가에 대한 봉사로 바뀌고 있다. 기업 차원에서 사회 공헌 활동과 별개로 개인 기부 활동에 관심을 갖는 기업가도 늘고 있는 추세"라고 설명했다.

◆ 수백억원 투척하는 기업가

SK그룹의 맏형 격인 최신원 SKC 회장. SK그룹 창업주인 故 최종건 회장의 차남인 그는 재계에서도 유명한 기부왕이다. 그는 2004년 2월 사재를 출연해 '재단법인 선경최종건장학재단'을 설립한 후 10년 이상 경제적으로 어려운 학생을 도왔다.

사회복지공동모금회(이하 공동모금회)가 발표한 개인 기부자 명단에서 현직 기업인으로 가장 많은 금액을 기부했다.

재계 한 관계자는 "최 회장은 소위 한국의 '빌 게이츠'다. 자신이 직접 기부하는 데 그치지 않고 다른 기업가들의 기부를 유도하는 데 앞장서기 때문이다. 스스로를 가리켜 '기부 중독자'라고 말하는 것을 주저하지 않는다."고 귀띔한다. 최 회장이 기부 활동에 적극적으로 나서는 이유는 간단하다.

"공동모금회에 10년간 기부금을 가장 많이 낸 사람들은 연예인이나 축구 스타다. 과연 경제인은 어디에 있었나. 재계에서 사재를 터는 사람은 찾기 힘들다. 나눔의 정신이 없는 '기업가 정신'은 한마디로 삭막한 것이다."

최 회장이 몇 년 전 밝혔던 내용이다.

최 회장이 주목받는 것은 대기업 오너 중 드물게 개인 기부에 앞장설 뿐 아니라 각종 행사 유치에도 적극적이기 때문이다. 그는 세계공동모금회(UWW)의 고액 기부자 모임인 '세계리더십위원회' 서울 유치에 결정적 공을 세웠다. 9월 9~11일 열리는 이 행사가 아시아에서 열리는 것은 처음 있는 일이다.

- 국내 기부왕 중에는 유독 교육 기부에 열을 올리는 기업인이 많다.

이중근 부영 회장이 대표적이다. 그가 전국 학교에 기부한 기숙사 '우정학사'만 해도 140여 곳이 넘는다. 공부하는 학생들에게 장학금 지급도 아끼지 않는다. 이 회장이 교육 기부에 열성을 보이는 이유는 가정 형편이 어려워 학업을 중단했던 아픈 경험이 있기 때문이다. "교육 재화는 한 번 쓰고 사라지는 것이 아니라 계속 재생산되기 때문에 결국 미래를 위한 투자가 된다"는 것이 평소 지론이다.

이종환 삼영화학그룹 회장도 '교육 기부왕'으로 불릴 만하다. 이 회장은 1958년 삼영화학그룹을 설립해 전자제품 핵심 소재인 '극초박 필름'을 개발해 큰 부를 축적했다. 그런 그가 장학사업에 뛰어든 것은 30년 전. 스위스 여행 중 사람을 키우는 것이 가장 중요하다는 점을 깨달은 그는 돈이 없어 공부를 하지 못하는 학생을 하나둘씩 지원했다. 그러다 2000년엔 아예 장학재단을 만들어 운영 중이다. 이 재단에 쏟아부은 돈은 8,000억원. 개인 장학재단으로는 아시아 최대 규모다. 그동안 5,000여명의 학생들에게 장학금을 제공했다. 최근엔 600억원을 투자해 4,000석 규모의 도서관을 지어 서울대에 기증하기도 했다. 정작 본인은 항상 이코노미석만을 고집할 정도로 자신에겐 인색한 것으로 알려져 있다.

한샘 창업주인 조창걸 명예회장도 빼놓을 수 없다. 올해 3월 미래 인재 육성을 위해 사재 4,400억원을 출연해 '재단법인 한샘드뷰 연구재단'에 기부했다. 이 재단은 조 회장이 2012년 미래 리더를 육성하기 위해 개인 자격으로 설립한 공익법인이다. 조 명예회장은 한국판 '브루킹스연구소'를 만들겠다는 목표 아래 자신의 재산 절반을 내놨다.

◆ 아너소사이어티 회원 증가, 출범 7년 만에 100명 돌파 목전

최 회장처럼 개인의 이름으로 재산을 공동모금회와 같은 단체에 내놓는 기업가도 늘고 있다. 8월 25일 기준 '아너소사이어티' 회원 수는 865명에 이른다.

김진곤 공동모금회 기획모금팀장은 "기부를 하는 사람들은 스스로 참여하거나 주변 권유를 받고 오는 경우가 대부분이다. 공동모금회에서 억지로 권유하지 않는다."고 말했다.

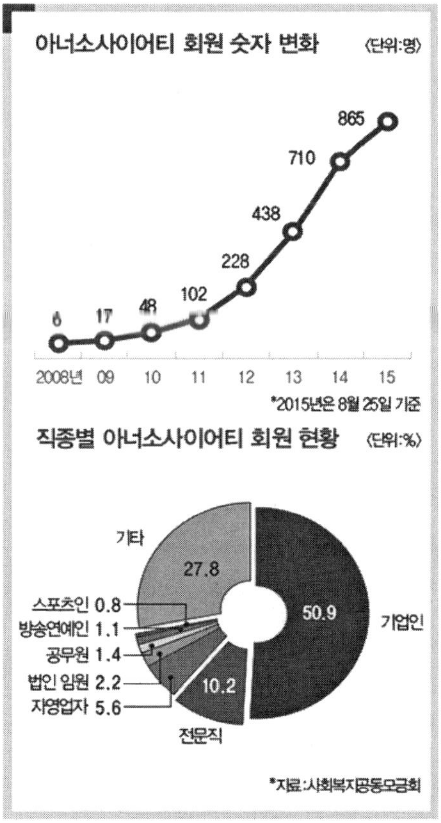

주요국 세계 기부자수 순위

순위	나라	순위	나라
1위	미국	25위	핀란드
3위	캐나다	28위	독일
6위	호주	40위	스웨덴
7위	영국	54위	가나
12위	네덜란드	60위	한국

자료 : 영국 자선구호재단(CAF)

기업가 중 아너소사이어티 활동을 활발히 하고 있는 이들은 대부분 중소·중견기업 대표다. 남한봉 유닉스코리아 대표는 젊은 시절 사고로 하반신이 마비돼 50년간 휠체어에 의지했다. 사업이 번창한 뒤 그는 "오랜 기간 이웃의 큰 도움을 받아왔다. 이젠 내가 받은 고마움을 돌려줄 때"라며 거액을 기부해 아너소사이어티 1호 회원이 됐다. 2호 회원인 류시문 한맥도시개발 대표 역시 청각·지체장애를 딛고 자수성가한 기업가다. 장애인 시설을 짓기 위해 법인을 설립하고 30억원 이상 금액을 기부하기도 했다. 현재는 한국사회복지사협회장으로 다양한 기부 활동을 펼치고 있다.

대기업 오너 중에선 정몽준 전 국회의원(현대중공업 대주주)이 지난해까지 20억원을 공동모금회에 기부해 화제를 모았다. 이 외에도 박순호 세정그룹 회장, 구본능 희성그룹 회장, 김광호 모나리자 회장, 류진 풍산그룹 회장 등 여러 기업가들이 회원 명단에 이름이 올라 있다.

◆ 아직은 갈 길 먼 기부 문화, 기부 대하는 인식부터 바꿔야

'60위'. 영국 자선구호재단(CAF)이 지난해 말 발표한 세계 기부지수에서 한국이 차지한 위치다. 금전 기부, 봉사 활동, 낯선 이에게 도움을 주는 정도 등 3가지 항목으로 평가하는 이 조사에서 한국의 순위는 아프리카의 가나(54위)보다 낮다. 한국의 기부 문화는 다른 나라에 비하면 갈 길이 멀다는 얘기다.

기업가 외 아너소사이어티 회원

회원명	순번	소속
홍명보	9호	홍명보장학재단 이사장
김태균	183호	한화이글스 야구 선수
최나연	197호	LPGA 프로골프 선수
수애	200호	영화배우
정홍원	258호	전 국무총리
김성환	369호	만화가
목영준	400호	김앤장 사회공헌위원장
박지성	555호	JS파운데이션 이사장
임형주	800호	팝페라 테너

문제가 뭘까. 전문가들은 우선 기부 주체가 명확히 구분되지 않는다

는 점을 든다. 보건복지부 장관을 지냈던 김성호 바른사회공헌포럼 공동대표는 "한국 기업은 외국 기업과 비교하면 매출액 대비 사회공헌 지출 비율이 결코 낮지 않다. 하지만 진정성을 의심받는다. 개인 자격으로 기부하는 문화가 활성화되지 않았기 때문이다. 대부분 회사 돈으로 기부하면서 마치 기업가 개인이 기부하듯 생색내는 경우도 많다"고 꼬집었다.

설사 사재를 출연해 기부한다고 해도 어떤 목적을 갖고 임할 때가 대부분이다. 난관에 봉착하거나 위기 때만 재산의 사회 환원을 입버릇처럼 얘기할 뿐이다. 이건희 삼성그룹 회장이나 정몽구 현대차그룹 회장 등이 대표적이다. 이들은 경영권을 3대로 승계하는 과정에서 발생한 비자금 조성 의혹에 휩싸일 때 재산의 사회 환원을 발표했다. 하지만 기부를 해도 다소 꺼림칙한 방법으로 한다. 자신의 이름을 딴 재단을 만들고 본인이 직접 이사장으로 재직하면서 해당 재단에 막대한 금액을 기부하는 형식이다. 재단에서 돈이 어떻게 쓰이는지 밖에서는 알 방도가 없다. 기부 수단도 현금이 아닌 주식인 경우가 많다. 때문에 이런 기부 방식에 대해 '경영권 승계를 위한 준비 작업일 뿐'이라는 비아냥거림이 끊이지 않는다.

"대기업 오너가 개인 기부를 하지 않는 이유는 두 가지다. 하나는 부의 대물림이 보편화됐다는 점이다. 또 다른 이유는 기업 규모 대비 실제 보유 재산이 부족하기 때문이다. 지분이 작아 기부 여력이 글로벌 기업 오너 대비 제한적이다." 복지 단체 한 관계자의 설명이다.

기부에 대한 일반인의 삐딱한 시각도 바뀌어야 한다. 많은 이들이 기부자가 어디에 기부하는지 보다 얼마를 출연했느냐를 더 중요하게 본다. "재산이 그렇게 많은데 고작 그만큼 기부하고 생색을 내느냐"는 식의 반응도 문제다.

기부에 대한 피로감도 개인 기부를 막는 요인이다. 기부 단체 관계자들은 "국내 부자들은 고액 기부를 하면 너도나도 기부를 요청할까봐 나서기를 꺼린다"고 말한다. 한국이 고액 기부를 이끌어낼 만큼 사회적인 분위기가 조성되지 않았다는 얘기다. '익명'의 기부자가 많은 배경이다.

때문에 기부에 대한 자긍심을 높여주고, 기부자가 자신의 이름을 당당히 알릴 수 있는 환경을 만드는 것이 중요하다. 기부 활동에 대한 반부자, 반기업 정서는 오히려 기부를 위축시킬 수 있다. 곽대석 소장은 "기부는 학습이다. 직접 해봐야 된다. 능동적, 자발적 기부가 아니면 일회성 이벤트에 그칠 가능성이 높다. 기업인 스스로 봉사와 기부의 즐거움을 느끼게 해줘야 기업인들의 개인 기부가 이어질 것"이라고 말한다. 이는 기업가뿐 아니라 일반인도 마찬가지로 적용된다. 기부는 금액보다 마음가짐이 중요하기 때문이다.[30)]

30) 강승태, "한국의 부자들 곳간 문 열었지만 진정한 '개인 기부' 확 늘어나야," 매경이코노미 제1823호, 2015.09.02.

9
chapter

부자들의 특성

1. 한일 부자 비교

핵심은 '세습'이었다. 한일 양국을 대표하는 50대 부호들의 특성을 명확히 가르는 기준점이기도 했다.

30일 재벌 및 CEO 평가 전문 사이트인 CEO스코어(대표 박주근)에 따르면, 우리나라의 50대 주식 부자 78%가 대를 이어 회사를 물려받은 재벌 2, 3세들인데 반해 일본은 68%가 창업을 통해 스스로 부를 이룩한 기업인으로 나타났다.

- 결국 부의 근거는 '자수성가'(창업)와 '대물림'(상속)이었다.

경제전문 매거진 포브스 4월호에 실린 일본의 50대 부자에는 소니, 도시바, 파나소닉, 혼다, 닛산, 미쓰비시 등 재벌가 자녀들의 이름이 없는 대신 한국계 손정의, 재일동포 한창우 등 맨손으로 기업을 일군 1세대 창업 기업인들이 다수 포진했다.

글로벌 의류업체 유니클로를 세운 야나이 타다시 회장(155억달러)

이 수년째 일본 제1의 부호 자리를 지켰고, 3위에는 소프트뱅크의 한국계 일본인 손정의(91억달러) 회장이 이름을 올렸다.

이에 반해 부모로부터 재산을 물려받아 재벌로 등극한 이는 사지 노부타다 산토리 회장(107억달러. 2위)과 토요타 쇼이치로 토요타 회장(4억달러. 50위) 등 14명에 불과했다. 비율로 따지면 28%에 그치는 수치다. CEO 스코어는 이에 대해 "2차대전 후 미 군정에 의해 재벌 해체가 시도됐고, 90년대와 2000년대 초반 기업지배구조 개선을 통해 주거래 금융기관이 대기업 지분에 참여하는 메인뱅크 시스템 도입 때문"으로 풀이했다.

또 "외국인 지분의 확대, 기업 간 상호 주식보유 등 개방적이고 안정적인 기업문화"도 주요 요인으로 분석했다.

이에 반해 우리나라 50대 부호에는 이건희 삼성전자 회장(107억달러. 1위), 정몽구 현대차그룹 회장(51억달러. 2위), 정의선 현대차그룹 부회장(20억달러. 3위), 서경배 아모레퍼시픽 회장(20억달러. 4위), 신동빈 롯데그룹 회장(17억달러. 5위) 등 상위 19위까지 재벌 2,3세가 독차지했다. 창업 기업인 가운데는 락앤락의 김준일 회장(7억달러)이 20위로 최고 순위에 이름을 올렸고, 이해진 NHN 대표가 6억달러로 그 뒤를 이었다.

한일 부자들 간에는 업종도 큰 차이를 보였다. 우리나라의 경우 전자와 자동차, IT 등 전차군단을 축으로 하는 제조업종이 주류를 이룬 데 반해 일본은 유통과 게임, 파친코 등 서비스 분야에서 재벌이 가장 많이 배출됐다. CEO 스코어는 한일 양국 부자들의 특징을 "일본은 창업부자, 한국은 상속부자"로 규정한 뒤 "기업 역사가 오래된 일본의 기업 생태계가 우리나라보다 더 유연하고 진입장벽이 낮았다"고 결론 내렸다.

이는 또 기업을 바라보는 인식의 차이를 불러왔다. 우리나라의 경우, 부의 대물림을 위해 각종 편법을 동원함으로써 반재벌 정서를 낳는 근간이 됐다는 분석이다. 재벌 스스로의 원죄는 싸늘한 여론을 불러온 부메랑이 됐다.

이는 결국 현재 우리사회를 관통하는 '경제민주화'의 동인으로 작용했다.[1)]

한-일, 50대 부호 비교

창업/상속	Company	나이	가치($ Bil)	이름	Rank	이름	가치($ Bil)	나이	기업	창업/상속
상속	삼성그룹	72	10.77	이건희	1	야나이 타다시	15.50	64	Uniqlo	창업
상속	현대자동차그룹	76	5.13	정몽구	2	사지 노부타다	10.70	67	Suntory	상속
상속	현대자동차그룹	44	2.08	정의선	3	손 마사요시	9.10	55	Softbank	창업
상속	아모레퍼시픽	51	2.00	서경배	4	미키타니 히로시	6.40	48	Rakuten	창업
상속	롯데그룹	59	1.78	신동빈	5	부수지마 쿠니오	5.20	88	Sankyo	창업
상속	CJ그룹	54	1.71	이재현	6	모리 아키라	5.00	75	Mori Trust	상속
상속	일본 롯데	60	1.71	신동주	7	타키자키 타케미츠	4.70	67	Keyence	창업
상속	SK그룹	54	1.49	최태원	8	한창우	3.40	82	Maruhan	창업
상속	삼성리움 미술관	69	1.47	홍라희	9	타카하라 케이치로	3.30	82	Unicharm	창업
상속	현대중공업	63	1.31	정몽준	10	이토 마사토시	2.80	88	Seven & I	창업

출처 : CEO스코어, 한국부호 2013.4.17 기준 증가, 환율적용 일본 4월 포브스발표 기준

2. 세계 400대 부자 65%가 자수성가… 한국은 '제로'

-中 28명 · 日 5명 · 러시아 18명 · 인도 9명이 '자수성가 부호'
-세계 10大 부자도 창업자들
-빌 게이츠 · 베조스 · 저커버그… 혁신형 기업 만들어 富 쌓아
-한국은 5명 모두 상속자들, 기존 재벌 외 신흥부호 명맥 끊겨 "우리경제 역동성 떨어지는 반증"

우리나라에서 당대에 부(富)를 일궈 세계 최고 부호 반열에 들어

1) 김기성, "한일 50대 부자 살펴보니..일본은 '창업' 한국은 '상속'" 뉴스토마토, 2013.04.30.

간 사람은 거의 없는 것으로 조사됐다. 미국의 경제정보 미디어 블룸버그가 지난 12월 31일을 기준으로 조사한 세계 400대 부자 목록에 따르면, 이 명단에 포함된 한국인 5명은 모두 부의 원천이 '상속(inherited)'인 것으로 나타났다. 반면, 중국(홍콩 제외)은 명단에 이름을 올린 29명 중 28명, 일본은 5명 모두 자신의 손으로 창업해 부를 일군 자수성가(self-made)형이었다. 한국에서 신흥 부호가 나타나지 않는 것은 산업화 성숙단계에 제대로 진입하기도 전에 창의적인 창업 생태계가 고사(枯死)하고 있기 때문이라는 우려가 나오고 있다.

블룸버그의 지난 연말 기준 세계 부호 상위 400명 중 65%인 259명이 자수성가형이었으며, 35%인 141명만 상속형이었다. 자수성가형 비율은 세계 200대 부자로 대상을 좁히면 더 높아져 69%인 138명이 자수성가형인 것으로 집계됐다. 특히 세계 10대 부호들은 모두 창업 스토리를 세계인의 뇌리에 각인시킨 창업자들이었다. MS(마이크로소프트)의 빌 게이츠, 패션 브랜드 '자라(ZARA)'로 유명한 인디텍스의 아만시오 오르테가, 세계 최대 온라인 유통업체인 아마존의 제프 베조스, 세계 최대 사회관계망서비스(SNS) 페이스북의 저커버그 등 세계를 떠들썩하게 했던 혁신형 기업 창업자들이 세계 최고 부호가 됐다.

반면, 세계 부자 순위 400위 안에 든 한국인들인 이건희 삼성그룹 회장, 서경배 아모레퍼시픽 회장, 이재용 삼성전자 부회장, 정몽구 현대차그룹 회장, 최태원 SK그룹 회장은 모두 재벌 2~3세들이었다.

세계 400대 부호 중에는 아시아 부호가 80명 포함돼 있고, 이 중 63명(70%)이 자수성가형인 것으로 조사됐다. 특히 중국인은 29명이었으며 이 중 1명을 제외한 28명(97%)이 자수성가형이었다. 중국 최고 부자인 왕젠린 완다그룹 회장(13위), 중국 최대 온라인 유통업체 알리바바의 마윈 회장(22위), 모바일 메신저 위챗을 운영하는 텐센트그룹의 마화텅 회장(36위), 중국 최대 검색사이트 바이두의 리옌훙 회장(62위), 중국의 게임사이트 넷이즈의 딩레이 회장(95위) 등이 100위권 안에 이름을 올렸다.

세계 400대 부자 중 자수성가형 비율

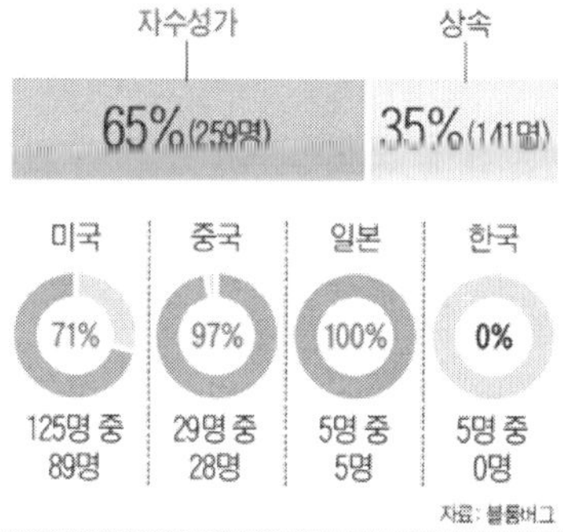

400대 부자 중 한국인

순위	이름	직위	재산(억달러)
83	이건희	삼성그룹 회장	117
154	서경배	아모레퍼시픽 회장	79
191	이재용	삼성전자 부회장	66
302	정몽구	현대차그룹 회장	47
374	최태원	SK그룹 회장	41

자료 : 블룸버그(2015년 12월 31일 기준)

의류 브랜드 유니클로로 전 세계 패션 시장을 누비고 있는 야나이 다다시 회장(39위)과 소프트뱅크의 손정의 회장(107위), 전기기기 업체 키엔스의 다키자키 다케미쓰 명예회장(137위) 등 세계 400위 부호 랭킹에 든 일본인 5명은 모두 자수성가형이었다. 러시아는 18명 모두, 인도는 14명 중 9명(64%)이 자수성가형 부호였다.

블룸버그는 부호 순위를 매기면서 각 부호들의 독특한 스토리도 간략하게 소개하고 있다. 마크 저커버그 페이스북 창업자의 경우 "고교 시절, '저커넷'이라고 이름 붙인 가족 메시징 시스템을 창안했다"고 쓰여 있고, 아마존 창업자인 제프 베조스에게는 "일찍이 구글과 에어비앤비, 비즈니스 인사이더 등에 투자했다"는 메모를 적어 놓았다. 창의적 아이디어와 창업 의지, 투자 안목에 대해 좋은 평가를 내린 것이다.

한국은 신흥 부호 명맥이 끊겼다는 지적까지 나오고 있다. 2000년대 들어 거의 유일하게 20대 기업군에 새로 이름을 올렸던 STX그룹은 도산했고, 네이버, 카카오, 넥슨, 엔씨소프트 등 신흥 디지털 기반 기업들도 성장의 한계에 부딪혀 기존 사업에만 안주하고 있다는 비판이 나온다. 배상근 한국경제연구원 부원장은 "젊은이들이 창의성을 기르고 마음 놓고 창업에 도전할 수 있는 지원 시스템, 실패하더라도 다시 일어설 수 있는 패자 부활 시스템을 만들어 줘야 신흥 부자도 나오고 한국 경제도 다시 도약시킬 수 있을 것"이라고 했다.[2)]

3. 한국 부자들은 '한정품'을 소비한다

- 국내 고소득층의 소비가 늘어나고 있다.

삼성경제연구원이 지난 5월 24일 발표한 2분기 소비자 태도 조사에

2) 김덕한, "세계 400대 부자 65%가 자수성가… 한국은 '제로'", 조선닷컴, 2016. 01.05.

따르면, 소득 수준 5분위(상위 20%)의 소비자태도지수는 1분기에 대비해 1.8%포인트 상승한 55.1을 기록했다. 경기에 영향을 받지 않는 상위 0.2%에 해당하는 최상위 계층을 제외한 중·상위권 부자들의 소비가 늘어나고 있다는 방증이다.

특히 20~30대 젊은 부자들의 소비가 지난해와 비교해 눈에 띄게 늘어나면서 소비 지출을 끌어올렸다는 분석이 나오고 있다. 한동철 부자학연구학회 회장은 "학회에서는 부동산과 소비재를 제외한 금융 자산이 10억원 이상이면 부자로 보고 있다. 국내에는 대략 10만5천명 정도가 있다. 이들 가운데 5천명은 경기에 전혀 영향을 받지 않는다. 남은 10만명 가운데 20~30대의 소비가 늘어나고 있다. 정확한 매출을 공개하지 않지만 갤러리아 명품관과 롯데백화점 에비뉴엘의 고객 가운데 20~30대의 소비가 올해 들어 2배 정도 늘어났다"라고 분석했다.

그렇다면 올해 부자들의 소비 성향은 지난해와 비교해 어떻게 달라졌을까? 자신만의 개성을 표출할 수 있는 맞춤 제작 상품에 대한 수요가 크게 늘어나고 있다는 것이 가장 큰 특징이다. VVIP를 상대로 명품 홍보와 판매를 담당해 온 김정은 명품 마케터는 "프랑스에서 최고 구두 장인 1인으로 선정된 피에르 코르테이가 만드는 수제화의 국내 출시를 앞둔 지난 5월 28일, 이를 소개하는 VIP 행사가 열렸다. 한 켤레 가격이 최저 6백만원인 데도 관심을 갖는 사람들이 많았다. 피에르 코르테이의 장인 정신과 맞춤 제작한 제품이 가져다주는 만족감이 컸기 때문이다"라고 설명했다. 명품 브랜드인 몽블랑이 올해 처음 국내에서 맞춤 제작 제품을 생산하는 것도 이런 분위기를 반영한 결과이다. 김면정 몽블랑 홍보 담당자는 "최상위 고객을 대상으로 오직 한 사람만을 위한 제품을 만들어주는 서비스를 한다. 비용은 제품마다 다르지만 최소 3억원이 넘는다"라고 말했다.

▲부자들을 겨냥한 명품 숍들은 '리미티드 에디션'을 좋아하는 그들의 성향에 맞춰 적절한 마케팅 전략을 구사한다. 위는 서울 명동 롯데백화점 명품관 에비뉴엘에서 물건을 사고 있는 고객의 모습

맞춤 제작 제품에 관심을 갖는 것과 같은 맥락에서 극소수의 사람들만 가질 수 있는 리미티드 상품에 대한 관심도 해를 거듭할수록 높아지고 있다. 몽블랑의 '예술 후원자 펜'의 경우 4810에디션은 1992년에는 국내에 한 점만 수입되었으나, 2000년에는 25점, 2010년에는 80점으로 크게 늘어났다. 국내 백화점 명품관에서도 한정판 제품을 늘리기 위한 경쟁이 치열하다. 지난해 7월, 롯데백화점 에비뉴엘에서 11억원짜리 한정판 시계(로열오크 그랜드 컴플리케이션)를 팔아 화제를 모은 오데마 피게는 올해 5억5천만원대 '로열오크 투르비옹' 한 개를 국내에 들여와 롯데백화점 에비뉴엘에 전시·판매 중이다. 리미티드 상품은 매장에 전시되기 전에 VIP 회원들에게 먼저 들어 왔다는 소식을 알려주고 판매하는 경우가 대부분이다. 김면정 홍보 담당자는 "부자들은 매장에 머무르는 시간이 길지 않다. 마음에 드는 제품을 보게 되면 망설임 없이 선택한다. 비싼 제품을 사는 것을 곱게 보지 않는 사회 시선 때문에 개인 정보나 신상이 공개되는 것을 극도로 꺼린다"라고 말했다.

이런 부자들의 특성을 반영해 부자들의 신상이 드러나지 않는 소규모 행사가 늘어나고 있는 것도 과거와 달라진 현상이다. 과거 수백 명씩 모아서 진행해 오던 VIP 행사가 10명 내외의 소수만 모아놓고 조용하게 치르는 '프라이빗 행사'로 바뀌어가고 있다. 김정은 명품 마케터는 "VIP 행사에 오는 고객들은 진짜 VIP가 아닌 경우가 많다. 이름만 들어도 아는 부자들은 자신의 소비가 겉으로 드러나는 것을 싫어해서 행사에 나오지 않는다. 소규모로 비밀리에 진행하는 행사에서 매출이 더 많이 발생한다는 것을 백화점이나 명품 마케터들이 인식하기 시작했다"라고 귀띔했다. 실제 롯데백화점 에비뉴엘의 경우 패션쇼·그림 경매 등 대규모 VIP 행사를 줄이고 지난해부터 프라이빗 가든 행사를 진행해 오고 있다. 김근수 롯데백화점 홍보과장은 "올해 초 지방에 있는 VVIP 고객 10명을 모시고 루이비통과 티파니 리미티드 상품을 소개하는 행사를 가졌다. 현장 구매로 매출도 발생하지만, 이 행사의 궁극적인 목적은 VVIP 고객들을 위한 최상위 서비스를 제공하려는 데 있다"라고 말했다.

▲연간 회원권 가격이 1억8천만원인 '반얀트리 클럽 앤 스파 서울' 내부 모습. ⓒ반얀트리 제공

- 호텔 등에서 억대 연간 회원권으로 각종 서비스 누리는 클럽도

비슷한 수준의 사람들끼리 만나기를 원하는 부자들의 욕구가 커지면서 이를 반영한 클럽도 생겨났다. 지난 4월 개장한 '반얀트리 클럽 앤 스파 서울'은 국내 프라이빗 소셜 클럽을 활성화한다는 마케팅 전략을 전면에 내세웠다. 사진·골프·요트 등 다양한 교육 프로그램을 제공해 극소수 회원들끼리 자연스럽게 알아갈 수 있는 모임의 장을

제공하는 한편 자선 클럽, 호텔이나 스파의 문화 시설을 공유하면서 공감대를 형성해나갈 수 있도록 한다는 전략이다. 런던 금융계를 주도하는 '런던 캐피탈 클럽'이나 100년 역사를 가진 미국 남부의 '캐피탈 시티 클럽' 같은 럭셔리 멤버십 클럽을 지향한다. 반얀트리 호텔의 연간 회원권 가격은 1억8천만원이다.

'반얀트리 클럽 앤 스파 서울' 회원인 김아무개씨(41)는 3백억원 대 자산가이다. 그는 한 달에 자신이 얼마를 지출하는지 모른다고 했다. 그는 "돈을 얼마 썼다고 신경을 쓰면 부자가 아니다. 돈에 구애받지 않고 필요한 것과 사고 싶은 것을 산다"라고 말했다. 그렇다고 흥청망청 돈을 쓴다고 생각하면 오산이다. 김씨는 철저하게 합리적인 소비를 한다고 말한다. 김씨가 가지고 있는 회원권은 호텔 회원권 2개와 골프 회원권 2개이다. 콘도 회원권은 없다. 콘도는 자주 가지 않을뿐더러 투자 가치도 없기 때문에 합리적인 소비로 볼 수 없다는 것이 그의 생각이다. 김씨는 "친구들 중에 45억원짜리 요트를 가지고 있는 친구가 있다. 한 달 유지비만 1천만원이다. 1년에 20번 정도 요트를 타기 위해 연간 쓰는 돈이 1억원이 넘는다. 이런 것은 합리적인 소비가 아니다"라고 말했다. 그는 대중적인 브랜드의 제품은 구매하지 않는다고 했다. 일반인들이 구매하기 시작하면 짝퉁이 생기기 때문이다. 김씨는 "제품을 사든, 음식을 먹든 나를 최고로 대우해 주는 곳이 있으면 망설이지 않고 돈을 쓴다. 하지만 조금이라도 기분이 상하게 되면 두 번 다시 찾지 않는다. 부자들이 오기만 기다리는 곳이 넘쳐나기 때문이다"라고 말했다.

김씨처럼 부자들의 눈높이가 높아지면서 이를 상대하는 고급 백화점이나 명품 브랜드 매장에서 1 대 1 맞춤 서비스를 제공하는 수준에까지 이르렀다. 과거에는 VVIP 고객들이 멤버스클럽 룸을 빌려주는 것만으로도 만족했는데, 지금은 기본적인 서비스라고 인식하고 있는 것이 이를 단적으로 보여준다. 양유진 롯데백화점 에비뉴엘 멤버스클럽 매니저는 "에비뉴엘에서 관리하는 VVIP 고객이 총 2백50명인데 이들 모두가 매출 순위 1등과 똑같은 대우를 받기를 원한다. 결국, 고객마다 특성에 맞는 서비스를 제공하고 마음으로 다가가는 수밖에 없는데 말처럼 쉽지 않다"라고 고충을 털어놓았다.

부자들의 '착한 기부'가 늘고 있다. 부자들은 의심이 많은 편이다. 소비할 때 꼼꼼하게 따져보는 만큼 기부를 할 때도 기부금이 제대로 쓰이는지 철저하게 확인한다. 이런 성향을 반영해 투명성을 강조한 기부 행사나 기부 단체가 생겨나면서 부자들의 기부가 늘어나는 추세가 뚜렷해지고 있다.

롯데백화점 에비뉴엘은 지난해 9월 베트남 아이들에게 학교를 지어주는 기부 행사를 진행하면서 수백만 원을 기부한 부부를 직접 현지에 데려갔다. 이들의 기부금으로 아이들이 꿈을 키울 수 있게 되었다는 사실을 눈으로 확인시켜 준 것이다. 김근수 롯데백화점 에비뉴엘 홍보과장은 "의사 부부였던 그들이 아이들 앞에서 연설을 하면서 벅찬 감동을 느끼는 것을 보았다. 그때 느꼈던 벅찬 감동이 또 다른 기부를 불러일으키는 선순환 구조가 형성되고 있다"라고 말했다. 롯데백화점 에비뉴엘은 개점할 당시부터 부자들의 기부 문화를 정착시키기 위해 고객이 참여하는 자선 행사를 벌여오고 있다.

사회복지공동모금회에서 운영하는 '아너 소사이어티' 역시 투명성을 철저하게 지키고 있다. 아너 소사이어티는 1억원 이상 고액 기부자들의 모임이다. 덕분에 2007년 12월 설립 당시 여섯 명이던 회원이 2010년 상반기에 30명으로 늘어났다. 연령대 역시 낮아지고 있다. 설립 당시에는 60~70대가 주를 이루었던 반면, 2010년에 들어서 가입한 회원은 50대~60대로 낮아졌다. 이민수 사회복지공동모금회 모금사업본부 대리는 "부를 사회에 환원해야 한다는 인식이 자리 잡아가고 있는 데다가 부모들의 나눔 활동을 하는 것을 보고 자란 2세들이 영향을 받았기 때문이다"라고 분석했다. 아너 소사이어티 회원인 오청 신선설농탕 대표(44)가 아버지의 나눔을 보고 배운 덕에 일찍부터 기부 활동에 나서고 있는 것이 대표적인 예이다.

3백억원대 자산가인 김 아무개씨(41) 역시 돈을 벌기 전에는 기부를 해야겠다는 생각을 전혀 하지 못했다고 한다. 하지만 재산이 100억원을 넘어서면서 기부를 해야겠다는 생각이 머릿속을 떠나지 않았다고 한다. 그러다 그는 지난해부터 중학생 축구선수에게 매달 60만원씩을 보내는 기부 활동을 하고 있다. 그는 "기부금이 확실하게 어디에 쓰이고 있다는 것이 눈으로 확인되면 기부에 나서는 것은 어렵지 않다. 투명한 기부 통로나 단체가 많아지면 좀더 많은 기금을 기부할 수도 있다"라고 말했다.[3)]

4. 부자들의 특징

얼마 전 잘 알고 지내던 부자 고객을 만나 대화하는 동안 필자가 부자들을 연구하면서 느꼈던 비슷한 특징들을 많이 발견할 수 있었다. 예를 들어 어떤 일을 시작하기 전에 가장 먼저 수익성을 따지는 등 온통 돈에 집중되어 있다든지, 젊을 때부터 부자에 대한 열망이 컸다는 점, 실패를 두려워하기보다는 실패를 통해 얻는 것에 더 관심이 높아 수업료 내는 것을 아까워하지 않는 점 등이다. 부자는 좀 심하다 싶을 정도로 돈에 집중되어 있는 것처럼 보였다.

부자들에게 관심이 높아 부자들을 연구해 보면 비슷한 공통점을 가지고 있다.

왜 재테크에서 재테크 방법은 잘 아는데 실제로 돈 벌기 어려운 것처럼 부자공식은 잘 알고 있는데, 부자가 되지는 못하는 것과 같다고 해야 하나? 그렇다고 부자공식을 무시하고 부자가 될 수는 없으니, 부자들의 공통점을 배워 부자의 길을 따라가야 한다.

---

3) 이은지, "한국 부자들은 '한정품'을 소비한다," 시사저널, 2010.06.11.

– 부자의 생각을 읽을 수 있어야 부자 생각으로 바뀐다.

부자들이 부자가 될 수 있었던 공통점을 가장 잘 반영하고 있는 책이 있다.

샐러리맨인 기자가 1년 2개월 간 한국의 자수성가형 부자 143명을 수차례 만나 그들의 돈 버는 노하우, 돈 관리법, 가정생활 등을 정리해 놓은 책으로 50만부 이상이 팔리면서 한국의 부자열풍으로 빠트렸던 〈한국의 부자들〉이다.

여기에서는 많은 부자들의 이야기가 있으나 이 중 필자의 입장에서 부자들과 만나면서 공감할 수 있었던 부자들의 공통된 성공노하우 10가지를 추려보았다. 막연히 부자를 꿈꾸고 있는 우리에게, 이 책에서 발견한 10가지는 스스로 무엇을 고치고 무엇을 해야 부자가 될 수 있는지에 대한 궁금증을 어느 정도 풀 수 있다.

1) '부자의 꿈'에 충실한 삶을 사는 사람들이다.

부자들은 부를 획득하고 축적하는 것을 간절히 바랐고, 그 간절한 바람은 결국 성공을 가져왔다. 그래서 그들의 꿈은 매우 열정적이며 십요하나.

2) 부자들은 30대를 가장 치열하게 산다.

30대는 다리품을 팔아야 할 시기이다. 대부분의 부자들이 30대부터 일해서 버는 것이 이외에 투자를 통해 벌어들인 수입이 많아졌다.

나이가 들면 돈은 요리조리 피해가게 된다. 부자들도 나이가 들면 돈을 모으기보다 지키는 데 주력하게 된다. 더구나 사람은 누구나 나이가 들면 판단력이 흐려지고 소심해진다는 점을 알아야 한다.

3) 수입의 절반은 저축하는 습관에서 출발한다.

부자의 출발점은 우리와 다르지 않다. 똑같은 지점에서 시작하는 것이다. 하지만 그들은 수입액의 절반은 저축할 줄 안다.

한 부자는 이런 말을 한다. "장사를 할 때도 수입의 절반은 반드시 저축한다는 원칙을 지켰다. 돈 벌어서 할 것 다하고 나면 언제 부자가 되겠느냐".

4) 부동산에 투자하지 않은 부자는 없다.

부자의 수입원 가운데 1위는 단연코 부동산 임대수입이다. "부자들은 '동네 발바리'다. 동네를 속속들이 누비고 다니는 습관을 가지고 있다. 그리고 자신의 주변에서 기회를 잘 찾고 잡는다.

5) 부자훈련에 통과해야 한다.

기회는 선전포고 없는 전쟁처럼 다가온다. 꾸준하게 총알(현금)을 재어놓고 기다리다 보면 언젠가 전쟁은 터지게 되어 있다. 그 전쟁은 준비하지 않은 사람들에게 재앙이다. 승리자가 모든 것을 취하기 때문이다. '이미 늦었다'는 핑계는 통하지 않는다.

부자훈련이 필요하다. 부자가 되는 출발점은 욕심을 부리는 것이다. 부자와 그렇지 못한 사람들의 경계가 있다. 욕심은 열정을 불러일으킨다. 목표를 정하면 집요하게 실천을 한다. 또, 그들은 '돈을 쓰는 맛'보다 '돈을 벌고 모으는 맛'을 즐긴다. 부자들은 일찍 돈에 눈뜨고 남들보다 빨리 실천에 옮긴 사람들이다. 그 실천의 와중에서 자신들을 위한 기회를 만나다.

6) 자기 원칙을 칼처럼 적용하는 사람이 부자이다.

돈이 중요한 것이 아니라 원칙이 중요하다. 누구나 한번쯤은 실수할 수도 있다. 하지만 다시 한번 원칙을 어기게 되면 그 이후부터는 걷잡을 수 없다.

7) 투자에 관해 조언자들이 있고 그들의 조언에 귀를 기울인다.

무인도에서 사업을 하는 것도 아닌데, 어떻게 혼자만의 힘으로 성공할 수 있겠는가.

부자들은 자신이 잘 아는 일이라고 해도, 웬만하면 남의 의견을 들어 요모조모 따진 후에 투자를 결정한다.

8) 부자들의 한 가지 공통점은 정부의 생각을 읽을 줄 안다는 것이다.

이들은 정부가 어떤 뜻에서 정책을 내놓는지, 그 이면을 해석할 줄 아는 안목을 가지고 있다.

9) 자신만의 투자원칙을 가지고 있다.

부자들이 권하는 투자 패턴은 다음과 같다. 처음에는 은행예금에 넣고 목돈이 쌓이면 수익증권(펀드)에 투자하여 중간위험-중간수익을 노린다. 여윳돈을 가지면 주식이나 파생상품 같은 고위험-고수익에 투자하게 된다. 이런 원칙을 잘 지키는 나라가 미국이다. 기대 수익률과 리스크(위험)는 정비례 관계다. 부자들은 이런 원칙에 따라 포트폴리오를 구성해 수익과 리스크를 조절하지만 일반 개미투자자는 무조건 내지르고 본다는 것이다.

10) 부자의 처음과 끝은 결혼에 있다.

"맞벌이가 아니더라도 돈은 둘이 버는 것이다. 살림 잘하는 여자를 만나는 것은 가장 큰 복이다." 이상적인 배우자는 '말이 통하는 사람'이라고 부자들은 이구동성으로 말한다. 가난도 상속될 수 있으며 돈 쓰는 습관은 유전된다. 자식을 망치기 가장 쉬운 방법은 자식이 원하는 모든 것을 갖도록 해 주는 것이라는 것을 아는 부자들은 자녀들에게 가난의 위험에 스스로를 대처하도록 훈련시킨다.[4)]

4) 김수미, "부자들끼리 통하는 부자들의 10가지 특징," 우리투자증권, 2010.09.07.

5. 한국 부자의 유형

부자들은 어떤 특징을 가지고 있을까? 삼성경제연구소 포럼 '부자특성연구회'는 16일 '아름다운 노후를 위한 부자들의 선택'이라는 주제로 세미나를 열고 부자들의 '돈을 대하는 유형'을 분석했다. 그 결과 이병철 전 삼성그룹 회장은 평가자형, 김우중 전 대우회장은 추진가형, 이건희 현 삼성그룹 회장은 분석가형, 정주영 전 현대 회장은 리더형으로 나타났다.

▲ 평가자형

이병철 전 삼성그룹 회장이 대표적인 예. 항상 바른 생활을 해야 한다고 믿으며 '돈을 벌기 위해서는 땀 흘려 일해야 한다'는 신념을 가지고 있다. 지출 관리를 잘하며, 소비에 죄책감을 가지고 있기 때문에 즐기는데 인색하다. 투자할 때는 안전한 자금 운용을 선호한다. 융통성은 없지만 신중하고 결단력이 있어 판단이 서면 과감히 투자하는 모습을 보이기도 한다.

▲ 봉사자형

민들레 영토 지승룡 사장이 대표적인 예. 남을 도와주고 돌보는데 많은 돈과 시간을 쓰는 사람으로 '돈을 가장 가치 있게 쓰는 것은 다른 사람을 위해서다'라는 신념을 가지고 있다. 다른 사람을 위한 지출, 특히 교제를 위한 지출이 많으며, 대체로 소비적이다. 투자를 할 때도 인간관계를 통한 정보수집에 의존한다.

▲ 추진가형

김우중 전 대우회장과 이명박 대통령이 대표적인 예. 일에 대한 열정이 넘치고 일을 처리하는 능력이 뛰어나 단 시간에 많은 돈을 벌지만 무리한 욕심을 부려 한꺼번에 많은 것을 잃기도 한다. '돈은 성공의 잣대'라는 신념을 가지고 있다. 투자를 할 때도 성공에 대한 확고한 의지를 바탕으로 빠르게 현실을 판단해 투자 여부를 결정한다.

▲ 예술가형

쌈지의 천호균 사장이 대표적인 예. 초월적인 것에 대한 열망 때문에 현실적·물질적인 면을 무시하는 경향을 보인다. '돈은 나의 가치를 높여주는 수단이다'라는 신념을 가지고 있다. 감정 충족을 위해 돈을 쓰며, 돈을 관리하는 능력이 취약하다. 투자를 할 때도 직관력에 의존하며, 감정의 기복이 심해 우유부단한 모습을 보인다.

▲ 분석가형

이건희 현 삼성회장, 빌 게이츠 마이크로 소프트 사장이 대표적인 예. 정신적인 활동을 추구하며 자신의 욕구를 최소화해 지출을 줄이는 절약가다. 이들은 '돈은 중요하지 않다. 그러나 무조건 모아야 한다'는 신념을 가지고 있다. 돈을 잘 쓰지 않으며, 쓰더라도 계획적이다. 투자를 할 때도 집중력을 바탕으로 뛰어난 정보분석능력을 보여주지만 순발력은 부족한 편이다.

▲ 충신형

안철수 사장이 대표적인 예. 삶은 안전해야 한다는 강박 때문에 많은 걱정을 안고 산다. 무엇이든 보장받지 않는 것은 하기 꺼려 위험부담을 떠맡아야 하는 투자는 하지 않는다. '돈은 나의 안전을 지켜주는 수단'이라는 신념을 가지고 있다. 미래에 대한 불안으로 소비를 절제하며, 소비를 하더라도 합리적으로 따진다. 투자를 할 때도 상당히 신중하며 문제를 발견하는 능력이 뛰어난 반면 용기가 부족해 우유부단하다.

▲ 연예인형

조직으로 보았을 때는 3M, 딴지일보가 대표적인 예. 즐거움을 추구하는 것이 삶의 목표로 구속 받는 것을 싫어하고 욕구를 억제하는 것을 힘들어 한다. '돈은 나에게 즐거움을 주기 위한 도구이다'라는 신념을 가지고 있다. 충동구매를 즐기며 원하는 것을 반드시 사야 한다. 투자도 즉흥적으로 결정하는 성향이 강해 정보를 종합하고 분석하는 능력이 부족하다.

▲ 리더형

정주영 전 현대회장과 전두환 전 대통령이 대표적인 예. 돈에 대한 욕망이 크고 돈을 가지고 힘과 영향력을 과시하고 싶어 한다. 무리한 지배욕과 과시욕으로 어려움에 빠지기도 한다. '돈은 세상을 지배할 수 있는 힘'이라는 신념을 가지고 있다. 돈을 쓸 때도 큰돈의 흐름에 참여하는 것을 좋아하기 때문에 큰 지출을 부담스러워 하지 않는다. 투자를 할 때도 대범한 선택을 하지만 사람의 의견이나 위험요소를 무시하는 무모함을 보이기도 한다.

▲ 중재자형

최종현 전 SK회장, 구본무 LG회장이 대표적인 예. 게으른 성향이 있어 돈을 버는데 적극적이지 못하다. '돈은 없어도 괜찮다. 필요하면 생긴다'는 신념을 가지고 있다. 돈을 쓰는데도 소극적이다. 투자 할 때는 인내심을 가지고 우량주를 장기 보유하는 모습을 보이지만, 유연성이 부족해 장기하락국면에서는 적절히 대처하지 못한다.[5)]

5) 한국 부자의 9가지 유형, 삼성경제연구소 포럼 부자특성연구회, 2002.

6. 대한민국 슈퍼리치

한국 사회에서 부자라고 하면 대체로 금융자산 10억원 이상의 슈퍼리치를 말한다. 물론 그 범위는 넓다. 재산 50억~60억원의 단순한 강남 부자에서 수백억원대 자산가, 수조원을 가진 재벌기업 회장까지 다양하다. 특이한 것은 불경기임에도 이들의 수가 꾸준히 늘고 있다는 점이다. 그들만의 성채에 머물며 특별한 삶을 영위하는 한국의 슈퍼리치. 그들이 누구인지 살펴봤다.

개나리꽃으로 노랗게 물든 구룡산이 눈앞에 훤히 펼쳐진다. 발아래로는 양재천이 유유히 흐른다. 따사로운 봄햇살이 창문에 부딪히며 반짝 빛난다.

지난 4월 5일, 서울 강남구 도곡동 타워팰리스 34층. 스포츠센터에서 러닝머신 위를 달리며 바라본 낮 풍경이다. 타워팰리스의 스포츠센터 '반트'는 아파트단지에 독립적으로 위치한 대규모 체육시설이다. 피트니스센터, 수영장, 골프연습장, 사우나탕 등의 시설을 갖추고 있다. 남자 1명은 보증금 3천만원에 연회비 214만원, 부부는 보증금 5,600만원에 연회비가 429만원에 이른다. 4층 라운지에 마련된 미니바는 천장에 매달린 대형 샹들리에와 곳곳에 놓인 야자수가 조화를 이루며 이곳이 특별한 공간임을 보란 듯이 과시하고 있다. 2층 야외 정원에 군데군데 심은 수십년짜리 등 굽은 소나무들도 주변 아파트의 나무와 대조를 이루며 타워팰리스의 품격을 상징적으로 보여준다.

"여기서 운동하면 양재천 변이 훤히 내려다보이는 게 꼭 하늘을 달리는 것 같아요. 이건 '단순한 헬스클럽이 아니구나' 하는 느낌이 들죠." 지난해 말 타워팰리스 C동에 입주했다는 주부 조아무개(42)씨가 러닝머신에서 내려와 가쁜 숨을 몰아쉬며 말했다. 조씨는 "매일 아침 반트에서 하루를 시작한다"고 했다. 오전에 반트에서 운동으로 땀을 빼고 4층 라운지에서 잠깐 쉬다가 반트 회원들과 함께 인근 카페에서 브런치를 먹는 게 조씨의 하루 일과다. 조씨를 비롯한 타워팰리스 거주 주부들에겐 반트가 사교의 장이자 정보 교환소다. 조씨는 "사교 모임을 통해 관계망을 늘려가는 사람이 많다"며 "단순한 친목 도모뿐 아니라 정보를 공유하고 인적 네트워크를 구성하는 데도 사교 모임이 중요한 역할을 한다"고 말했다.

타워팰리스 인근 선명공인중개사 최성훈 대표는 "타워팰리스 입주자들 사이에 가장 활성화돼 있는 것 중 하나가 동호회 활동"이라고 말했다. "비슷한 소득수준의 '멤버'들끼리 이야기하면서 다양한 정보를 주고받는다. 아이를 유학 보낸 주부 모임에선 진학 문제나 숙박 시설 등과 관련된 얘기가 오가는 식이다."

부자들은 활발한 사교 모임을 가지면서 그들만의 공동체를 형성해가고 있다. 자신과 같은 부류와 어울림으로써 정체성을 확인하고 자연스럽게 인적 네트워크를 만들어간다. 상류사회의 네트워크를 분석한 『한국 사회의 연결망 연구』의 저자 최항섭씨는 "상류사회의 동질성을 높이는 데 가장 효과적인 것은 아무래도 사교 모임"이라며 "멤버들은 모임을 통해 인맥을 관리하기도 하지만 와인을 마시고 재즈를 감상하며 문화적 취향도 고급화한다"고 말했다.

- 1명당 참가비 100만원짜리 파티

부자들의 상당수는 유학을 경험했고 아이들도 초등학교를 졸업한 뒤 유학길에 오르는 경우가 많다. 자연스럽게 서양의 파티 문화에 익숙하다. 밸런타인데이, 화이트데이, 핼러윈데이 때는 빠지지 않고 파티를 연다. 파티 기획업체 '369파티'의 이필영 대표는 "부유층 파티는 1명당 참가비용이 100만원을 훌쩍 넘는다"며 "지난 2월 수도권의 한 스키장에서 열린 파티는 참가자 1명당 1천만원을 쓴 적도 있다"고 말했다. 하지만 꼭 비용이 얼마나 드는지가 중요한 건 아니다. 명품 브랜드 등이 협찬해 주는 경우가 많기 때문이다.

"과거에는 주로 호텔에서 파티를 했는데 지금은 청담동이나 서초동의 고급 카페를 통째로 빌리거나 룸이 있는 와인바를 많이 찾는다. 최근에는 명품 브랜드 론칭쇼의 오픈파티도 늘고 있다. 주로 해외에서 휴가를 보내고 오는 사람들은 국내에서 모일 경우 서울 근교나 유명 리조트의 빌라 한동을 빌려 그들만의 공간에서 유흥을 즐긴다. 때로 몇 가족이 모여 실내악 파티를 열기도 한다. 아이들이 모두 악기 하나 정도 다룰 줄 알기 때문에 가족만 모여도 실내악을 구성할 수 있다." 이필영 대표의 이야기다.

상류 사교 모임이 가장 활발한 나라는 영국이다. '런던 시즌 모임'은 가장 대표적인 부자들의 사교 모임으로 꼽힌다. 이 모임은 연회비가 6천파운드(약 1,200만원)에 이른다. 여성 회원은 이브닝드레스 가격으로 최소 5천파운드(약 1천만원)를 지출해야 한다. 사교 모임에 가입하는 데 기본적으로 2천만원 이상 드는 것이다.

▲부자들은 활발한 사교 모임을 통해 그들만의 공동체를 형성해 가고 있다. 서울의 한 호텔 와인바에서 열린 와인 동호회 모임

- 취향 맞거나 건강에 좋으면 아낌없이 투자

파티 문화를 즐기는 방식은 같은 부자라 해도 강북과 강남에 다소 차이가 있다. 강북 부자들은 주로 집에서 파티를 즐기는 경우가 많다. 파티 음식도 서양식 뷔페보다 한국 전통 음식이 주를 이룬다. 하지만 강남은 주로 카페 등에서 파티를 열고 와인이나 핑거푸드를 즐긴다. 성북동에서만 30년 넘게 부동산중개업을 해온 평화부동산 정한술 사장은 "이곳 부자들은 칠순이 넘은 고령층이 많아 경영 2선으로 물러나 있는 경우가 많은데다 부자들끼리 사교 모임이 많지 않아 커뮤니티는 약한 편"이라고 말했다.

21세기형 신흥 부자들의 라이프 스타일은 전통 부자와 크게 차이가 난다. 『한국의 젊은 부자들』의 저자 박용석씨는 "요즘 부자들은 얼마나 돈을 많이 벌지보다 어떻게 여유 있는 삶을 누릴지에 더 관심을 보인다"고 말했다. 돈에 대한 집착은 강하지만, 돈에 얽매이는 생활은 기피한다는 것이다.

부자들은 합리적 소비 성향을 보이면서도 자신에게 필요한 것이라면 돈을 아끼지 않는다. '부자학 강의'를 처음 개설한 한동철 서울여대 교수(경영학)는 250억원대의 자산을 가진 어느 부자를 예로 들며 "평소 5천원짜리 순대국으로 점심을 때우는 구두쇠지만 취향에 맞으면 1억원이 넘는 외제차도 서슴지 않고 구입한다."고 말했다. 일부는 무차별적 소비 성향을 보이기도 한다. 대표적인 사례가 어린이 전용 피트니스클럽이다. 청담동의 한 어린이 전용 피트니스클럽은 2~10살 어린이의 회원가가 1,500만원을 넘는다. 초고가임에도 아이들에게 미래의 인적 네트워크를 만들어줄 수 있다는 점과 어릴 때부터 끼리끼리 어울리게 하고 싶은 부모들의 폐쇄성이 맞물려 가입 경쟁이 치열하다.

부자들의 라이프 스타일을 설명하는 키워드는 '차별성'이다. 서울 청담동에서 에스테틱·스파센터를, 송파에서 피부과를 운영하는 의사 박경훈씨는 2개의 사업체를 운영하다 보니 부유층과 일반인의 차이를 확연히 느끼게 됐다고 말했다. 에스테틱·스파센터를 찾는 이들은 100

만원이 넘는 돈을 내고 들어와 이곳에서 그야말로 왕처럼 최고의 서비스를 받는다. 옷을 벗어놓으면 양말까지 차곡차곡 개어주는 것은 물론이고, 마사지를 마치고 욕조에 들어가면 차가운 물수건과 생수를 갖다주고, 샤워를 하고 나오면 재빨리 수건을 건네준다. 목욕을 끝내고 나오면 엎드려 발을 닦아주기도 한다.

"에스테틱·스파센터를 찾는 이들은 대부분 연봉 1억원이 넘는 전문직 여성이거나 부유층 집안의 주부들입니다. 한번 마사지를 받고 쉬는 데 들어가는 비용이 50만원을 넘어요. 여기에 피부관리까지 받으면 100만원을 훌쩍 넘죠. 싸다고 할 수 없지만 이곳을 찾는 이들이 꾸준히 늘고 있어요. 최고급 시설에서 최고의 서비스를 받으며 쉴 수 있다는 게 이들이 이곳을 찾는 이유죠. 반면 송파 병원을 찾는 이들은 평범한 직장 여성이 많습니다. 이들은 항상 조바심을 내요. 어떻게든 빨리 피부가 좋아지기를 바라죠. 그런 심리적 불안감이 오히려 치료 효과를 반감시키기도 합니다."

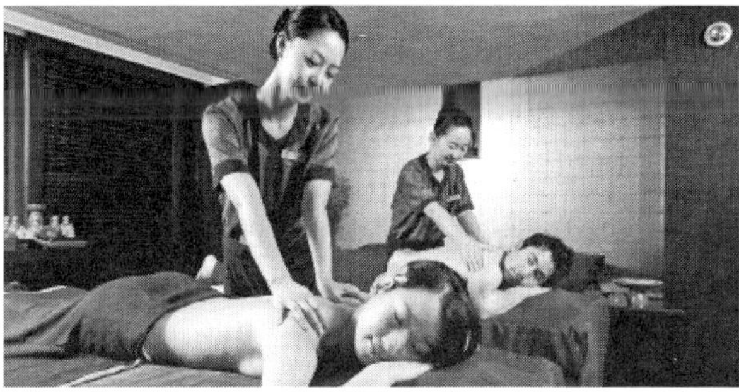

▲서울 남산의 '반얀트리 클럽 앤 스파 서울'에서 연인이 나란히 누워 마사지를 받고 있다(왼쪽). 부자들은 가격이 비싸더라도 최고급 시설에서 특별대우를 받고 싶어 한다. 서울 소공동 롯데백화점 에비뉴엘 불가리 매장에서 판매되는 8억원 상당의 뱀 모양 손목시계

부자들은 건강 유지에도 아낌없이 투자한다. 주치의에게 정기적으로 관리를 받고 6개월에 한번씩 고가의 VIP 건강검진을 받는다. 보통 개인 주치의를 두는 데만 1년에 수천만원이 든다. 그러나 CEO나 고위 임원 등은 건강관리를 하려고 해도 시간을 못 내는 경우가 많다. 이들

이 주로 이용하는 것이 헬스케어서비스다. 헬스케어서비스는 평소 건강검진을 자주 받지 못하는 부유층을 대상으로 24시간 건강상담과 관리를 해주는 서비스다. 연매출 300억원 규모의 안경 제조업체를 운영하는 백경한 대표는 "우리 같은 중소기업 대표들은 요즘 같은 불경기에 회사를 챙기느라 자기 몸 돌보기를 소홀히 하는 사람이 많다"며 "하지만 헬스케어서비스 업체가 평소 주기적으로 직접 찾아와 건강관리를 해주니 안심이 된다"고 말했다.

- "부자들은 예외 없이 재테크의 달인"

부자들은 인맥관리에도 과감히 투자한다. 대부분의 부자들은 자신에게 필요한 인적 네트워크를 반드시 갖춰 놓고 있다. 주로 돈의 힘을 빌려 탄탄한 인맥을 쌓는다. 외과 전문의 김아무개(42)씨는 부동산 매물을 소개해 준 공인중개사에게 항상 수익의 10%를 사례금으로 준다. 부동산 법정 수수료와 상관없이 좋은 물건을 소개받아 3억원을 벌면 3천만원을 선뜻 내주는 식이다.

"모이면 재테크 이야기를 가장 많이 해요. 그만큼 재테크에 대한 관심이 많습니다. 사실 돈이 많을수록 더 많은 돈을 모으거나 지키고 싶은 욕구가 강하거든요. 일반인들은 상상할 수 없을 만큼 재테크 지식도 해박합니다." 이종혁 KB국민은행 명동PB센터 팀장은 "재테크는 부자들의 가장 큰 관심사"라고 말했다.

"예전 부자들이 악착같이 아껴서 착실히 부를 쌓아왔다면 요즘은 광범위한 인맥을 통해 얻은 정보로 과감한 투자에 나서는 부자가 많아요. 부동산 일변도로 재산을 형성한 과거 세대와는 달라요. 부동산은 물론 여러 금융상품에 번갈아 투자하면서 발 빠르게 움직입니다."

최근에는 큰손 부자 고객을 중심으로 현대판 '계'로 불리는 사모펀드 출시 붐이 일고 있다. 소수의 부자들이 수억~수십억원씩 돈을 모아 사적으로 펀드를 조성하는 것이다. 때로는 거액 자산가 한명을 위한 1인용 사모펀드도 출시된다. 올해 초 펀드 냉풍 속에 큰손 고객들의 거액 자금이 손해를 입자 대형 은행의 PB들이 이를 회복하기 위한 방편으로 사모펀드를 내놓기도 했지만, 이는 일부 큰손 고객들의 요청에 의한 것이기도 했다. 한상언 신한은행 투자상품부팀장은 "보통 사모펀드의 목표수익률은 시중 정기예금 금리의 4~5배 정도"라며 "대부분 목표치만 달성되면 즉각 해지해 골고루 이익금을 배분한다"고 말했다. 동시에 다 같이 해지하기 때문에 환매 수수료를 물 필요가 없다. 선취 수수료도 공모펀드에 비해 0.5%포인트 가량 낮다.

일부 부자들은 매월 1천만원, 일시에 10억원 이상의 보험료를 내는 '황제보험'에 가입한다. 한 생명보험사의 부자 고객 현황을 분석해 보니, 월 1천만원 이상 보험료를 내는 부자들은 2008년 말 2,600명에서 2013년 3월 말 3,200명으로 20% 이상 늘었다. 또 가입과 동시에 한꺼번에 10억원 이상 보험료를 내는 부자도 2008년 말 700여명에 불과했지만 2013년 3월 말 1,100명으로 40% 넘게 증가했다. 보험업계 관계자는 "부자들이 고액 보험에 가입하는 가장 큰 이유는 세금 때문"이라며 "사망시 수십억원의 보험금을 탈 수 있는 고액 종신보험은 부자들 사이에서 세금(상속세) 절약용 상품으로 인식된다"고 말했다.

취재 과정에서 만난 부자들의 가장 큰 특성은 남들이 할 수 없는, 단순히 돈으로만 구할 수 없는 아주 특별한 것을 원한다는 것이다. 한 끼에 1인당 30만원이 넘는 강남 지역의 고급 일식집에 괜히 밀실이 많은 것이 아니다. 폐쇄적이기는 해도 그만큼 남들과 다른 특별한 서비스를 받고 싶어 하는 것이 이들의 특징이다. 『강남 땅부자들』의 저자 김현기씨는 "부자들은 지나친 차별화와 자기보호 등으로 그들만의 성채에 들어가 숨어 버리려는 경향이 있다"며 "이 때문에 부자들을 쳐다보는 사회의 시선이 차가울 수밖에 없다"고 말했다.[6]

6) 김연기, "신흥부자는 '라이프홀릭'… 노는 데 쓴다. 대한민국 슈퍼리치- ① 그들은 무엇으로 사나," 이코노미인사이트37호, 2013.05.01.

7. 부자의 가난한 사람, 답은 '선택'과 '습관'에 있다!

마이크로소프트사의 빌 게이츠부터 워런 버핏, 그리고 삼성 이건희 회장, 현대자동차의 정몽구 회장까지. 잊을 만하면 회자되는 전 세계 100대 부자들. 그들은 도대체 우리와 무엇이 다르기에 수많은 사람들의 입에 오르내리는 억만장자가 되었을까?

부자와 일반인의 '다름'에 대해 말하는 숱한 책들을 보면 꼭 빠지지 않고 등장하는 특징이 있다. 부자들은 흥청망청 돈을 쓸 것이라는 생각과 달리 매우 검소하다는 것이 그 첫 번째 특징이며, 두 번째는 시간에 대한 통제력이 우수하다는 점이다. 부에 대한 태도와 경제적 목표, 수단도 일반인과 많이 달랐다. 매 순간 남다른 '선택'으로 다져진 경제적 관념을 자녀들에게도 가르쳐 부가 대를 이어가도록 하고 있었다. 먼저 KB국민은행 PB로 활동하며 수많은 부자들을 만난 『부자의 선택』의 저자 신동일이 전하는 이야기를 들어보자.

▲세계 제 1위 부자로 손꼽히는 마이크로소프트사 빌게이츠의 모습(사진=서울신문)

신동일 PB는 2007년부터 지금까지 대한민국 5,000만 명 중 0.1%에 해당하는 부자들을 만났다. 특히 그중에서도 자수성가한 부자들의 일거수일투족을 관찰했다. 그러면서 어릴 적부터 품었던 의문에 대한 답을 얻을 수 있었다.

그는 강원도 두메산골의 부모님을 보면서 평생 허리 한번 펴보지 못하고 자갈밭을 일궈 자식을 뒷바라지해 준 점을 진정으로 존경하면서도 마음 한구석에 '이렇게 성실한 분들이 왜 부자가 되지 못했나?'라고 질문했었다.

그러던 어느 순간 누구는 부자가 되고 누구는 평범한 일반인이 되는 이유가 눈에 보이기 시작했다. 그들은 일반인과 다르게 생각했고, 다르게 행동했다. 대다수 사람이 별생각 없이 A를 택할 때 그들은 굳은 의지로 B를 택해 밀고 나갔다. 이런 선택들이 쌓여 그들을 부자로 만들어 주었던 것이다. 이 사실을 확인하고 그는 가슴이 터져 나갈 듯했다고 한다.

"누구나 부자가 되려는 간절한 마음을 품고 그 공식을 올바로 실행한다면 행복한 부자의 반열에 오를 수 있습니다. 요원해 보이는 1억 원 종자돈을 마련하겠다는 소망, 평생 편안하게 살 집 한 채를 마련하겠다는 꿈, 매월 고정적인 추가 수입을 창출하겠다는 다짐도 이뤄낼 수 있어요."

- 부자가 되려면 강렬한 열망부터 품어라

평범한 일반인 중에 부자가 된 사람들은 마음속으로 강렬하게 부자가 되려는 열망을 품었던 사람들이라고 신동일 PB는 말한다. 일단 출발은 여기서 부터라고. 사람을 어떠한 방향으로 이끄는 힘은 뚜렷하고 구체적인 목표에서 나오기 때문이다.

그 다음, 수입에서 지출을 뺀 상태가 1원 이상인 흑자 상태를 만들어야 한다. 이것을 '부자 되는 제 1공식'이라고 하자. 부자는 이것을 철저하게 지킨다. 100억 원을 버는 슈퍼리치라도 지출이 101억 원이라면 당해낼 재간이 없다.

부자들은 '필요 없으면 안 쓴다.' 정신으로 철저하게 무장되어 있다. 그들이 단돈 1원이라도 필요 없는 부분에 돈을 낭비하지 않는 것을 보면 누구나 혀를 내두를 것이다. 언론에 비치는 명품 가방과 고가의 외제차 등은 자수성가한 부자에게는 남의 집 이야기일 뿐이다. 그러나 최소한의 생활을 위해서라도 소비를 안 할 수는 없다. 또 수입원이 월급 하나뿐이고, 그 수입이 적은 상태에서는 아무리 지출을 줄여도 한계가 있기 마련이다. 이것이 소비는 절제하면서 추가 수입을 창출해야 하는 이유다.

부자 되는 제 2공식, 1원부터 돈으로 생각해 종자돈을 만든다. 푼돈을 돈으로 생각해야만 종자돈을 모을 수 있다. 수백억 자산을 가진 부자들이 동전 지갑을 가지고 다니는 이유는 오래전부터 푼돈을 모아 목돈, 즉 종자돈을 만드는 데 익숙하기 때문이다. 오늘 커피 한 잔을 줄이고 담배를 줄여도 월 10만원, 1년이면 120만 원 정도의 종자돈을 마련할 수 있다.

부자 되는 제 3공식, 자신을 대신해 돈을 버는 아바타를 키우자. 부자들은 급여 외에 이자가 나오는 '이자소득 아바타', 부동산 임대소득이 나오는 '수익형 부동산 아바타', 보유한 주식에서 발생하는 '배당수익 아바타' 등 많게는 10개가 넘는 아바타를 가지고 있다. 그들이 경제적 자유와 시간적 자유를 얻을 수 있는 이유는 이렇게 자신이 직접 나가 일하지 않아도 돈을 벌어다 주는 아바타를 여럿 데리고 있기 때문이다.

부자 되는 제 4공식, 현재 수입보다 아바타의 수입이 높은 경제적 독립을 이룬다.

부자 되는 제 5공식, 꾸준한 자기계발로 생활 속에서 부자의 습관을 유지한다. 부자는 학벌을 위한 공부가 아니라 삶을 위한 '평생 공부'를 한다. 특히 자신의 사업이나 장사에 관해서는 죽도록 공부한다. 이러한 부자의 습관을 우리는 배울 필요가 있다. 그들은 사소하지만 강력한 부자 되는 습관을 오래 전부터 터득하고 지속적으로 실천해 오고 있다.

- 부자가 활용하는 금융상품 중 나에게 유용한 것은?

저금리 여파로 변동성이 심한 펀드나 국내 주식시장 대비, 해외주가지수를 기초자산으로 한 ELS 상품을 적극 활용하자. 이때 기초자산과 목표 수익률, 손실 조건을 꼼꼼하게 체크한 후 가입을 결정한다.

- 비과세 상품과 중위험, 중수익 상품을 찾아 최대한 발품을 팔아야 한다.

*평상시 경제가 돌아가는 원리에 대해 공부하고 꾸준히 금융지식을 업그레이드하는 것도 필수다.

- 부자들의 7가지 공통 요소

발 딛고 사는 나라는 달라도 각국의 부자들이 지닌 특성은 비슷하다. 『이웃집 백만장자』의 저자 토마스 J. 스탠리와 윌리엄 D. 댄코는 백만장자들을 재정적으로 독립한 사람들이라 표현한다. 즉 수년간 전혀 일하지 않아도 현재의 생활방식을 그대로 누리며 살아갈 수 있는 사람들이다.

이 백만장자들은 대부분 록펠러 가나 반더빌트 가 같은 부호의 후손들이 아니다. 이들 중 80% 이상이 자신의 세대에 부를 축적한 평범한 사람들이다. 이들은 꾸준하게 재산을 모았을 뿐 양키스와 수백만 달러의 계약을 맺은 일도, 복권에 당첨된 일도, 믹 제거처럼 슈퍼스타가 된 일도 없다. 오히려 절약과 투자에 강박 관념을 가지고 있다. 대개 돈을 모으는 데 도움이 되는 생활 방식을 따른다. 두 저자가 부자들의 특성을 조사한 후 발견한 7가지 공통 요소는 다음과 같다.

1. 부자는 자신의 부에 비해 훨씬 검소하게 생활한다.
2. 부자는 부를 축적하는 데 도움이 되도록 시간과 에너지, 돈을 효

율적으로 할당한다.

3. 부자는 상류층이라는 사회적 지위를 과시하는 것보다 재정적 독립을 더 중요시한다.
4. 부자는 성인 자녀에게 경제적 보조를 제공하지 않았다.
5. 부자의 성인 자녀들은 경제 면에서 자립적이다.
6. 부자는 돈 벌 기회를 잡는 데 능숙하다.
7. 부자는 적절한 직업을 선택했다.

– 부자와 가난한 사람은 이렇게 다르다

『지갑이 마르지 않는 평생부자』의 윤은모(전 한국 마이크로소프트 영업총괄 임원) 저자는 이러한 부자들의 특성을 부, 교육, 실패, 위험에 대한 태도와 경제적 목표, 수단, 시간의 통제력으로 나눠 살펴보았다.

"지금 당신이 부자가 아니라면 그것은 이제까지의 생각과 선택의 결과입니다. 한편으론, 지금부터 변화한다면 앞으로 부자가 될 수 있다는 뜻이기도 합니다. '빈익빈 부익부'라고 했으니 변화하지 않으면 당신의 미래는 더 가난해질지도 몰라요."

부자가 되고 싶어 하는 사람들은 '부자는 어떤 사람일까?', '어떻게 하면 나도 부자가 될 수 있을까?'라는 기본적인 질문의 답을 찾으려고 시도하고, 이미 부자가 되거나 성공한 사람들의 생각과 과정에 관심을 두고 배우려 한다. 자신을 바꾸고, 시간을 보내는 방법을 달리하고, 어제와는 다른 선택을 해간다면 당신의 미래도 크게 달라질 것이다.

부에 대한 태도 : "이만하면 됐지 뭐! 다들 그렇게 살잖아", "돈이 많으면 고민도 많을 거야", "돈이면 다 된다는 건 잘못된 생각이야!" 이는 가난한 사람들이 흔히 하는 말이다. 틀렸다고 비난할 수만은 없지만, 부자에 대한 꿈이 없거나 자신을 속이는 말이라고 저자는 말한다. 이런 사람들은 자기 분수에 맞춰 사는 것이 옳다고 자위하면서도 '유전무죄 무전유죄'류의 뉴스에 자조하며 때로는 분노하는 특징을 보인다고.

반면에 부자의 꿈을 가진 이들은 자신보다 앞선 사람들을 흠모하고 부러워하면서 더 나은 삶, 더 자유로운 삶, 더 흥분되는 삶을 향해 앞으로 나아가려고 노력한다. 진정으로 행복한 삶은 노력과 성취의 과정에서 오는 것. 더 이상 성장이 없다면 어느 교수의 말처럼 영안실에 누워 있는 것과 마찬가지다.

교육에 대한 태도 : 현대사회에서 돈의 흐름과 관련 지식을 아는 것은 금전으로 인한 고생에서 벗어나 경제적 자유를 누리기 위한 필수 과정이다. 그러나 학교에서는 이를 가르치지 않는다. 그 대신 '취업을 위한' 지식을 가르치고 직업교육을 한다. 그 결과는 참혹하다. 그래서 돈과 금융에 관해서는 부모가 가르치거나 스스로 공부와 경험을 통해 익혀야 한다. 그러나 불행하게도 대부분의 가난한 부모들은 돈과 금융에 관해 아는 것도 배운 것도 별로 없다. 당연히 자녀에게 어떻게 돈을 모아 현명하게 쓰고 손해가 나지 않도록 투자해야 하는지 가르치지 못한다. 가난의 대물림이라는 무서운 현실 앞에서 불안해하는 것 말고는 할 수 있는 게 없다. 반면 부자들은 경제지식과 금융지능으로 무장되어 있으며 자녀에게도 그것을 가르친다. 비록 당신이 부모로부터 금융지능을 물려받지 않았더라도 자식에게만큼은 경제지식과 금융지능을 물려주는 노력은 해야 하지 않을까?

경제적 목표와 수단 : 가난한 사람들은 대체로 '경제적 안정'에 초점을 둔다. 학교에서 좋은 성적을 얻어 안정된 직장에 들어가거나, 평생을 책임질 직업을 얻어 편하게 살고 싶어 한다. 그래서 목표하는 것이 대기업 입사이고, '사'자가 붙은 직업이다.

반면 부자들은 '경제적 자유'를 추구한다. 일자리가 아닌 사업과 투자에 관심을 두고 도전한다. 작아도 자신이 주인이 되는 기회를 원하고, 일자리를 찾는 사람들을 고용해 더 큰 부와 성공을 향해 나아가려고 한다. 그들은 월급과 연봉이 얼마인지보다 자산과 그 자산으로부터 발생하는 '현금 흐름'을 더 중요하게 여긴다.

실패와 위험에 대한 태도 : '위험은 피해야 한다.' 우리는 학교에서도 가정에서도 그렇게 배웠다. 그 결과 거의 모든 사람들이 위험과 실패에 지극히 방어적인 태도를 가지고 있다. 그러나 인생에서 어려움과 장애물 없이 앞으로 더 나아갈 수 있을까? 피할 수 없다면 걸려 넘어지더라도 뛰어넘어야 한다.

부자와 가난한 사람들의 주된 차이점 중의 하나가 바로 위험을 대하는 태도다. 부자들은 실수와 실패의 경험을 배움의 기회로 만든다. 부의 성공을 향해 나아가는데 장애물과 위험은 늘 존재하지만, 지식과 경험을 통해 그것을 충분히 터득하면 어떤 장애물이든 극복할 수 있거나 통제 가능하다. 무슨 일이든 주도적으로 맞서 경험하고 기회로 만들려고 노력해야 한다. 실수와 실패는 성공의 과정에서 위험을 극복하고 통제하는 법을 알려주는 가장 좋은 스승이다.

시간에 대한 통제력 : 인생은 시간의 연속이다. 아니, 시간이 곧 삶이다. 그러니 시간을 대하는 생각과 태도, 시간을 쓰는 습관이 서로 다른 인생을 만들어가는 것이다. 가난한 사람들은 대체로 늘 바쁘다. 일일 노동자든 직장인이든 전문직이든, 돈과 시간을 교환함으로써 얻는 수입에 삶을 의존하기 때문이다. 그렇기에 어떻게든 더 많은 시간을 돈과 바꾸려고 한다. 돈을 시간보다 더 소중하게 여긴다.

그러나 부자들은 돈보다 시간을 귀하게 여긴다. 때로는 돈을 주고 다른 사람의 시간을 사기도 한다. 그 시간을 모아 사업을 하고 투자를 한다. 그리고 자투리 시간이라도 소중히 여긴다. 작은 시간이 모여 '무엇을 하기에 충분한' 시간이 만들어짐을 너무나 잘 알기 때문이다. 또, 필요할 때는 시간을 만들어 투자하기도 한다. 필요한 지식과 정보에 귀를 기울이는 것은 물론 책을 읽고 세미나에 참석하며, 사람들과의 좋은 관계를 위해 시간을 할애한다.

그러면서도 가족과 함께 여행하고 삶의 여유를 찾아 새로운 활력을 얻는다. '시간은 아껴 쓰는 소비의 대상이 아니라, 만들어 투자하는 시간이다!'

"루비 페인의 지적대로 부자와 가난한 사람은 돈이 많고 적음의 문제를 넘어 생각과 태도에서 확연한 차이가 납니다. 그렇다면 부자들의 그것들을 배우고 따라하면 내일은 오늘보다 더 부자가 되어 있지 않을까요? 반대로 부자의 삶을 꿈꾼다 해도 오늘의 나를 바꾸지 않는다면 내일도 여전히 가난하게 살게 될 것입니다. 새로운 변화를 시도하면서, 결심만 하는 개구리에서 벗어나 용감하게 물에 뛰어 듭시다. 지금이 바로 그때예요!"[7]

8. 성공하는 부자들의 습관

성공하는 부자들은 어떤 습관들을 가지고 있을까요?

부자가 아닌 사람과 부자를 나누는 기준이 되는 습관들이 있다고 하는데요. 나는 부자들의 습관을 얼마나 많이 갖고 있는지, 진짜 부자가 되려면 어떤 습관들을 가져야 하는지 한번 살펴봅시다.

1) 좋은 일상 습관을 가진다.

성공하고 실패하는 사람들의 차이는 일상 습관에 있습니다. 당신의 나쁜 습관이 부자가 될 수 없게 한다는 걸 이해한다면, 좋은 습관을 가지는 것이 당신의 상황을 개선하는 첫 번째 단계가 될 것입니다.

2) 정기적으로 목표를 작성한다.

성공한 사람들은 목표 중심적입니다. 그들은 목표를 언제나 만들 수 있습니다. 그들은 전날 밤 해야 할 일 목록과 함께 하루를 계획합니다.

성공으로 향하는 사람들은 장기적으로 생각합니다. 그들은 매일, 매주, 매월 및 매년 목표를 가지고 있습니다. 또한 성공하는 사람들은 목표를 가지고 그것을 달성하기 위한 계획을 세웁니다.

7) 송혜란, "부자 vs 가난한 사람, 답은 '선택'과 '습관'에 있다!," 2015.08.26.

3) 매일 자기 개발에 참여한다.

성공한 사람들은 항상 자신을 향상시킬 수 있는 방법을 찾고 있습니다. 그들은 자신의 목표에 그들을 데리고 가지 않는 활동에 시간을 낭비하지 않습니다.

4) 정기적으로 개인의 건강을 돌본다.

매일 성공하는 사람들은 바르게 먹고 운동하기 위해 노력합니다. 잘 먹는 것은 매우 중요합니다. 우리가 샤워하는 것 같이 매일 운동하는 것은 일반적인 습관이 될 수 있습니다. 정기적으로 운동하는 사람들은 일 처리를 하기 위해 더 많은 에너지를 가지고 있습니다.

5) 종종 관계 구축을 위한 시간 만든다.

성공하는 사람들은 다른 사람들에게 초점을 맞추고 있습니다. 그들은 사람들과 유대를 강화하고 다른 사람과 오래 지속되는 관계를 형성하기 위해 하루 중 많은 시간을 투자합니다.

지구에서 가장 아름다운 소리는, 누군가가 말을 하는 당신의 이름입니다. 그래서 당신이 만나는 모든 사람의 이름을 기억하도록 목표를 세우세요. 당신은 누군가가 당신의 이름을 기억하면 감동 아닌가요? 서로 이름을 기억하기를 시작하세요.

6) 적당히 활동한다.

적당히 활동을 한다면 당신은 균형 잡힌 방식으로 살고 있는 것입니다. 운동, 식사, 알코올 소비, TV 시청, 인터넷 서핑 등을 균형 있게 하지요. 그 결과, 사람들은 당신의 회사를 즐길 수 있습니다. 당신 주위에 있는 사람들이 당신을 좋아한다면, 당신이 다음에 당신의 사업을 수행해야 하는 새로운 비즈니스 파트너를 찾을 수 있습니다.

7) 일을 끝낸다.

당신이 오늘 할 수 있는 일을 내일로 미루지 마십시오. 모든 사람들이 두려움을 가지고 있지만, 성공하는 사람들은 미루지 않습니다.

8) 긍정적인 전망을 갖는다.

당신이 알고 있는 가장 성공적인 사람을 생각해 보세요. 그 사람이 긍정적인가요 부정적인가요? 대부분의 경우에 성공한 사람들은 긍정적인 열정이 넘치고, 활력이 있고 행복하죠. 이 사람은 다른 사람과 자신 또는 자신의 좋은 점을 보고 선택합니다. 이 사람에게 문제라는 것은 발견되기를 기다리는 기회입니다.

9) 정기적으로 저축한다.

성공적인 개인들은 자신의 총 소득의 약 10-20 %를 저축, 투자 또는 은퇴를 위해 둡니다. 모두가 그렇게 할 여유가 있습니다. 당신은 어떻게 하고 있나요?

10) 자기를 제한하는 생각을 하지 않는다.

성공한 사람들은 자신의 생각과 감정을 명령합니다. 나쁜 생각이 들어오는 즉시, 그들은 물리칩니다. 그들은 부정적인 개념에 연연하지 않습니다. 그들의 자기 이야기는 긍정적이고 지나치게 비판적이지 않습니다. 그들은 나쁜 생각을 좋은 생각으로 바꿉니다. 성공한 사람들은 자기 개선의 일상에 종사하고 지속적으로 긍정적인 일에 관여하고 있기 때문에, 그들은 자신에게 부정적인 감정에 탐닉하는 시간을 허용하지 않습니다.

11) 수입 안에서 생활한다.

부유한 사람들은 과도한 지출을 피할 수 있습니다. 그 중 많은 사람들이 재정적으로 어려움을 겪고 중 일부는 자신의 수입보다 조금 더한 수준에 살고 있습니다. 그들은 수입보다 더 많은 지출을 하고 월급으로 살고 신용 카드 빚에서 허우적거리죠.

12) 매일 독서한다.

많은 성공한 사람들을 30분 이상 매일 읽습니다. 독서는 지식과 노하우를 늘립니다. 당신이 읽을 때 종종 자신을 개선하기 위해 노력합니다. 이렇게 하면 당신은 경쟁에서 눈에 띄는 것입니다.

13) TV 시청을 제한한다.

당신은 많은 성공한 사람들이 1시간 이하로 자신의 TV 시간을 제한 사실을 알고 있나요? 얼마나 많은 시간을 당신은 생산적인 일을 할 수 있는 텔레비전 앞에 있게 하나요?

14) 필요한 것보다 더 많은 작업 수행한다.

성공한 사람들은 직장에서 의무를 넘어 뭔가 자신의 업무에 없는 경우에도 그것을 위해 자원 봉사를 합니다. 부자들은 자신을 매우 가치 있게 만들죠. 기업가로서, 당신은 상사가 없을 수 있습니다. 그러나 어떤 방법으로 당신은 당신의 고객을 위해 더 가야 합니까? 당신은 어떻게 그들을 놀라게 합니까?

15) 말을 적게 하고 많이 경청한다.

당신이 들을 때 배웁니다. 속담에도 있듯이 사람들은 귀가 두 개고 입이 하나죠. 그건, 당신이 정말로 다른 사람이 무슨 말에 주의를 기울일 수 있는 시간을 쓸 때, 당신에게 도움이 될 수 있습니다. 당신이 들을 때, 당신은 다른 사람을 도울 수 있는 더 나은 위치에 있습니다.

16) 포기하지 않는다.

포기하지 마십시오. 성공한 사람들은 버팁니다. 그들은 새로운 무언가를 시도하죠. 그들은 견딥니다. 그들은 그들의 방향을 변경해야 할 수도 있습니다. 하지만 그들은 계속 전진하죠.

17) 같은 생각을 가진 사람과 함께 시간을 보낸다.

속담에 이런 말이 있죠. "당신의 친구를 보면 당신이 누구인지 알 수 있다." 좋은 관계는 더 빨리 목표를 달성하는 데 도움이 될 수 있습니다.

18) 멘토 찾기

많은 사람들이 그들의 성공을 멘토에게 돌렸습니다. 멘토는 빠르게 당신의 목표를 달성하고 책임을 유지할 수 있게 합니다. 그들은 반으로 학습 시간을 줄일 수 있습니다. 귀중한 경험을 공유할 수 있지요.

19) 왜 하는지 안다.

당신은 당신이 뭔가를 하고 있는 이유를 알게 되면, 그렇지 않는 경우보다 더 빨리 원하는 것을 얻을 것입니다. 목적을 갖는 것은 비즈니스와 인생에서 성공하기 위해서는 필수적입니다. 왜 성공하고 싶나요? 왜 당신은 정말 부자가 되고 싶어합니까?

20) 두려움을 우위에 두지 않는다.

모두가 두려움을 가지고 있습니다. 성공한 사람들은 자신의 두려움이 그들을 제한하거나 가둬둘 수 있도록 두지 않습니다. 두려움은 필연적으로 같은 위치에 당신을 두게 하고 성장을 방해합니다. 당신의 두려움을 인식하고 이를 극복할 수 있는 방법을 찾으세요.

21) 기술을 업그레이드한다.

뭔가 당신이 오늘보다 나은 내일을 만드십시오. 당신이 앞으로 전진하고 싶은 경우에, 그것을 할 수 있는 하나의 방법이 있습니다. 다음

30일에 당신의 분야에서 슈퍼스타가 될 수 있게 내던질 수 있게 집중할 수 있는 한 가지가 무엇입니까? 그것에 초점을 맞춥니다.[8)]

8) "성공하는 부자들의 습관 21가지(21 Ways to Achieve Wealth and Success)," Home336

10 chapter

특급호텔의 VVIP 서비스

'당신은 단골 호텔의 VVIP입니까?'

위 질문에 잠시 망설여진다면, 자주 출입하는 호텔이 당신에게 제공하는 서비스를 점검해 볼 필요가 있다. 얼마나 철저하고, 은밀하며, 특별하게 관리되는가를 결정짓는 것, 그것이 바로 당신을 VIP, 또는 VVIP로 구분하는 기준이다.

'최상위' 고객 VVIP, 그들의 프로필은 '시크릿'

'Very Very Important Person'을 뜻하는 VVIP는 말 그대로 기업이 특별히 관리하는 '매우 매우 중요한 고객'을 지칭한다. 차이는 있지만 보통은 전체 고객 중 상위 1~5%에 해당하는 최상류층 고객이다.

아주 특별한 고객들을 대상으로 하는 VVIP 마케팅은 명품 브랜드, 프라이빗 뱅킹(Private Banking)을 중심으로 등장했는데, 이는 VVIP 마케팅의 태동과 연관성이 있다. VVIP 마케팅은 2차 세계 대전 이후 영세 중립국이라는 이점을 이용해 스위스가 프라이빗 뱅킹 서비스 시스템을 구축한 데서 비롯됐기 때문. 국내에서는 IMF 외환위기 이후 장기적인 경제 침체에 맞서기 위한 기업들의 '상대적' 고급화 전략의 일환으로 등장했다. 2000년대 중반부터 호텔, 명품 브랜드,

수입 자동차 등에서 시작해 이후 은행, 백화점, 카드사, 항공사 등으로 점차 확산되고 있는 추세다.

호텔업계 VVIP 서비스의 본격적인 가동은 올해 초부터다. 그 전에도 호텔마다 VIP 혹은 VVIP 고객 관리를 꾸준히 해 오긴 했으나 올 들어 전문 인력으로 구성된 VVIP 전담팀을 꾸려 더욱 체계적인 고객관리에 들어가기 시작한 것. 임페리얼 팰리스 호텔이 지난 1월 '고객지원실'을 신설하면서 VVIP 전담 서비스 시스템 구축을 공표한 것을 필두로, 국내 굴지의 특급 호텔들 역시 해외파 전문 인력까지 확보하면서 '귀한 손님' VVIP 모시기에 열을 올리고 있다.

하지만 VVIP 고객의 프로필은 '공개하지 않는 것'이 업계의 공공연한 원칙인데, 이는 VVIP를 더욱 'VVIP답게' 만드는 요인이기도 하다. 이용하는 고객 자신조차 눈치챌 수 없을 정도로 가장 철저하고 은밀하며, 맞춤양복처럼 편안하면서도 특별하게 대접받는 '그들'은 세상에 이름이 밝혀지기를 원치 않기 때문이다. 반면 세상이 알만한 VVIP로는 국빈, 해외 저명 인사, 대기업 CEO, 해외 유명 연예인 등을 꼽을 수 있다.

그렇다면 호텔이 VVIP를 결정하는 기준은 무엇일까. 호텔 홍보 담당자들은 "호텔 매출 기여도와 사회적 지위"라고 입을 모았다. 일단 VVIP 리스트에 오르면 호텔 예약부터 업장 방문, 환송, 식사 메뉴, 객실 분위기 등 모든 것이 전문가의 손에 의해 관리된다. 임피리얼 팰리스 호텔 홍보팀 한미선 씨는 "고객이 VVIP 전담 서비스 담당자 외 직원과는 접촉할 필요가 없도록 원스톱 서비스를 제공함으로써 달러필요한 시간과 노력의 낭비를 줄이기 위한 것이다. 또 이를 통해 VVIP 고객이 호텔을 방문하는 주목적인 품격과 보안을 더 철저히 유지할 수 있다"고 설명했다. 서울 웨스틴조선 호텔 홍보팀 안주연 계장은 "고객과 호텔 간에는 멋진 인테리어, 최첨단 서비스도 중요하지만 관계(Relationship)가 더 중요하다. 고객의 진정한 만족을 이끌어내는 것은 직원과 고객이 직접 만나서 이뤄지는 아날로그적(Analogue)

적인 관계"라고 전했다. 이는 고객의 취향을 하나부터 백까지 파악해 완벽한 서비스를 제공하는 VVIP 전담 스태프의 중요성을 강조한 것으로 해석된다.

기업 및 개인 CS 컨설팅 전문가인 삼성CS아카데미 부설 i-making 이미지 연구소 홍순아 소장은 VVIP 고객의 성향을 4가지로 요약한다. 첫째는 저렴한 가격을 원치 않는다는 것. 부유층일수록 가격은 상품의 질과 비례한다고 느낄 뿐더러 희소성이 있는 상품이나 서비스가 세일이나 저렴한 가격으로 인해 대중화되는 것을 원치 않기 때문이다. 둘째는 현금 결제를 선호한다는 것이며 셋째는 한국인 성향에 맞는 특별한 서비스를 요구한다는 점인데, 서비스 절차가 단순할수록 고객은 특별한 느낌을 받는다는 것이다. 마지막은 고도로 훈련된 직원의 서비스를 요구한다는 점으로 논리적인 설명과 함께 감성적인 고객의 이해를 이끌어낼 수 있는 서비스 스태프를 원한다는 것이다.

일선에서 VVIP 고객을 전담하는 호텔 직원들은 VVIP의 성향을 두고 "아주 까다롭거나 또는 의외로 소박하다"고 전했다. 꽃 알러지가 있으니 생화가 동선 상에 있으면 안 된다는 고객이 있는 반면, 더욱 특별한 메뉴로 모시고자 하지만 '호텔표 사장님'을 고집하는 VVIP도 있다는 것. 따라서 '그들'을 위한 맞춤 서비스는 대단히 어렵기도 하고 또 의외로 단순할 수도 있다.

쉐라톤 그랜드 워커힐 호텔 홍보팀 손유진 씨는 "VVIP 고객과의 인간적인 교류가 이뤄지면 고객 자녀의 교육, 진로, 유학 관련 상담을 도와드리기도 하고, 고객이 직원의 결혼 중매를 서는 경우도 있다"고 귀띔했다.

'한국적 VVIP 서비스', 전문가 전담팀 속속 등장

나라와 문화가 다르면 고객의 성향 역시 다르기 마련이다. 따라서 특급 호텔의 VVIP 서비스 역시 해당 고객의 국적을 비롯해 직업, 성격, 취향, 구매력에 이르기까지 세심한 파악이 선행돼야 '제대로' 이루어질 수 있다. 따라서 각 호텔의 GRO(Guest Relations Officer; 호텔 귀빈층에 근무하면서 VIP 객실 이용 고객의 편의와 서비스를 담당하는 전담 직원)에게는 외국의 정·재계 유명 인사나 셀러브러티(Celebrities)를 응대할 때와 한국인 VVIP를 모실 때 '카멜레온'과 같은 재빠른 응대 요령이 요구된다. 이에 최근 각 호텔들은 앞다퉈 외국 유학파, 외국 호텔 VIP GRO 경험자 등 전문 인력을 영입, 어떤 VVIP가 찾아도 최고의 만족을 줄 수 있는 글로벌 경쟁력 강화에 힘을 쏟고 있다. 세심한 개인적 일정까지 꼼꼼이 챙겨주며 호텔을 '내 집처럼 편안하게' 이용할 수 있도록 돕는 GRO는 그래서 '호텔의 안주인'이라 불리기도 한다.

경기가 좋지 않은 때일수록 VVIP는 호텔의 서비스와 관리에 따라 고정적인 매출을 담보해 주는 '보증수표'가 되어 준다. 따라서 외국의 저명인사도 중요하지만 그들보다 방문이 잦은 국내 VVIP 관리는 호텔 영업에 있어 중요한 의미를 지닌다. 홍순아 소장은 "한국적 VVIP 마케팅이 중요한 이유는 한국 사람들이 입소문을 중요시하기 때문이다. 입소문 마케팅에 의한 모방심리가 확산되면 판매 역시 증대될 수 있다"고 설명하면서 "고객의 개성을 중시하는 상품과 응대, 경험에서 우러나오는 감동, 고객의 니즈(Needs)에 대한 정확한 파악으로 특별한 인맥으로 이어지기를 원하는 한국인의 심리를 알면 도움이 된다"고 덧붙였다. 누구에게나 제공되는 서비스가 아닌 특정인에게만 주어지는 '센스 & 센스' 서비스와 더불어 첫 만남 때와 동일하게 지속적인 관심을 가지고 처음부터 끝까지 고객과의 관계를 구축해가야 한다는 얘기다.

그렇다면 국내 특급 호텔들은 VVIP 고객 관리를 어떤 식으로 하고 있을까.

먼저 1914년 개관 이후 조지 부시 전 미국 대통령, 마릴린 몬로, 조지오 아르마니 등 국빈, 고위 관리, 셀러브러티 등이 자주 투숙해 영빈관 역할을 도맡다시피 했던 서울 웨스틴조선 호텔에서는 100주년을 앞두고 VVIP 서비스에 대한 새로운 논의가 있었다. 지난 3월 단정한 용모와 외국어 실력을 겸비한 직원 11명을 선발해 VVIP(VIP) 전담팀 'TOPS'를 꾸리고 공항, 게스트 서비스, 익스프레스, 비즈니스 센터 등 고객 접점 부서 업무를 강화했다. 'TOPS' 요원들은 각 부서 업무 이론과 실습, 롤 플레잉(Role Playing) 등의 교육을 통해 적재적소에 일사불란하게 투입될 수 있도록 트레이닝된다.

신용학 객실팀장은 "'TOPS' 요원들은 미국, 유럽, 남미, 아시아 등 다양한 배경의 출신들로 문화와 언어 장벽으로 일어날 수 있는 미묘한 불편함을 해소해 줄 것"이라고 기대감을 표시했다. 이 가운데는 스위스 인터컨티넨탈 호텔에서 유럽의 공주, 아랍의 왕자 등 VVIP를 응대한 경험을 가진 직원도 있다고. 홍보팀 안주연 계장은 "'익스프레스 체크인 서비스'의 경우 공항에서 호텔까지 직원의 에스코트를 받으며 리무진으로 이동한다. 호텔 도착 시 프런트에서 기다릴 필요 없이 객실에서 체크인이 가능하며 객실 내에도 고객이 좋아하는 음악을 틀어놓는 세심한 배려가 특징으로 특히 한국에 처음 오는 고객 또는 밤늦게 도착하는 여성 고객에게 인기"라고 전했다.

임피리얼 팰리스 호텔은 2007년 11월부터 호텔 전 부서의 VVIP 게스트 명단을 취합, 각 부서장의 논의를 거쳐 최종 VVIP를 선정해 VVIP 매니지먼트 디렉터(Director of VVIP Management)를 비롯해 커뮤니케이션과 실행을 담당할 각 부서 정·부 담당자를 선별하고 별도의 교육을 진행했다. 그 결과 올 1월 전 VVIP 고객에게 디렉터가 수기로 작성한 초청편지를 발송하면서 본격적인 VVIP 전담 서비스에 착수했다. 홍보팀 한미선 씨는 "VVIP 고객은 예약부터 업장 방문, 환송까지 전담 서비스 담당자 외 직원과는 접촉할 필요가 없도록 원스톱 서비스를 제공함으로써 VVIP 고객의 품격과 보안을 더욱 철저히 유지할 수 있게 됐다"고 설명했다.

쉐라톤 그랜드 워커힐 호텔 역시 VVIP 고객 관리를 일찌감치 시작한 케이스. 2006년 말 '하이엔드 마케팅 팀(High-end Marketing

Team)'을 조직하고 효율적인 업무 수행을 위해 마케팅팀과의 통합을 통해 각 멤버십 별로 회원들을 분석, VVIP 회원 관리 방안을 수립했다. 이를 통해 결정된 VVIP 멤버십 기준에 의해 지난해부터 2년째 회원제를 운영 중이다. VVIP 고객 선정 기준에 대해 홍보팀 손유진 씨는 "쉐라톤 그랜드 워커힐, W 서울 워커힐, 워커힐 면세점 등 워커힐이 보유한 멤버십 중 최상위 고객 2,000명을 선정해 'Inner Circle'이라는 VVIP 멤버십을 운영 중"이라고 전했다. 멤버십 갱신 횟수와 멤버십 사용으로 발생된 매출, 연간 방문 횟수 등은 VVIP 선정에 '잣대'로 작용한다.

그랜드 인터컨티넨탈 호텔도 VIP 전담부서 GRO를 두고 VVIP가 주로 이용하는 26층에 있는 '클럽 라운지'에 특별히 신경을 쓴다. 흔히 '이그제큐티브 플로어(Executive Floor)'라 불리는 '클럽 라운지'는 비즈니스와 휴식, 사교가 동시에 이뤄지는 공간. 26층 투숙객은 항공권 확인, 당일 여행 안내, 공연 안내, 식당 예약 서비스 등을 이용할 수 있다. 홍보팀 조민정 씨는 "클럽 라운지는 다국적 기업의 중역 또는 직원들이 주로 이용하는데, 이용 고객 사이에 친분을 쌓는 사교의 장임과 더불어 엄청난 돈이 거래되는 세계 비즈니스의 장이기도 하다"고 설명하면서 "'호텔 내 작은 호텔'의 개념으로 일반 투숙객보다 더 많은 투숙료를 내고 있어 일반인들이 접근할 수 없는 것이 특징"이라고 덧붙였다. 인터컨티넨탈 호텔은 최근 클럽 라운지를 라이브러리 콘셉트로 리노베이션했다.

VVIP 서비스를 떠올릴 때 순서랄 것도 없이 떠오르는 단어들은 '프라이빗', '독점적', '맞춤형', '특별함' 등이다. 호텔들이 전문 인력 풀(Pool)을 가동해 국내외 VVIP들의 까다로운(?) 입맛을 맞춰주는 경우도 있지만 반면 '알아서' 맞춤형 풀 서비스를 제공하는 경우도 많다.

i-making 연구소 홍순아 소장은 "반기문 UN 사무총장이 방문한 모 호텔은 반 총장이 개인적인 노출이나 터치 받는 것을 싫어하는데 착안해 떠들썩한 환영 대신 과일과 함께 친필 편지를 전달했던 적이

있다. 태국의 공주가 방문했을 때는 비즈니스 잡지나 신문 대신 패션지 신간을 태국어로 쓴 '당신의 스타일을 존경하며'라는 메시지와 함께 객실에 들여보낸 것 역시 지배인의 센스가 돋보이는 VVIP 서비스"라며 호텔 VVIP 서비스의 '모범 사례'를 들었다.

어떤 VVIP가 방문하는가의 문제는 호텔의 '사회적 등급'을 대변할 뿐만 아니라 VVIP의 만족도가 높을 경우 그야말로 입소문의 '후광'을 제대로 업을 수 있는 홍보, 마케팅의 기회가 되기도 한다. 호텔들은 대부분 VVIP와 관련된 에피소드에 대한 질문에는 말을 아낀다. '보안'을 중요시하는 VVIP의 특성상 대부분 이니셜조차 언급하기를 거부했는데, 특히 내국인 VVIP에 관해서는 에피소드만 전할 뿐 철저하게 함구했다. 하지만 외국인 VVIP에 관한 얘기는 상대적으로 수월하게 오픈했다. 개관 이래 국빈과 외국인 셀레브러티가 많이 투숙한 곳으로 알려진 서울 웨스틴조선 호텔에서는 패션 디자이너 조르지오 아르마니와 소프라노 조수미를 '잊을 수 없는 VVIP'로 꼽았다.

2005년 세계적인 디자이너 조르지오 아르마니가 방한했을 때 조선호텔은 청담동에서 열린 그의 점심식사와 저녁의 VIP 파티 케이터링을 진행했다. 세계적인 디자이너의 명성에 걸맞은 까다로운 요구 조건이 많았다는데, 먼저 직원들의 유니폼은 차이니즈 칼라의 화이트 재킷에 검은색 바지를 착용하고 검은색 긴 앞치마를 두를 것, 둘째 파티를 위한 접시와 쟁반은 모두 무광택의 검은색일 것, 음식은 야채와 닭고기, 생선류 등 담백한 것으로 하되, 마늘과 양파, 허브 등 맛과 향이 강한 재료는 삼갈 것, 불필요한 요리의 장식은 피할 것 등이 그 내용. 당시 일부 언론에서는 아르마니가 미남 직원을 요청했다는 얘기도 나왔지만, 확인되지 않은 사실. 그러나 웨스틴 조선호텔의 각 레스토랑에서 가장 잘 생기고 능숙한 서비스맨이 동원된 것은 부인할 수 없는 사실이라는 후문이다.

한편 VVIP 전담팀 'TOPS' 구성 후 첫 고객은 한국이 낳은 세계적인 소프라노 조수미. 그녀의 목소리 관리를 위해 객실 내 습도 조절과 음식에 특별히 신경을 쓰는 것은 물론, 그녀가 평소 스트레스 해소를 빨래로 해결한다는 정보를 입수, 객실 내 토끼 캐릭터가 그려진 미니 빨래판과 빨래 도구를 마련해 그를 즐겁게 해 줬다고.

그랜드 인터컨티넨탈은 최근 호텔을 방문한 국제적 VVIP로 GE 이멜트 회장, 뮤지션 에릭 클랩튼과 레이디 가가, 사라 브라이트만, 모델이자 디자이너인 니키 힐튼 등을 소개했다. 한편 내국인과 외국인 VVIP에 대한 GRO의 고객 응대 매너에 차이가 있다는 점도 흥미로운 부분이다. 내국인 VVIP들은 예의 바르고 정중한 서비스를 선호하는 반면 서양인들은 개인을 존중하는 문화적 토대로 인해 동등한 위치와 시선으로 대하는 것을 오히려 편안해 한다는 것. 임피리얼 팰리스 호텔 한미선 씨는 "외국인 고객은 호칭도 'Mr.~' 또는 'Ms.~'식으로 직접적으로 이름을 불러주면서 적극적인 관심과 친근함을 표현할 때 매우 만족해 한다"고 귀띔했다. VVIP로서의 준수 조건이나 매너에 대해 쉐라톤 그랜드 워커힐 손유진 씨는 "멤버십 회원자격을 유지하기 위해서는 멤버십 이용 횟수와 매출이 일정 수준에 도달해야 하며, 회원 전용 라운지 이용 시 다른 회원들에 대한 기본적인 예절을 지켜야 한다. 회원 초청 행사 시 드레스 코드가 있다면 이를 반드시 지키는 것이 회원으로서의 매너"라는 어드바이스를 남겼다.

특급 호텔 No.1 이색 VVIP 서비스 – 서울 웨스틴조선 호텔 일식당 '스시 조'

1일 공수 체제로 오늘 주문해 두면 내일 점심에는 일본 긴자에 있는 정통 일식당 '스시 큐베이'에서와 같은 생선으로 만든 스시를 즐길 수 있다. '스시 큐베이'는 아베 총리를 비롯해 도요타 회장, 캐논사 회장, 스티븐 스필버그, 니컬러스 케이지, 톰 크루즈 등의 거물급들이 애용하며 유명해진 곳. '스시 조'에서는 스시 생선의 원산지도 선택할 수 있는데, 쌀의 경우 주방장이 전국 쌀의 품질을 일일이 검사한 뒤 최적의 산지로부터 공급받는다. '스시 큐베이'의 마츠모토 셰프가 상주해 일본 최고의 스시 맛을 선사하는데, 그 맛을 유지하기 위해 350년 된 일본산 히노키 나무로 만든 길이 8m의 스시 테이블까지 갖췄다. 스시 바에서 즐길 수 없는 고객은 라이브 스시 룸을 이용할 수 있다. 스시 셰프가 룸에서 직접 스시를 만들어 서브한다. 라이브 스시 가격은 1인당 최소 35만 원(세금 봉사료 별도).

상위 2,000명의 회원을 위한 하이엔드 마케팅 – 쉐라톤 그랜드 워커힐 멤버십 'Inner Circle'

쉐라톤 그랜드 워커힐, W 서울 워커힐, 워커힐 면세점 등 각 사업분야의 시너지 창출을 위해 워커힐이 보유한 멤버십의 최상위 고객 2,000명을 선정해 운영하는 멤버십 프로그램이다. 회원 자격은 1년간 유지되며 매년 연말 이듬해 회원을 새롭게 선정해 공지한다. 회원 전용 라운지 이용, 생일 및 기념일 케이크 증정, 회원 대상 행사 초대, 워커힐 멤버십 매거진 등이 등급에 따라 차등 제공된다. 'Inner Circle' 회원은 1 대 1 컨시어지 서비스를 이용할 수 있다. 회원 가운데는 오랜 시간 워커힐을 함께 이용하며 친분을 쌓아온 이들이 많아 회원 전용 라운지 및 다양한 행사를 통해 회원 간 교류가 활발한 것이 특징. 회원들끼리 소규모 커뮤니티를 형성해 취미나 정보 등을 공유하기도 한다.

최고의 프랑스 요리를 집에서 – 밀레니엄 서울힐튼 호텔 프렌치 레스토랑 'Seasons'

미식가들 사이에서 유명한 프렌치 레스토랑 '시즌즈(Seasons)'가 VVIP 서비스와 관련해 언급되는 이유는 고객의 집을 방문해 제공하는 케이터링 서비스 때문이다. 평상 시 '시즌즈'를 자주 찾는 고객에 한해 최소 6명, 최대 15명까지 지배인급 서비스 직원 2명과 주방장 2명, 총 4명이 고객의 집에서 직접 요리를 할 뿐만 아니라 글라스, 차이나 웨어, 테이블 탑 등 '시즌즈'에서 사용하는 최고급 기물을 사용한다. 메뉴 가격은 12만~20만 원 선(음료 별도). '시즌즈'는 단골 고객에 감사의 표시로 은도금된 냅킨 링에 고객의 영문 이니셜을 새겨 서비스를 제공하고 있는데 현재까지 100여 개의 냅킨 링을 보유하고 있다.[1)]

1) 장헌주, "특급 호텔의 아주 특별한 서비스," 머니투데이, 2009. 11. 17.

11 chapter

매스티지

매스티지란 2003년 4월 미국의 경제잡지 〈하버드 비즈니스 리뷰〉가 처음 소개한 '대중(mass)'과 '명품(prestige product)'의 합성어로, 품질은 명품과 거의 흡사하지만 가격은 한 단계 아래인 대중상품과 고가상품의 틈새상품을 말한다. 이들 매스티지 제품의 특징은 비교적 고가이면서 대량생산이 가능하고, 소비층에게 상류층과의 동질감과 개인적 자긍심을 주고, 가격에 적합한 가치(value for money)를 가지고 있다.

한마디로 품질과 브랜드는 '명품' 이미지를 갖추되 합리적인 가격으로 대량생산과 유통을 하는 것이다. 중산층의 소득이 향상되면서 값이 비교적 저렴하면서도 명품에 근접한 만족감을 얻을 수 있는 제품을 소비하는 트렌드를 반영하고 있으며, 21세기에 들어와 웰빙 · 절약과 함께 중산층 소비자들의 소비심리로 자리잡았다. 이러한 소비경향을 나타내는 사람들을 매스티지족이라 부른다. '실속형 명품', '세컨드 명품'이란 말로 통용되는 매스티지 상품으로는 마크바이마크제이콥스, 모스키노, DKNY 등 비교적 저렴한 명품 브랜드와 프라다의 미우미우(의류, 가방 등), 아르마니의 아르마니 익스체인지(의류 등) 등 전통적 명품 브랜드의 브릿지 라인 그리고 국산브랜드 가운데 제일모직의 빈폴(Bean pole) 등을 들 수 있다.

1. 명품의 대중화 '매스티지' 뜬다.

「하버드 비즈니스 리뷰」에 의하면 매스티지는 미국 전체 소비재 시장 규모의 19% 정도를 차지하며, 연간 10~15%의 성장세에 있다고 한다. 중가 제품을 주로 구입하던 미국 중산층 소비자가 품질이나 감성적인 만족을 얻기 위해 비교적 저렴한 고급품을 소비하는 추세가 늘고 있다는 것이다. 매스티지는 단순히 가방과 의류 같은 패션잡화뿐만 아니라 식품·가전제품·장난감·가구·건강용품·애견용품 등과 같은 산업 전반으로 널리 확장되고 있다. 지하철을 타거나 거리를 걷다 보면 루이비통(Louis Vuitton)·프라다(PRADA) 같은 명품 가방을 든 여자들을 쉽게 만날 수 있다. 최고급 샤넬 화장품으로 뽐을 내는 멋쟁이들도 적지 않다. 이른바 '명품족'이다. 인터넷이나 잡지 등 각종 매체를 통해 전 세계적으로 명품에 대한 정보가 공유되면서 대중들의 소유 욕구가 한층 높아졌기 때문이다. 유행에 휩쓸린 탓도 있다.

중산층 소비자들은 감성적 만족을 얻기 위해 명품을 찾는다. 이들은 누구나 가질 수 있는 '싸고 질 좋은' 물건 대신 '고품질과 자긍심을 느낄 수 있는' 제품을 선호한다. 이런 욕구에 맞춰 등장한 것이 바로 '매스티지'(masstige) 제품이다.

이들 매스티지 제품의 특징은 ▶비교적 고가이면서 대량생산이 가능하고 ▶소비층에게 동질감과 개인적 자긍심을 주고 ▶가격에 적합한 가치(value for money)를 가지고 있다는 것이다. 한마디로 품질과 브랜드는 '명품' 이미지를 갖추되 합리적인 가격으로 대량생산과 유통을 하는 것이다.

매스티지 상품의 대표적인 예는 바로 천연화장품 업체인 바디샵이다. 바디샵은 매스티지를 자사의 마케팅 용어로 쓰고 있다. 바디샵 코리아의 배재익 마케팅 팀장은 "슈퍼마켓이나 할인점에 샴푸나 화장품 등 범용 제품이 흔하지만 바디샵 제품은 자체 매장에서만 판매한다"며 "품질이나 가격도 기존 제품보다 약간 비싸다"고 한다. 대중적인 범용 제품과 차별적인 제품을 원하는 사람들이 바디샵의 타깃이다.

배팀장은 또 "바디샵의 주 고객은 실용성과 가격을 중시하고, 소득 면에서는 중상층에 속하는 인텔리전트"라고 설명했다. 제품만 좋다면 합리적인 가격을 지불할 수 있는 층이 바로 매스티지의 주 구매층이다.

의류에서는 매스티지 제품이 주요 시장으로 떠오르고 있다. 대표적인 것이 캐주얼 의류인 폴로와 빈폴. 두 브랜드 모두 캐주얼 의류로는 고가에 속하지만 전체 의류 시장에서는 중·고가에 속한다.

빈폴의 브랜드매니저 이진성 차장은 "매장이나 품질은 명품에 손색없지만 실제 가격은 상당히 합리적인 것이 빈폴의 장점"이라고 강조했다. 매스티지 의류의 대표격인 폴로에 대해서는 "가격과 관계없이 폴로 옷은 어떤 사람에게 선물해도 좋은 옷"이라고 설명했다. 선물하는 사람이나 받는 사람 모두가 부담스럽지 않으면서도 기분 좋은 정도의 제품이 바로 매스티지 개념의 핵심이라는 설명이다.

매스티지 제품은 업종을 가리지 않는다. 최근 삼성전자에서 런칭한 가전 브랜드 하우젠이나 LG전자의 트롬·엑스캔버스 등도 이른바 대량 생산품에 속하는 명품 브랜드다. 또 세계적인 커피 체인점인 스타벅스 역시 매스티지 상품으로 분류할 수 있다.

스타벅스의 경우 일반 커피숍보다 가격이나 커피맛이 좋으면서도 어디서나 쉽게 찾을 수 있는 체인점이기 때문이다. 스타벅스의 양재성 과장은 "커피맛으로 치면 청담동의 8천원, 1만원짜리 커피에 비해 뒤지지 않는다는 소비자 평가가 많다"고 주장했다.

고전적인 명품 브랜드 중 매스티지 제품으로 분화한 경우도 많다. 대표적인 것이 이탈리아의 명품 브랜드인 조지오 아르마니의 하위 브랜드 아르마니 익스체인지. 가격대로 보나 브랜드 컨셉트로 보나 고전적인 명품은 아니다. 보통 명품 브랜드의 바지가 30만원을 호가하는데 비해 아르마니 익스체인지 바지 가격은 10만원대 중반이다. 주 고객층도 20대로 비교적 젊다.

아르마니 익스체인지의 한국 수입업체인 BNF통상 측은 "명품들도 대중화를 통해 젊은 고객들을 유치하는 데 힘을 쏟고 있다"며 "이런 고객들을 명품의 잠재적 고객으로 보고 있다"고 밝혔다. 비단 아르마니뿐 아니라 버버리 · 구치 등도 지역에 맞게 가격대를 조정해 대중적 명품 시장을 넘보고 있다.

전문가들은 매스티지 제품이 유행하는 현상에 대해 중산층들의 소득수준이 올라가고 개인주의가 심화되고 있는 것을 일차적인 이유로 꼽으면서 여기에 기업들의 마케팅 전략이 상승 작용을 부추긴 것으로 분석하고 있다. 한국 사람 특유의 경쟁심리와 남의 눈을 의식하는 분위기도 한몫하고 있다는 것이다.

서정미 삼성패션연구소 트렌드 프로젝트 팀장은 "일반 대중들의 고급 지향 욕구를 기업에서 대량생산으로 만족시켜 주는 것이 매스티지 제품의 특징"이라고 전제한 뒤 "소비자들도 이제 '합리적인 소비=싼 가격'이라는 등식에서 벗어나 '합리적인 소비=만족할 만한 제품'이라는 인식을 갖고 있다"고 설명했다. 즉 어느 정도 경제력이 있는 중·상층 소비자들에게는 중요한 요소가 가격이 아니라 만족감이라는 것.

서팀장은 또 "특히 한국과 일본 등에서 명품이 대량 소비되고 있는 것은 좁은 국토와 남의 이목을 지나치게 의식하는 점 등 지역적 특수성도 있는 것으로 보인다"고 지적했다. 박정현 LG경제연구원 연구원은 "전통적인 명품 그룹도 대중적 명품 시장에 부합하는 브랜드를 많이 내놓고 있다"면서 "이는 고가의 브랜드를 유지하면서도 대중적인 상품을 통해 매출과 수익성을 극대화할 수 있기 때문"이라고 분석했다. 소수의 부자들이 구매하는 명품의 경우 규모가 작은 기업에게는 적당한 사업이지만, LVMH 등 규모가 큰 기업에는 대중적인 생산품이 필요해질 수밖에 없다는 것이다.

패션업계의 한 관계자는 "럭셔리 브랜드의 경우 실제 매출은 하위 브랜드에서 많이 발생한다"고 귀띔한다. 청담동에 매장을 가지고 있는 한 명품 사업자도 "청담동 매장은 브랜드 이미지를 유지하기 위한 전략"이라고 털어놨다.

2. 매스티지의 확장

A씨는 빈폴을 즐겨 입는다. 다른 브랜드보다 값이 비싸지만 고급스러우면서도 세련된 느낌 때문에 A씨는 다른 브랜드의 옷을 여러 벌 사기보다 빈폴 한 벌을 사는 편이다. 아르마니, 샤넬 같은 명품을 사기 위해서는 큰 결심을 해야 하지만 이러한 매스티지 브랜드는 큰 결심을 하지 않고도 고품격이라는 만족감을 얻을 수 있다.

미국의 경영컨설턴트 마이클 실버스타인은 2003년 4월 「하버드 비즈니스 리뷰」를 통해 명품보다 값이 싸면서도 명품과 비슷한 감성적 만족을 주는 이러한 제품을 '매스티지(Masstige)'라 명명했다. 매스티지란 일반 대중제품(mass product)과 명품(prestige)의 합성어로 대중적인 중·고가 명품을 의미하는 용어다. 사회적·개인적 부의 수준이 높아지면서 이러한 매스티지 현상은 점차 확산되고 있다.

매스티지 현상의 확산은 욕망의 확산과 관계가 깊다. 에이브러햄 매슬로는 '욕구단계설'을 통해 인간의 욕구를 설명했다. 인간의 욕구는 생리적 욕구, 안전에 대한 욕구, 애정과 소속에 대한 욕구, 자기존중의 욕구, 자아실현의 욕구로 나눌 수 있는데 후자로 갈수록 고차원의 욕구에 해당한다. 호사품을 원하는 대중의 욕구는 애정과 소속에 대한 욕구와 자기존중의 욕구 등 비교적 상위 욕구에 해당한다.

생존과 같은 생리적 욕구와 같은 기본적 욕구가 어느 정도 채워지면 인간은 집단의 단순한 구성원을 넘어 타인으로부터 관심과 인정을 받고 싶어 한다. 인정받을 때 인간은 자기 자신을 더 사랑하고 존중할 수 있게 된다.

호사품을 소지한 경우 집단 내의 사람들이 알아주고 칭찬해 줌으로써 자기존중의 욕구를 충족할 수 있다. 이전에는 물건이 희귀할 때, 재료나 원료가 좋은 것일 때, 미세한 부분에 공을 들였을 때 그 물건을 호사품이라고 판단했다. 그러나 이제 호사품에 대한 인식은 달라졌다. 성별, 연령, 세대, 소득 수준에 관계없이 사람들은 호사품이 꼭 비싼 물건일 이유도 없고, 명품 브랜드여야 할 까닭도 없다는데 동의했다. 다만 호사품은 사치를 누리고 있다는 느낌을 줘야 한다. 소비자로 하여금 품질이 뛰어나다고 느끼게 해야 품질이 좋은 것이다. 소비자들은 느낌에 지갑을 연다.

트렌드 전문가 페이스 팝콘은 「팝콘 리포트」에서 '자신이 감당할 만한 몇 가지 품목에서 사치스런 소비를 하는' 것을 '작은 사치'라고 불렀다. 일본에서는 비슷한 경향을 두고 '일점 호화 소비'라고 부른다. 또 특정 분야만 집중적으로 소비하는 현상은 '로켓팅'이라고 부른다.

예를 들어 세계적으로 명성이 높은 디자이너가 디자인한 의자가 있다. 이 의자는 다른 제품에 비해 가격이 훨씬 비싸지만 편안하고 심미적으로 아름답다. 이 의자가 삶의 질에 영향을 미친다고 생각하는 소비자는 이 의자를 구입하기 위해 다른 거실용품을 저가로 구매한다. 일반적인 시각에서는 부정적으로 보이는 이러한 '사치'는 새로운 소비 트렌드의 관점에서 볼 때 합리적인 행동이 되고 있다. 단순히 싼 가격에 물건을 사는 것이 합리적이라는 기존의 소비개념에서 벗어나 품질이 높은 제품을 납득할 수 있는 가격에 사는 것이 합리적이라는 소비개념으로 변화한 것이다.

소비자들은 이제 현실의 삶 속에서 만족을 주는 물건을 찾는다. 일상용품 하나를 구매할 때도 감성적 가치를 투영하고 가격보다 자신의 개성과 취향을 중요한 구매기준으로 삼게 됐다. 모든 물건은 단순히 필요에 의해 소비되고 버려지는 것이 아니라 나를 표현하는 재료다.

시계, 향수, 의류 등 전통적인 사치품에서 맹위를 떨치던 매스티지는 이러한 맥락 속에서 일상용품으로 확장되고 있다.

사람들은 예쁜 그릇을 사용하면서, 새로 산 책의 향기를 맡으면서 일상의 호사를 누린다. 우리나라는 영웅과 이데올로기가 지배하던 시대에서 벗어나 선진국과 같은 안정된 사회로 진입하고 있다. 『대한민국 욕망의 지도』의 저자 김경훈 씨는 "혁명이나 변혁을 향한 거창한 꿈이 사라지면서 사람들은 자신의 소박한 일상과 마주하게 됐다"고 말한다.

소비자들은 일상을 업그레이드하고자 한다. 이러한 호사 시장에서는 소비자가 기꺼이 값을 치르는 최고 가격이 제 값이다. 그러나 소비자들은 지나치게 높은 값을 치르려 하지 않는다. 가격에 비해 가치면에서 조금 더 이익이 있다고 느낄 때, 소비자는 비로소 물건을 구매한다. 또한 이 가치는 품목에 따라 다르게 나타나는데 의류, 가방 등의 분야에서는 매스티지의 선호도가 높지만 보석, 전자제품 등의 분야에서는 상대적으로 선호도가 낮았다.

임경택〈서울시 · 성동구 28〉 씨는 "컴퓨터와 같은 전자기기를 살 때는 유명 브랜드의 제품보다 성능은 비슷하면서 가격이 낮은 제품을 사는 편"이라며 "하지만 가방과 구두를 살 때는 인지도가 있는 브랜드 편이 품질에 신뢰가 간다"고 말했다.

매스티지의 소비자는 개인 스타일을 표현하고자 하는 욕구가 강하다. 이러한 경향은 남성에게서 더욱 두드러진다. 유우종〈동국대 · 가정교육과〉 교수의 논문 「경주시 대학생의 매스티지 의류추구혜택과 상표충성도의 관계」에 따르면 여학생은 인지도가 높고 내구성이 높기 때문에 매스티지 의류를 선호하는 반면 남학생들은 독특하고 고급스러운 디자인이거나 본인의 개성을 잘 살려줄 때 매스티지 의류 제품을 선택하는 것으로 나타났다.

매스티지를 소비하는 주 연령층은 20대와 30대다. 이 중에서도 여성이 매스티지 소비를 주도한다. 대부분의 여성이 직장을 갖게 되고

소득이 증가하면서 여성은 높은 구매력을 갖게 됐다. 특히 젊은 미혼 여성은 학자금 대출을 갚아야 하는 일부 경우를 제외하면 경제적 압박을 거의 받지 않는다. 아직 노후 자금을 걱정할 필요도 없고 가족을 위한 물건을 사거나 자녀의 교육비를 마련할 필요가 없기 때문이다. 이 때문에 미국, 일본 등에서 젊은 미혼여성은 경제에 막강한 영향력을 미치고 있다. 우리나라 역시 독신 여성의 수가 증가하고, 초혼의 연령이 늦어지면서 이들의 영향력이 커지고 있는 상황이다. 또한 이들은 자기존중의 욕구를 충족시키려는 경향이 크다.

매스티지 란제리 브랜드 '빅토리아 시크릿'의 바디 바이 빅토리아가 출시 6주만에 거의 품절될 정도로 돌풍을 일으킨 것도 이러한 여성 고객의 파워를 보여준 사례로 볼 수 있다. 바디 바이 빅토리아의 가격은 동종의 일반 백화점 제품보다 2배 이상 비쌌지만 불티난 듯이 팔렸다. 기술적인 면에서 타 제품보다 뛰어났지만 감정적으로 여성에게 자신감과 함께 스스로를 잘 가꾸는 사람이라는 느낌을 선사했기 때문이다.

박진영〈경성대 · 생활경영학과〉 교수는 논문 「대학생의 매스티지 구매경험과 재구매의도의 영향요인 분석」에서 30만원 이상의 용돈을 받거나 가계수입이 300만원 이상인 대학생의 경우 매스티지를 구매할 확률이 높다고 밝혔다. 박 교수는 매스티지는 일반 상품보다 가격이 좀 더 비싸기 때문에 용돈을 30만원 이상 받는 대학생의 경우 구매경험이 더 많이 나타난 것으로 해석했다. 아르바이트를 하는 경우 그렇지 않은 경우보다 구매력이 높아 매스티지를 더 많이 구매하는 것으로 나타났다.

또한 가계소득이 200만원에서 400만원 미만일 때 매스티지 상품에 대한 만족도가 가장 높았다. 즉 중간소득계층 대학생의 매스티지에 대한 만족도가 높은 것으로 분석할 수 있다. 이는 중간소득계층의 매스티지에 대한 욕구가 큰 것으로도 확대 해석할 수 있다.

홍성태〈경영대 · 경영학부〉 교수는 "제품의 고급화 경향은 앞으로도 계속될 흐름"이라며 "하지만 매스티지 마케팅을 구사하면서 브랜드 가치를 계속해 지켜 나가기는 어려울 것"이라 지적했다. 매스티지는 대중 제품과 명품의 중간에 위치한다. 매스티지가 명품에 근접하는 가치를 제공한다면 명품보다 넓은 시장을 가질 수 있으며 일반 제품보다 높은 가격에 제품을 판매할 수 있어 수익성이 높다. 그러나 소비자를 충족시키지 못하면 매스티지의 가격은 오히려 양날의 검으로 작용한다. 즉 일반 제품보다 가치가 없으면서 비싸기 때문에 아무도 사지 않게 된다.

프라다의 미우미우, 아르마니의 아르마니 진처럼 시장을 넓히기 위해 명품이 세컨드 브랜드를 출시하는 경우, 고객층을 확장하기 위해 지나치게 가격 폭을 넓히면 브랜드 가치를 오히려 손상시킬 수 있다.[1)]

3. 매스티지 마케팅 성공비결

최근 전반적인 내수침체에도 불구하고 패션, 식품, 전자 등에서 일부 매스티지(Masstige) 관련 상품의 매출이 호조를 보이고 있다. 이러한 이유로 인해 다소 생소한 개념인 매스티지에 관해 많은 기업들이 관심을 보이고 있다. 하지만 명품과 대중제품 사이의 중고가 명품이라는 특수성으로 인해 개념 정립에 다소 어려움을 겪고 있다. 최근 국내외 사례를 중심으로 '매스티지 마케팅'의 성공전략을 살펴보자.

가. 실속형 고급소비 수요를 포착하라

매스티지 마케팅에서 성공하기 위해서는 무엇보다도 중산층의 실속

1) 이시담, "일상 속의 호사, 대중화된 명품 '매스티지'-스타일 · 실용성으로 소비자 사로잡아, 한대신문, 2009.11.14.

형 고급소비 수요를 충족시켜줄 수 있는 신제품 개발이 우선이다. 기업은 먼저 범용화되고 상품간 차별적 특성이 없는 제품들 속에서 매스티지 출시를 통한 성공기회를 포착할 필요가 있다. 얼마 전 컨설팅 회사인 BCG그룹이 발표한 미국 내 중산층 2,300명을 대상으로 한 설문조사 결과는 매스티지산업 성장에 관한 중요한 시사점을 주고 있다. 조사 대상자의 40%가 중고가 명품인 매스티지에 대한 소비 욕구가 있으나 이를 충족시켜 주는 상품이 없으며, 수요가 높은 산업으로는 화장품, 금융, 식품, 가구 등이 해당한다고 한다.

매스티지는 고가품과 대중제품 사이의 가격 차이가 크고 감성적 가치 전달이 되지 않았던 제품군 내에서 출시할 경우 성공 가능성이 높다. 미국 속옷브랜드인 빅토리아 시크릿(Victoria Secret)은 세련된 매장 분위기, 고품질, 감성적 어필 등 여성의 기호를 충족시키는 중고가 속옷브랜드가 없는 잠재 기회를 파악한 후 고급품 라펠라(La Perla)와 중가 브랜드인 메이든 폼(Maiden Form) 사이에 가격을 포지셔닝한 보디 바이 빅토리아(Body by Victoria)를 출시하여 성공을 거두었다.

나. 포지셔닝의 약점, 차별화로 극복하라

매스티지의 가격 포지셔닝은 장점인 동시에 약점이 될 수도 있다. 매스티지가 명품에 근접할 만한 실질적인 가치를 제공한다면 성공 요인이 될 수 있으나 단지 가격만 고가와 중가 사이에 어정쩡하게 포지셔닝돼 있을 경우 여타 제품에 비해 차별적 우위가 전혀 없는 것이다. 최근 국내 의류, 귀금속업체 등이 합리적 고급 소비자, 즉 '매스티지족'을 겨냥한 매스티지 상품을 잇달아 출시하고 있으나 여전히 해외 유명 브랜드에 고전하는 이유는 여기에 있다. 가격 포지셔닝의 약점을 극복하기 위해서는 명품에 뒤지지 않는 제품 고유의 편익을 제공해야만 한다. 화장품회사인 바디샵(Bodyshop)은 시슬리(Sisley), 오리진

(Origins) 등과 같은 고급브랜드와는 차별화된 매스티지 전략으로 성공한 사례이다. 바디샵은 환경보호와 같은 공익마케팅뿐만 아니라 소비자들을 위해 테스트용 제품을 매장에 비치하고 있어 실제로 확인하고 구매할 수 있도록 돕고 있으며, 똑같은 제품을 다양한 사이즈로 구비함으로써 가격대에 맞게 선택할 수 있도록 유도하고 있다.

다. 브랜드 가치 희석을 경계하라

매스티지는 중산층을 고객으로 만들기 위해 제품의 가격 폭을 대폭적으로 확대하는 브랜드 확장 전략을 취하는 경향이 있다. 특히 최근 패션잡화, 자동차 등과 같은 전통적 명품업체가 이러한 전략을 적극 활용하고 있다. 예컨대 루이비통을 모태로 하는 LVMH그룹의 경우 지난 10년간 아시아 시장 진출과 대중화 전략의 일환으로 제품 품목 및 가격대를 다양하게 구성하고 있다. 또한 BMW의 경우 최고와 최저 제품의 가격 차이가 최대 10배에 이르는데, 매스티지를 지향한 저가대 325세단의 2002년 매출은 2001년에 비해 12% 상승했다. 하지만 지나친 가격대 확장 전략은 브랜드 가치를 손상시킬 위험이 있다는 점을 명심해야 한다.

기업은 매스티지의 대중적 수요 기반을 확대하기 위해 적당한 한도 내에서 가격을 탄력적으로 적용하되 브랜드 정체성을 손상시키지 않도록 브랜드 관리에도 최선을 다해야 할 것이다. 이러한 브랜드 확장에 따른 가치 손상을 예방하기 위해서는 패밀리 브랜드(Family Brand) 전략이 주효할 수 있다. 패밀리 브랜드 전략은 모 브랜드를 중심으로 여러 가지 하위 브랜드를 두는 것을 의미한다. 예컨대 빅토리아 시크릿의 경우 제품간의 가격 차이가 최대 30배에 달하지만 매스티지의 가치를 성공적으로 유지하고 있다. 빅토리아 시크릿은 가격대별로 차별화한 보디 바이 빅토리아(Body by Victoria), 세컨드 스킨 사틴(Second Skin Satin), 엠마 컬렉션(Emma Collection) 등의 하위 브랜드 전략을 효과적으로 활용하고 있다.

라. 화제를 만들고 여론을 조성하라

매스티지 상품을 성공시키기 위해서는 출시 초기부터 사회적 유행을 만들기 위한 노력이 필요하다. 일반적으로 어떠한 제품이 명품으로 자리 잡기 위해서는 오랜 시간이 소요된다. 명품은 기업의 브랜드 가치 제고를 위한 지속적인 투자활동과 이에 따른 소비자의 입소문으로 만들어지기 때문이다. 하지만 매스티지의 경우 더욱 적극적으로 신제품의 확산 속도를 높이는 전략이 요구된다. 매스티지는 합리적인 고가격을 지향하기 때문에 유행으로 자리매김하면 많은 소비자를 단시간에 고객으로 만들 수 있기 때문이다.

신제품의 확산 속도를 높이기 위한 방안은 다음과 같다. 첫째, 제품에 대한 흥미로운 화제를 만들어 전파시켜야 한다. 입소문이 나도록 기다리기보다 기업 스스로 유행을 만들어야 한다. 예컨대 미국 주방용품업체인 윌리엄 소노마(Williams-Sonoma)는 요리기구와 그릇 등 제품별로 장인, 역사 등을 테마로 한 가상 브랜드 스토리에 대한 창작 응모를 받고 이를 광고에 활용, 화제를 조성했다. 둘째, 여론 선도자나 조기 수용자를 상대로 한 광고 및 판촉 등의 마케팅 활동이 필요하다. 소위 메이븐(Maven)이라 일컬어지는 제품에 대한 전문적 지식이 있는 소비자나 유명인사가 제품 확산에 미치는 영향은 점차 커지고 있다. 예컨대 마사 스튜어트(Martha Stewart)는 미국인의 삶을 바느질하고 페인팅한다고 평가받을 정도로 대중적인 영향력이 큰 인물이다. 최근 그녀가 삶의 질 향상을 역설하는 '가정 내 최고의 살림법'을 책과 방송을 통해 강조하자 가구, 식품, 가전 등 많은 분야에서 매스티지 상품의 홍보를 요청하는 로비가 쇄도하고 있다.

마. 감성적 가치 제공에 주력하라

기업은 매스티지 상품이 제공하는 가치 제공의 경로를 점검해야 한다. 우선 소비자가 누리는 효용은 기술적, 기능적 가치 외에 감성적 가치를 통해서도 발생한다는 사실을 명심해야 한다. 단지 기술적 우위에 집착하고 감성적 효용을 제공하는 데 소홀히 하면 안된다. 특히 매스티지는 이러한 감성적 가치를 제공하는 데 있어 최우선순위를 둬야 한다. 기술은 비슷하게 모방할 수 있어도 감성은 각각 독특한 특성을 갖기 때문이다.

또한 기업이 제공하고자 하는 가치를 실질적으로 평가, 개선하고 실현하고자 하는 제도적인 노력이 필요하다. 많은 기업들이 브랜드 슬로건이나 비전 등으로 자사의 사명을 명시하고 있다. 이러한 암묵적인 약속이 공허한 메아리로 들리지 않도록 하기 위해서는 소비자가 느끼는 가치를 파악하고 관리하고자 하는 방안이 있어야 한다.

미국 가구업체인 크레이트&배럴(Crate & Barrel)은 소비자와의 감성적 유대관계 구축에 최우선순위를 뒀다. 소비자의 생활 전반을 아름답게 가꾸겠다는 기업의 목표는 '우리는 가구가 아니라 라이프 스타일을 판다'는 비전으로 구체화되고 '고객 경험관리 부서' 제도의 운영을 통해 고객이 느끼는 가치 실현에 역점을 두고 있다. 이러한 제도적 노력에 힘입어 크레이트&배럴은 섬세한 세공은 물론 주문형 가구 선물세트 등의 인기로 인해 중가 제품에 비해 2배 정도 높지만 연간 20%의 성장을 지속하고 있다.

마지막으로 성공적인 매스티지 브랜드들은 지속적인 시장조사, 상품개발 등을 통해 소비자의 감각변화에 발빠르게 대응했다는 공통점이 있다. 예를 들어 코치(Coach) 가방의 성공에는 연간 1만여명의 소비자 인터뷰를 통해 패션 트렌드를 조사한 부단한 노력이 있었다. 최근 매스티지를 표방하는 국내기업들도 이런 점을 명심해야 할 것이다. 궁극적으로 고객에게 차별화된 가치를 제공할 수 없는 고급 브랜드 전략은 무모한 투자일 수밖에 없으며 결국 시장에서 외면당할 수 있기 때문이다.[2)]

2) 박정현, "매스티지 마케팅 성공비결," 한경비지니스, 2004.08.22.

12 chapter

매스클루시버티(Massclusivity)

1. 매스클루시버티(Massclusivity) 사례

로열 클래스를 위한 공항 라운지와 Centurion 신용카드의 인기는 현대인들의 특권에 대한 굉장한 욕구를 말해준다. 소비자들이 뛰어난 퀄리티의 상품과 서비스를 이용할수록, 더 색다른 것들을 독점하기를 원한다. 소비자들은 특별하다고 느껴지길 원하며 특별구역과 한정된 상품들에 열망한다. '차별화된 소수'라는 의식을 갖고 동질 그룹 내에서 삶을 즐긴다.

매스클루시버티(Massclusivity)는 소수만을 대상으로 맞춤생산 방식에 의해 제공되는 고급품 및 고급 서비스를 의미한다. 매스클루시버티는 대량 맞춤 생산(Mass customization)에서 비롯된 개념이긴 하지만 개별 고객의 니즈를 대량 생산이 아닌 소수를 위한 한정 생산을 통해 반영하고 있다. 매스클루시버티는 허리우드의 유명인이 파티 드레스를 찾기 위해 Harrods나 Marcy's에서 늦은 일요일밤에 독점적으로 열어주는 것과 같은 것이 아니라 커피숍 안에 그들만을 위한 특별한 라운지나 멤버만을 위한 고급스러운 피팅룸을 원하는 것이다.

그동안 Europe과 North America에서, 럭셔리 경험으로의 이동은 꾸준히 증가했다. 최근 American Express Platinum Luxury 조사에 따르면, 소득이 USD 100,000이거나 그 이상인 부유한 미국인의 59%는 가정용 전기제품보다는 레스토랑, 여행, 오락과 같은 경험적인 사치에 더 소비를 했다. 매스클루시버티의 등장은 명품이 대중화됨에 따라 나만의 명품을 소유하고자 하는 욕구가 증가하고 있음을 보여주고 있다. 버버리, 구찌 등과 같은 전통적인 명품 그리고 폴로 티셔츠, 루이까또즈 지갑 등과 같은 매스티지(Masstige)가 대중화됨에 따라 차별화 되고 희소한 명품을 선호하고 있는 것이다. 한편 최근 명품업체는 최상위 고객인 VVIP(Very Very Important Person)를 대상으로 한 고객 차별화 전략에도 주력하고 있다.

경기가 계속 침체기로 접어들고 있는 상황에서 소비의 양극화는 기업들의 입장에서 새로운 마케팅 활동을 모색해야 하는 과제로 떠오르고 있다. 극소수의 확실한 구매 계층을 잡으려는 노력은 그래서 더욱 설득력이 있어 보인다.

- Airlines

독일의 Lufthansa 항공사는 Frankfurt에 세계 첫 번째 luxury class 공항 터미널을 세웠다. 혼잡하지 않아 줄서서 기다릴 필요가 없다. 개인만을 위해 도움을 줄 사람, 관리인이 있는 주차장, 개별적인 사무실, 잘 디자인된 화장실, 식사 공간과 흡연실이 있을 뿐이다.

USD10,000 하는 퍼스트 클래스의 가치 중 으뜸은 운전사가 비행기가 있는 곳까지 Mercedes S-Class나 Porsche Cayenne로 승객들을 데려다 준다는 것이다. 1,800평방 메타의 터미널은 Lufthansa의 새로운 고객 우대 프로그램 'Hon'의 승객(현재 최우수 고객의 단지 2%인)들을 포함하여 하루에 350명의 승객들이 다녀간다. 두 번째 Massclusivity 터미널은 Munich에 2005년에 완성될 것이다. 또한, Lufthansa는 스위스의 비즈니스 여객전문 항공사인 PrivatAir와 계약을 맺고 Dusseldorf에서 Newark까지의 구간을 세계 최초로 비즈니스 클래스로만 운영한다. 48석의 객석으로 좌석수를 줄이는 대신 이용객들에게 기존 비즈니스 클래스 좌석보다 더 넓고 안락한 공간을 제공한다. Swiss International도 PrivatAir를 이용하여, 2005년 1월 Zurich와 New York구간을 단지 비즈니스 클래스로만 운영할 계획이다. 주 6회 운행하며 56개의 객석을 가지고 있다.

Singapore Airlines는 Singapore와 New York, LA구간을 단지 비즈니스 클래스와 프리미엄 이코노미 클래스만을 운영한다. 좌석 수는 313개에서 181개로 떨어뜨렸다. 이태리의 Eurofly는 2005년 6월에 Milan과 New York사이의 비즈니스만을 위한 항공기를 운행할 계획이다. 일주일에 6일 서비스 제공을 목표로, 객실에는 컴퓨터가 연결되어 비행기내에서 e-mail과 SMS가 가능하고 비디오 장치가 갖춰졌으며. 드러누울 수 있는 58인치의 좌석을 포함하고 있다. Asia와 Europe의 항공사들도 고급스러운 쇼핑과 좋은 저녁식사를 제공하고 전통적인 비즈니스 라운지에서 벗어나 새롭게 디자인된 Airport Cities를 갖추고 있다.

보스턴의 LimoLiner는 PrivatAir 서비스를 육상운송으로 옮긴 경우이다. 편도에 4시간 걸리는 보스턴에서 뉴욕구간을 하루에 4번 제공하는데, 3대의 LimoLiner버스 각각은 샌드위치와 커피를 먹을 수 있는 공간과 함께 41인치의 넓직한 가죽 시트로 된 28개의 객석과 10명이 회의를 할 수 있는 공간이 있다. WiFi네트워크와 Ethernet도 제공된다.

- Electronics

소니는 미국에서 한정된 소비자들을 위한 브랜드 QUALIA를 내놓고 차별화된 명품 가전을 원하는 소비자 니즈에 부응하고 있다. QUALIA는 숫자로 환산할 수 없는 품질의 차이를 인식하는 뇌의 기능을 말하는 라틴어로, 제조와 디자인의 한계를 뛰어 넘어, 제품과 서비스로 인간의 마음을 어루만지고 감성적인 가치를 일깨우는 것을 목적으로 하는 소니의 글로벌 브랜드이다. QUALIA는 소니가 매우 부유한 소비자들로부터 돈을 벌수 있게 하고, 더 나아가 일반 소비자들에게 퀄리티의 형상을 깨닫도록 하며, 소니의 다른 생산라인을 이용할 수 있도록 제품의 혁신을 더한다. 소니는 17개의 QUALIA제품이 진행중이다. ¥130,000(약 USD11,000)에 판매될 36인치 컬러 모니터는 QUALIA015, ¥380,000(약 USD3,200)에 판매될 2.11메가픽셀 카메라는 QUALIA 016로 시작하여 각 제품은 숫자로 명시된다.

Apple이 블랙과 레드컬러의 iPod U2 Special Edition을 내놓은데 이어, Crystalmini는 소비자들에게 반짝거리는 것 이상의 진정한 매스클루시버티를 가져다주었다. 이 회사는 iPod mini에 고객이 원하는 색상의 Crystal을 선택하여 장식해준다. 이 제품은 iPod mini에 1,000곡의 노래를 넣을 수 있다는 뜻으로 약 1,000개의 크리스탈을 전면부터 뒷면까지 장식한다. Crystal은 Swarovski사의 것으로 사실상 Branded Brands 패션이다.

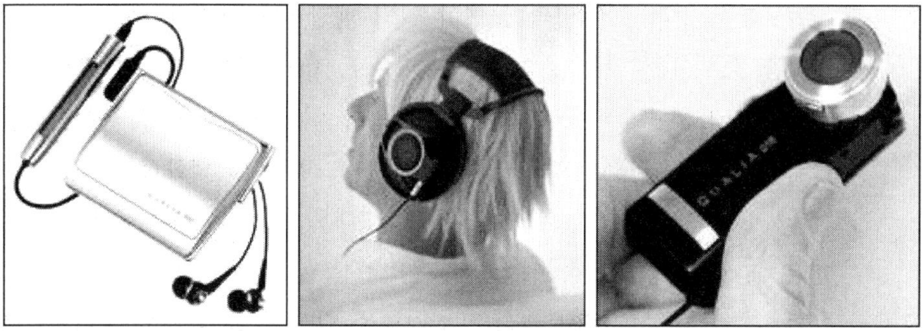

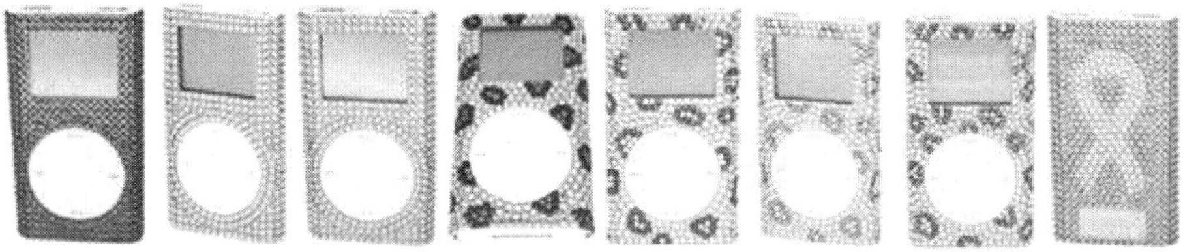

- Cosmetic & Fashion

매스클루시버티를 위한 가장 크고 새로운 시장은 Coastal China와 Urban India 지역에서 붐을 이루고 있다. 가장 고급스러운 Dior 부티끄에서 디자인한 상하이의 Dior Cosmetic은 프랑스와 일본에 이어 3번째로 중국에 만들어졌다. 중국에서 Dior의 연간 판매는 지금 40~50% 증가하고 있다. 상하이의 Dior 부티크 근처에는 Louis Vuitton, Armani, Cartier를 발견할 수 있다. 중국의 고급품 소비자는 16,000만으로 측정되었다. 사실상, Armani는 2008년까지 본토에 20~30개의 새로운 스토어를 열 계획이다. Prada도 올해 15개인 스토어 수를 2배로 늘려 향후 2년 동안 China에 USD 4,000만를 투자할 것이다. Louis Vuitton은 2005년 초까지 중국본토에 13개의 스토어를 계획하고 있다. 이것은 단지 시작에 불과하다. 연간소득이 240,000yuan(약 USD 30,000)이 넘는 중국 소비자의 수는 2010년에 25,000만이 달할 것으로 기대된다.

최근 국내에서도 명품 브랜드 Dior는 최상류층 10여 명의 고객을 상대로 패션쇼를 열었다. 대여비가 1,000만원을 넘는 W호텔의 한 스위트룸을 빌려 7~8명의 모델이 아직 매장에도 깔리지 않은 최신 상품을 선보이는 단독 쇼를 개최했다. 또, Chanel은 20명의 VVIP를 선정해 백화점의 피부관리실을 대여하여 이들에게 무료로 피부관리를 해주고, 고가 화장품도 제공하는 행사를 벌렸다. 백화점에서는 상위 1% 정도의 구매력이 높은 고객들은 상대로 '퍼스널 쇼퍼 룸(Personal Shopper Room)'이라는 쇼핑 도우미 제도를 실시하고 있다. VVIP고객은 여러 매장을 기웃거리는 번거로움 없이 특별 룸에서 코디네이터가 브랜드별로 가져 다 주는 제품을 취향에 따라 고르면 된다. 명품 브랜드는 매 시즌 '리미티드 에디션'이라는 이름의 한정판매 모델을 내놓고, '나만의 것'을 원하는 이들의 경쟁적인 예약 주문을 기다린다.

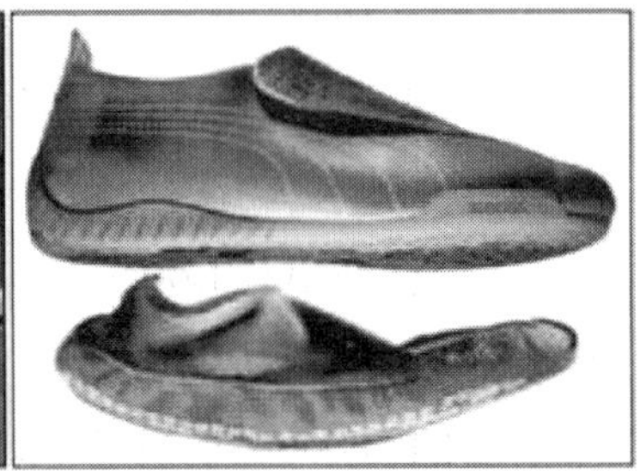

Puma는 한정판 BMW의 'MINI Cooper'운전자를 대상으로 맞춤 생산 방식에 의한 고급 운동화를 내놨다. Karmaloop.com에 바탕은

둔 Puma and Boston은 매스클루시버티의 팬들을 'Freedom Trail'이라고 불리우는 일련번호가 있는 250족뿐인 한정판 신발로 불러들였다. 이 신발은 뒷면에 Boston이라고 쓰여진 검정과 빨강 줄이 있다.

- Card

소비자들은 그들의 로열티 카드와 비행기 특전, 제한된 VIP 라운지 출입을 선호한다. 타일랜드 엘리트 카드는 태국내에서 이익과 할인 혜택을 받는 특권을 누릴 수 있다. 주요 특전은 알파인, 나바티니, 윈드밀, 블루캐년골프장 등 25개 명문 회원제골프장 그린피 면제와 Don Muang 공항 입국시 외교관에 준하는 입국 절차, 공항에서 호텔까지 무료 리무진 제공, 그리고 Thai Airways의 항공료 할인(한번 타면 한번은 공짜) 등이다. 태국 체류 기간도 일반 관광객이 30일인데 비해 엘리트카드 회원은 180일이며 체류기간 하루 1차례 최고급 스파 무료 이용, 오성급 특급호텔과 레스토랑 20~30% 할인, 연간 1회 건강검진 무료 등의 특전도 따른다. 내년에는 카드소비자들을 위한 엔터테인먼트 센터, 골프 클럽, 타일랜드 엘리트 부띠크 호텔이 생긴다. 또한 외국인들이 태국내에 개인소유의 토지를 가질 수 없기 때문에, 카드 회원들은 Thailand Privilege Co.의 이름으로 5천평 이하의 토지 소유할 수 있다. 이 '타일랜드 엘리트카드'는 탁신 치와낫 태국 총리가 태국의 관광 산업 진흥을 위해 내놓은 것으로 태국 관광청이 직접 발급하며 각종 부대 조건 이행을 태국 정부가 보증한다. 내년 말에는 그 프로그램에 적어도 10,000명의 부유한 방문객들이 가입할 것으로 기대하고 있다.

– Hotel

Dubai의 Mina A'Salam은 세계 최고의 Grand Boutique Hotel이다. 대부분의 비즈니스 여행자들은 제공되는 비즈니스 층을 이용하지만, 매스클루시버티를 위한 공간은 개인적인 투숙절차와 대우, 음료와 차, 저녁식사전의 canape 등이 제공되는 라운지, Premium Leisure Club 고객이 개인적으로 이용할 수 있는 넓은 야외 좌석을 가진 가족중심의 개념을 가진다. 아이들을 위해서는 놀이방과 컴퓨터룸이 제공된다. 클럽은 특별하게 훈련된 팀을 통해 개인중심의 서비스가 제공된다.

기존의 서울시내 특급 호텔들도 VVIP를 전담 관리하는 'GRO(Guest Relations Officers)'라는 이름의 고객 관리팀을 따로 운영한다. 이들 업무는 연간 2, 3개월 숙박하는 VVIP의 특별하고 까다로운 요구에 응대하는 것으로, '우리는 모든 것을 가능하게 한다(We make it happen)'는 것이 이들의 모토다.

2. '귀족 마케팅', VIP고객들 거부감 높아

중견 건설회사를 운영하는 김재준(가명·61)씨는 요즘 각종 금융기관, 백화점, 자동차회사 등에서 VIP 고객관리 명목으로 걸려오는 전화 때문에 골치가 아플 지경이다. 소소하게는 신상품 소개에서부터 각종 파티나 공연 초대 등 하루에도 수십 통의 전화가 걸려오기 때문이다.

더욱이 어떻게 정보가 공개됐는지 한 번도 거래하지 않은 기업에서 상품 홍보를 위한 통화를 시도하는 때도 있어 개인용으로 휴대전화 하나를 더 개통해야 할까 심각하게 고민 중이다.

그는 "그동안 거래하던 회사들마다 과거에는 없던 VIP 서비스를 확대하면서 다른 사람들과 차별된 대접을 받고 있는 것은 확실하지만 지나친 관심 때문에 귀찮은 때도 많다"며 "서비스라는 것이 고객들이 불편을 느끼지 않는 범위에서 이뤄져야 하는 것 아니냐"고 불평했다.

국내 기업들의 귀족마케팅이 빠르게 확산되고 있다. 상위 20%에 해당하는 고객이 회사 전체 매출의 80%를 차지한다는 인식이 확대되면서 산업 전 분야에서 소위 '돈 되는 고객'을 잡기 위한 다양한 마케팅 전략이 펼쳐지고 있다.

특히 업종 간, 기업 간 경쟁이 치열해지면서 'VIP 중의 VIP'인 'VVIP(very very important person)'를 넘어, 최근에는 극소수 초우량 고객을 위한 '매스클루시버티(massclusivity)' 개념이 등장하고 있다. 더욱 고급스럽고 특별한 서비스에 주력하겠다는 의미다.

하지만 정작 소비자들은 기업들의 이러한 노력이 달갑지만은 않다. 부유층 소비자들은 이미 최고급 주택에 살면서 비싼 명품과 서비스를 소비하고 있기 때문이다.

이는 다시 말해 부잣집에서 필요한 모든 것이 부자마케팅의 대상이고, 고객도 동일해 그만큼 많은 기업들의 타깃이 될 수 있다는 얘기다. 특히 귀족마케팅이 단순히 상품을 팔기 위한 수단이 아닌 라이프케어(Life-care) 관점에서 접근하다 보니 금융·패션·가전·자동차 등 소비 관련 분야는 물론이고 의료·세무·법률 등 전 산업에 걸쳐 자신의 정보가 공유될 우려도 있다.

실제로 최근 현대자동차와 삼성전자는 '에쿠스' 고객과 '파브' 고객의 데이터베이스를 서로 교환, 이를 자사 프리미엄 상품 마케팅에 적극 활용하고 있는 것으로 알려졌다. 한 시중은행 PB는 "최근 기업들마다 VIP 마케팅을 강화하고 있지만 서비스 대부분이 비슷비슷하기 때문에 일부 상위 계층 고객들은 중복되는 서비스를 받는 일도 허다하다"면서 "잘 하려고 하는 일이 고객들에게는 오히려 귀찮게 느껴질 수도 있을 것"이라고 밝혔다. 그는 특히 "부자들의 공통적인 특성은 신분 노출을 극도로 꺼리며 남에게 쉽게 마음을 열지 않는 것"이라며 "차별화된 고급 서비스를 제공하는 것도 중요하지만 무엇보다도 신뢰가 뒷받침돼야 한다"고 강조했다.

한편 이 같은 우려에도 불구하고 앞으로 귀족마케팅은 더욱 세분되고 고급화될 전망이다. 최근 소비자들은 타인과 차별화된 나만의 명품 소유욕이 커지면서 희소성을 갖춘 명품을 선호하는 경향이 두드러지고 있기 때문이다.

한상완 현대경제연구원 경제연구본부장은 "기존 명품의 대중화로 차별성과 희소성을 갖춘 제품을 찾는 소비자들이 증가하면서 올해는 극소수 고객에게 맞춤형 최고급 제품과 서비스를 제공하는 매스클루시버티 마케팅이 더욱 활성화될 것으로 예상된다"면서 "특히 최근에는 일반인에게 공개되지 않는 사이버 공간에서 특정 회원들을 대상으로 소득수준, 취미 등이 유사한 고객을 그룹으로 묶어 서비스를 제공하는 '사이버 익스클루시버티(Cyber Exclu sivity)'가 주목받고 있다"고 설명했다.[1)]

---

1) 김민정, "'귀족 마케팅', VIP고객들 거부감 높아...사생활 피해 우려," 우먼타임스, 2007.05.02.

13
chapter

부 자

1. 부자들의 9가지 성공 습관

"여러분, 모두 부자 되세요~ 꼭이요!"

2002년, TV를 통해 울려퍼진 한 카드사의 광고 문구는 13년이 지난 지금도 국민의 뇌리에 강하게 남아 있다. 혹자는 이를 "황금만능주의를 부추기는 천박한 문구"라며 비난하지만 IMF 위기를 지나며 경제적으로 지쳐있던 한국인에게 이는 따뜻한 위로가 아니었을까.

하지만 '부자 돼라'는 덕담은 당시에 한해서만 유효한 게 아니다. 자본주의 사회에선 누구나 경제적 성공을 한번쯤은 꿈꾼다. 어쩌면 광고의 성공 비결은 부자가 되고픈 '원초적 본능'에 호소했기 때문일지도 모른다.

무한경쟁에서 살아남아 막대한 부를 얻은 사람들, 그들에겐 어떤 특별한 것이 있었을까. 미국의 커리어 정보 웹사이트 엔터프레니어(www.entrepreneur.com)의 칼럼니스트 존 램튼은 '부자들의 9가지 성공 습관'을 소개한다. 부자가 되고 싶다면 이들의 습관을 한번쯤 따라해 보는 건 어떨까. 따로 돈 드는 것도 아니니 말이다.

가. 명상하기

부자가 되려 하는데 다짜고짜 명상을 하라니, 약간 어이없을 수도 있겠다. 그러나 명상은 실제로 경제적 성공을 이룬 사람들의 중요한 습관이다. 헤지펀드계의 거물, 브리지워터 어소시에이츠의 최고 경영자(CEO) 레이 달리오는 2013년 한 매체에 기고한 글에서 "명상하는 습관이 나의 가장 큰 성공 요인"이라고 밝혔다. '명상하는 부자'는 달리오 뿐만이 아니다. 방송인 오프라 윈프리, 뉴스코퍼레이션의 루퍼트 머독 등 세계적인 유명인사들 중 명상하는 습관을 가진 사람이 적지 않다. 마음을 차분히 다스리고 열심히 운동하는 등 심신을 가꾸는 일은 급변하는 현대 사회 속에서 중심을 잃지 않도록 도와줄 것이다.

나. 아침형 인간되기

"일찍 일어나는 새가 벌레를 잡는다."는 오랜 속담이 있다. 여기에 "그럼 일찍 일어나는 애벌레는 뭐냐"고 반박하는 사람도 있지만, '아침형 인간'이 되는 건 경제적 성공을 이루는 데 확실히 유효한 습관이다. 미국 오바마 대통령이나 영국 버진 그룹의 회장 리처드 브랜슨 같은 인물은 대표적인 '아침형 인간'이다. 아침형 인간은 늦게 일어나는 사람보다 하루를 일찍 시작한다. 오전 중 운동·독서 등 개인 정비시간을 충분히 가진 그들은 본 업무에서 진취적으로 타인을 이끌고 일을 더욱 능숙하게 처리한다.

다. 인적 네트워크 형성

'독불장군'은 무한경쟁시대에서 살아남기 어렵다. 잘 구축된 인적 네트워크는 실제 업무 능력 향상에 놀라운 영향을 끼친다. 다양한 사람과의 관계 형성은 혁신의 실마리가 되기도 한다. 이제는 고전이 된 데일 카네기의 『인간관계론』에 따르면 성공한 사람은 타인에게 불평이나 비판을 늘어놓기 보다는 진지한 태도로 이해하려 애쓴다. 다른 사람을 잘 이해하는 것이 좋은 인간관계를 형성하는 첫 단추라고 할 수 있다.

라. 항상 바쁘다

소위 '금수저'를 물고 태어나지 않는 한, 게으른 사람이 부자가 되는 방법은 없다. 前 미국 대통령 린든 존슨은 주 60~65시간 일하는 걸로 유명하다. 더 한 사람도 있다. 테슬라모터스의 CEO 엘론 머스크는 주 80~100시간 정도 일한다. 그는 이를 "성공한 경영인이 응당 갖춰야 할 일에 대한 열정"이라고 말했다.

마. 거절할 줄 아는 사람

'투자의 귀재' 워렌 버핏은 "그냥 성공한 사람과 진짜 성공한 사람의 차이: 진짜 성공한 사람은 거의 모든 것에 거절한다."고 말했다. 그가 이렇게 강조하지 않아도 '잘 거절하는 것'이 중요하다는 점은 인지상정이다. 거절 못하는 '예스맨'은 과도한 업무를 맡게 돼 본업에 집중하지 못한다. 불필요한 추가 업무나 낭비적인 활동에 대해 당당히 'NO'할 수 있는 사람이 성공을 거머쥘 수 있다.

바. '보는' 것보다는 '읽는' 사람

『부자되는 습관(*Rich Habits*)』의 저자 토마스 콜리에 따르면 부자들 중 67%가 한 시간 이하로 TV를 시청한다. 대신 부자들은 많이 읽는다. 86%의 부자들은 하루 30분 이상 자기 계발을 위해 신문·책을 열심히 읽는다.

사. '해야 할 일' 적어두기

성공한 사람들이 자기 전 반드시 하는 일이 있다. 바로 내일 할 일을 기록하는 것이다. 그들은 단순 기록하는 걸 넘어 일의 우선순위를 정한다. 내게 가장 중요한 일이 무엇인지 파악하는 게 부자가 되는 첫걸음이다.

아. 확고한 목표 설정과 가시화

확고한 목표 설정이 경제적 성공에 얼마나 지대한 영향을 미치는가는 하버드 대학의 연구 결과가 증명한다. 1979년 하버드 경영대학원 졸업생을 대상으로 실시한 이 실험에서 확고한 목표를 설정하고 이를 기록해 둔 사람들의 평균 연봉이 그렇지 않은 사람보다 월등히 높았다.

자. 재정상황 관리

'분수를 아는 것'은 현명한 부자의 필수 덕목이다. 돈이 아무리 많아도 이를 제대로 관리하지 않으면 금방 탕진하기 마련이다. 똑똑한 부자는 언제나 명민하게 경제 동향을 살피고 적절한 곳에 투자하거나 새로운 사업의 기회를 물색한다. 그리고 우발적 상황에 대비해 언제나 비상자금을 저축해둔다. 이는 완전히 실패했을 때 재기할 수 있는 힘이 된다.[1]

2. 부자들과 가난한 사람은 일상습관이 다르다

세계적으로 성공한 사람들은 다양한 성장 배경을 갖고 있다. 세계에서 가장 큰 부자인 빌 게이츠는 유명한 변호사 아버지와 교사 어머니 밑에서 유복하게 자랐다. 투자의 귀재 워런 버핏은 중산층 가정에서 성장했다. 방송인 오프라 윈프리는 극심한 빈곤 속에서 불운한 어린 시절을 보냈다. 환경이 중요하긴 하지만 성공한 사람들 사이에서 환경적 공통점을 찾기란 쉽지 않다. 집안 환경이나 학벌은 한 사람의 성공에 별다른 영향을 미치지 않는 것처럼 보인다.

성공한 사람들을 무엇이든 공통점으로 묶을 수 있다면 그건 환경이 아니라 습관이다. '부자 되는 습관'(Rich Habits)의 저자 토마스 C. 콜리는 223명의 부자들과 128명의 가난한 사람들을 대상으로 습관을 조사했다. 부자들은 연간 16만달러 이상을 벌고 순자산이 320만달러가 넘는 사람들이다. 가난한 사람들은 연간 소득이 3만달러 이하이고 순자산이 5,000달러 미만이다. 이 결과 부자들과 가난한 사람들의 일

1) 오경진, "부자들의 9가지 성공 습관," 온라인 중앙일보, 2015.08.24.

상 습관은 천양지차였다.

부자들은 매일 30분 이상씩 책을 읽는다는 대답이 88%에 달했으나 가난한 사람들은 2%에 불과했다. 책 읽는 것을 좋아한다는 대답도 부자는 86%였으나 가난한 사람들은 26%에 그쳤다. 또 부자들은 매일 해야 할 일을 메모해 둔다는 대답이 86%였다. 반면 가난한 사람들은 9%만이 해야 할 일을 기록했다.

부자들은 TV를 하루에 1시간미만으로 본다는 대답이 60%가 넘었으나 가난한 사람들은 20% 남짓만이 하루 TV 시청 시간이 1시간 미만이었다. 부자들은 또 리얼리티 프로그램을 본다는 대답이 5% 남짓이었으나 가난한 사람들은 75%가 넘었다.

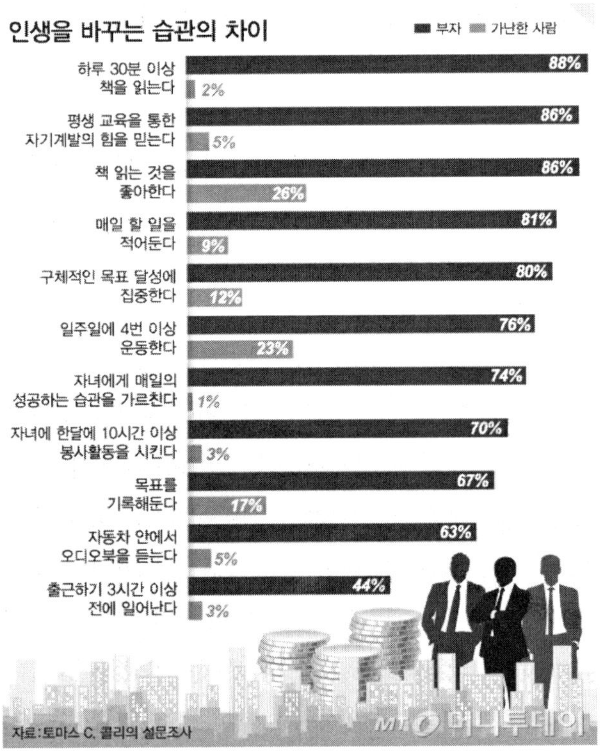

부자들은 출근 3시간 이상 전에 일어난다는 대답이 44%로 절반가

량이었으나 가난한 사람들은 3%에 그쳤다. 일주일에 4번 이상 운동한다는 대답도 부자들이 76%로 가난한 사람들 23%보다 훨씬 많았다. 부자들은 63%가 출퇴근하는 자동차 안에서 오디오북을 들었으나 가난한 사람들은 5%만이 그랬다.

목표 설정에서도 큰 차이를 보였다. 부자들은 67%가 목표를 글로 적어두는데 비해 가난한 사람들은 17%만 목표를 기록했다. 부자들은 80%가 구체적인 목표 달성에 초점을 맞추는 반면 가난한 사람들은 이 비율이 12%로 낮았다. 부자들은 86%가 평생을 통해 교육을 받으며 자기계발에 힘써야 한다고 말했으나 가난한 사람들은 5%만이 평생교육의 필요성을 인정했다. 부자들은 84%가 좋은 습관이 좋은 기회를 만든다고 생각했으나 가난한 사람들은 이 비율이 4%에 불과했다. 부자들은 76%가 나쁜 습관이 인생에 부정적인 영향을 미친다고 밝혔으나 가난한 사람들은 9%만 그렇다고 대답해 나쁜 습관에 대해 대수롭지 않게 생각하는 경향을 보였다.

자녀 교육법도 달랐다. 자녀에게 성공하는 습관을 가르친다는 대답이 부자들은 74%였으나 가난한 사람들은 1%였다. 자녀에게 한 달에 10시간 이상 봉사활동을 시킨다는 대답이 부자들은 70%였으나 가난한 사람들은 3%였다. 자녀들이 매달 2권 이상의 비문학 서적을 읽도록 격려한다는 대답이 부자들은 63%였으나 가난한 사람들은 3%였다.

부자들의 공통된 습관, 일찍 일어나고 매일 책을 읽고 TV를 멀리하고 할 일을 메모해두고 구체적인 목표를 세우고 좋은 습관은 키우고 나쁜 습관은 버리려 의식적으로 노력하는 것을 따라 한다고 반드시 성공하고 부자가 되는 것은 아니다. 하지만 부자들과 가난한 사람들 사이에 이처럼 뚜렷하게 습관의 차이가 존재한다는 것은 부자 되는 습관이 부자가 될 확률을 높일 수 있다는 점을 시사한다.

부자가 되는 습관들은 곰곰이 살펴보면 부자가 되는데 확실히 도움이 된다. 일찍 일어나면 하루를 잘 준비하게 되고 할 일을 적어두면 할 일을 깜박하고 못하는 사태를 방지할 수 있다. 비문학 서적을 읽으면 경제, 사회, 과학 등에 대한 식견을 넓힐 수 있고 TV를 덜 보면 시간을 절약하고 목표를 구체적으로 세워 적어두면 그만큼 목표를 거듭 상기하면서 달성하고자 하는 의욕을 다질 수 있다.

자녀에게 봉사활동을 시키는 것도 결국 봉사활동을 통해 사회를 배우고 체험하는 기회를 주는 것이다. 경쟁이 치열해진 사회에서 성공하려면 다른 사람들에게 도움이 되고 가치가 되는 일을 해야 한다는 가르침을 체감하게 해주는 것이다. 부자 되는 습관, 3개월만 시도해 보고 인생이 어떻게 바뀌는지 경험해 보는 것은 어떨까.[2)]

3. 부자의 비결…그들의 10가지 습관

- 부자 233명 가난한 사람 128명 5년간 분석 결과

비스니스인사이더는 24일(현지시간) '부자습관(Rich Habits)'의 저자 토머스 콜리가 자신의 웹사이트에 밝힌 부자들의 10가지 비결을 이같이 요약해 소개했다.

콜리는 16만달러(1억6천만원) 또는 그이상의 연봉을 받는 사람, 그리고 유동자산 320만달러(32억7천만원) 이상을 가진 사람을 부자로, 연봉 3만5천달러(3천580만원), 유동성자산 5천달러(511만원)이하를 가진 사람들을 가난한 사람으로 분류했다.

그가 알아낸 내용을 요약하면 '부자가 되는 것은 행운과 무관하며 모든 것은 습관에 달려 있다'는 것이다. 이에 따르면 콜리는 지난 5년간 부자 233명, 가난한 사람 128명 등 총 361명을 대상으로 조사, 분석한 결과 이같은 부자가 되는 습관을 도출해 냈다. 그리고 이들의 대부분이 생각방식의 차이라는 점을 알아냈다.

그는 "연구결과 부자는 대부분 낙관주의자였다"고 말했다. 또 "그

2) 권성희, "부자들과 가난한 사람은 일상습관이 다르다," 머니투데이, 2015.03.14.

들은 감사를 표할 줄 알며 습관처럼 행복을 추구한다"고 말했다.

그가 조사결과를 통해 부자들로부터 알아낸 남과 다른 10가지 습관은 다음과 같다.

가. 부자는 그들의 (좋은)습관이 자신들의 삶에 중요한 영향을 미친다고 믿는다.

"매일의 습관은 삶의 재정적 성공에 있어 아주 중요하다." 부자의 52%가 이에 동의했지만 가난한 사람은 3%만이 이에 수긍했다.

부자들은 나쁜 습관이 행운에 저해가 되며, 좋은 습관은 행운의 기회를 만들어 낸다고 생각하고 있었다. 즉 습관이 모여 행운을 만들어 준다고 믿고 있었다.

그는 "내가 행운에 대해 조사했을 때 많은 부자들이 그들은 행복하다고 말했고, 반면 많은 가난한 사람들은 그들이 불행하다고 말했다"고 기억했다.

나. 부자는 아메리칸 드림을 믿는다.

"아메리칸드림(성공신화)은 더 이상 존재하지 않는다." 부자들은 이 말에 2%만이 인정하려 들었다. 반면 가난한 사람들은 87%가 이를 받아들였다.

콜리는 "아메리칸드림은 무한한 잠재력이며 당신 스스로가 이를 만들 수 있다"고 말한다. 그의 연구결과에 따르면 부자들 대부분(94%)은 부가 여전히 아메리칸 드림의 일부이며 이 꿈은 여전히 이뤄질 수 있다고 믿고 있었다.

다. 부자는 전문가가 되기 위한 사람들과의 관계, 개인적 성장을 중시한다.

"관계는 재정적 성공의 핵심이다." 부자는 88%가, 가난한 사람은 17%가 이 생각에 동의했다.

▲세계 3위의 부자워렌 버핏. 그는 소박한 삶으로 잘 알려져 있다.〈사진=씨넷UK/지디넷코리아〉

부자는 그들의 관계가 성공에 중요할 뿐만 아니라 이를 유지하기 위해서도 많은 노력을 들여야 한다고 느끼고 있다. 이들은 평생 친구들에게 축하 전화를 해주는 습관을 기르고, 생일을 축하해 주고, 안부를 묻는다.

콜리는 "내가 안부전화를 걸자 삶은 내 인생에 전화를 걸어주었다"고 말했다. 그는 "그 결과 또 다른 6만달러를 벌게 됐다"고 말했다.

라. 부자는 새로운 사람과 만남을 즐긴다.

"나는 새로운 사람들과의 만남을 즐긴다." 부자는 68%가, 가난한 사람은 11%가 그렇다고 답했다.

관계를 중시하는 것과 함께 새로운 사람들을 만나는 것도 부자들이 되는 중요한 요인으로 꼽혔다. 부자는 새로운 사람을 만나는 것을 좋아하는 것과 함께 남들이 자신을 좋아하는 것 역시 재정적 성공에 중요하다고 믿고 있다.(사실 이 힘을 믿는 사람은 조사대상 부자들의 95%, 가난한 사람들의 9%였다.)

마. 부자는 저축이 매우 중요하다고 생각한다.

"저금하는 것은 재정적 성공에 매우 중요하다." 이에 대해 부자는 88%가, 가난한 사람은 52%가 수긍했다.

콜리는 "부자가 되는 것은 단지 많은 돈을 버는 것만이 아니다"라며 "그것은 많은 돈을 저축하고 부를 쌓는 것"이라고 말한다. 그는 "내가 조사한 많은 사람들은 돈을 많이 벌어서가 아니라 돈을 많이 저축했기에 부자다"라고 말했다. 콜리는 자신의 자녀들에게 '80/20법칙', 즉 수입의 80%를 생활비로 쓰고 20%를 저축하자는 의식을 심어주길 원하고 있다.

바. 부자는 인생의 갈림길에서 결단력을 발휘했다고 느낀다.

"나는 운명을 믿는다" 부자는 10%만 이를 믿었고, 가난한 사람은 90%가 이를 믿는다고 답했다.

뉴욕 증시사상 최대 규모의 상장을 한 잭 마 알리바바 닷컴 회장. 그는 번역회사를 차렸다가 미국에 들러 인터넷을 보고 전자상거래 가능성에 눈떴다. 그는 1999년 알리바바 닷컴을 새로이 출발시키면서 직원들에게 "우리는 해 낼 것이다. 젊기 때문에 결코 굴하지 않을 것이다"고 말했다. 가난한 사람들은 부자 유전자에 대해 엄청나게 잘 믿는 것처럼 보인다. 또 그들 유전자가 자신의 삶에 있어서 크게 성공을 가져다 준다는 것을 믿지 않는 경향을 보였다.

콜리는 "내가 얘기해 본 대부분의 부자들은 사업하는 사람들이었으며 항상 부자인 상황은 아니었다."며 "하지만 그들은 이런 태도를 갖고 있었기에 뭐든지 할 수 있었다."고 언급했다.

사. 부자는 지식보다는 창조성(창의력)에 더욱더 가치를 둔다.

"창의력은 재정적 성공에 핵심이 된다." 부자의 75%가 이에 동의했지만 가난한 사람은 11%만 동의했다.

부자들은 성공에는 창의력이 지적능력보다 훨씬더 많은 영향을 끼친다고 믿는 것으로 나타났다. 반면 가난한 사람들은 지적능력을 타고 나는 것이 훨씬 더 중요하다고 생각하는 것으로 조사됐다. 이들은 또한 부는 대개 우연히 생기는 것으로 믿고 있는 경향이 농후했다. 콜리는 "만일 당신이 내 통계를 본다면 많은 부자들이 C학점 학생들이라는 것을 알게 될 것"이라고 말했다. 그는 "부자가 되는 사람에게는 단지 똑똑하다는 것 외에 그 무엇이 있다"고 말한다.

아. 부자는 자신의 일을 즐긴다.

"나는 내가 하는 일을 좋아한다(좋아했다)" 부자의 85%가, 가난한 사람은 2%가 그렇다고 답했다.

콜리는 "연구결과 많은 부자들이 그들의 일을 사랑했다. 이것은 우연이 아니다"라며 "부자의 86%는 일주일에 평균 50시간, 또는 그 이상을 일한다."고 말했다. 가난한 사람의 경우 이 비중이 43%였다. 또한 부자의 81%는 자신에게 요구되는 일 이상을 했다. 이는 가난한 사람의 17%와 대조를 보였다.

▶제프 베조스 아마존 최고경영자. 그는 월가의 엄청난 연봉을 뒤로 하고 자신과 부모의 돈을 시드머니로 삼아 자신이 생각한 대로 인생을 개척해 오늘날의 아마존을 이뤄냈다.〈사진=씨넷〉

콜리는 "재정적으로 성공을 이루는 것은 창조적 아이디어와 연결돼 있다"고 지적한다. 그는 "부자들은 창조적인 방식을 찾아 이를 가치있는 돈으로 바꿨다. 돈을 벌 수 있는 창조적인 방식에 참여할 때 때때로 터무니없이 많은 돈이라는 결과로 돌아온다."고 말했다.

자. 부자는 건강이 성공에 영향을 미친다고 믿는다.

"건강은 재정적 성공의 핵심이다." 부자는 85%가 이렇게 믿은 반면 가난한 사람은 13%만이 이에 동의했다.

콜리는 "이번 조사과정에서 어떤 사람은 '나는 병원침대에서 돈을 벌 수가 없어요'라고 말했다"고 전했다. 그는 "부자는 건강하다는 것은 아픈 날이 더 적다는 것을 의미하며, 이는 더 많은 생산성과 더 많은 돈으로 해석된다."고 설명했다.

차. 부자는 위험을 감수한다.

"나는 부자가 되기 위해 위험을 감수했다." 부자는 63%가, 가난한 사람은 6%가 그렇게 했다고 답했다.

콜리는 "이 연구에 응한 수많은 부자들이 자수성가한 기업소유주였다"고 설명했다. 그는 "그들은 고난의 학교에서 배움으로써 자기스스로를 가르치는 방법을 마스터했기 때문에 성공했다"고 말했다. 콜리는 이번 조사 대상이 된 부자 가운데 27%가 적어도 한번은 인생에서, 또는 사업에서 실패를 경험했다고 밝혔다. 가난한 사람의 경우 이 비율은 2%에 불과했다. 콜리는 "실패는 뇌의 상처입은 조직과 같다. 이 교훈은 영원히 지속된다."고 말했다.[3)]

4. 부자와 빈자의 5가지 차이

소설가 정미경의 단편소설 '아들의 연인'에서 화자는 사업하는 부유한 남편을 둔 강남 사는 사모님이다. 이 사모님의 아들이 컨테이너에 사는 가난하지만 똑똑한 여대생 도란을 사귄다. "걔가 가난하다고 헤어지는 일은 없어요"라던 아들은 일기장에 "우리가 다르다는 걸 느낀다"는 문장을 남긴 채 여자친구와 헤어진다.

아들이 도란과 헤어진 이유는 도란이 가난한 집 딸이어서가 아니었다. 자신의 친구들과 만날 때 어울리지 못하고 어색한 존재로 남아 있는 도란을 스스로 견딜 수 없어서였다. 정가 9,000원에 봉사료와 부가세까지 붙어 1만원이 넘는 짜장면을 마음 편하게 먹지 못하는 도란의 태도를 받아들일 수 없어서였다. 결국 부잣집 아들과 가난한 집 딸이 헤어지는 이유는 돈도, 학벌 차이도 아닌 문화의 차이였다.

흔히 빈자와 부자는 돈이 있고 없고의 차이일 뿐이라고 생각한다. 하지만 빈자와 부자를 가르는 기준에서 돈은 미미한 요소일 뿐이다. "('위대한 개츠비'의 소설가) F. 스콧 피츠제럴드는 부유하다는 것이 은행에 돈이 많다는 것처럼 단순한 하나의 사실이 아니라, 현실을 바

3) 이재구, "부자의 비결…그들의 10가지 습관," ZDNet Korea, 2014.05.27.

라보는 관점이자 여러 가지 태도의 집합이며 특정한 삶의 방식이라는 점을 이해했다."('또 다른 미국(The Other America)'를 인용한 '계층 이동의 사다리'에서 재인용)

지금 당장 돈이 없어도 부자가 있는가 하면, 돈이 많아도 곧 가난해질 사람이 있다. 로또 당첨자들이 일확천금을 하고도 얼마 못 가 다시 가난해지는 이유는 돈이 없어서가 아니다. 부자의 사고와 삶의 방식을 모르기 때문이다.

어떤 사람이든 만나서 30분만 얘기해보면 그가 부자인지 아닌지, 지금 부자가 아니라고 해도 앞으로 부자가 될 만한 사람인지 아닌지, 매우 높은 확률로 맞힐 수 있다. 당신은 앞으로 부자가 될 수 있을까. 궁금하다면 여기 소개하는 부자와 빈자의 5가지 차이점을 읽어보라.

가. 부자는 성공에, 빈자는 오락에 초점을 맞춘다.

『부자들의 생각은 어떻게 다른가(*How Rich People Think*)』의 저자 스티브 시볼드는 슈퍼 리치와 평범한 월급쟁이의 가장 큰 차이점을 사고방식이라고 지적한다. "우리 집 잔디를 손질하는 정원사는 한 시간에 15달러를 받고 뜨거운 태양 아래에서 열심히 일한다. 만약 열심히 일하는 것이 부자가 되는 유일한 길이라면 그 사람이 부자여야 하고 나는 가난해야 한다." 열심히 일하는 것을 넘어 생각이 달라야 한다는 지적이다.

부자와 평범한 월급쟁이 사이에 존재하는 생각의 차이는 사람들을 만나 나누는 대화에서 단적으로 드러난다. 부자들의 대화는 성공에 초점을 맞춘다. 부자들은 만나면 아이디어와 정보를 교환하고 사업과 기부, 예술품 투자 등을 화제로 이야기 한다. 반면 평범한 월급쟁이들은 엔터테인먼트에 집중한다. 연예인이나 스포츠, 시중에 떠도는 가십거리를 화제로 시간을 보낸다.

나. 부자는 신문을 읽고 빈자는 TV를 본다.

컨설팅회사 '애플루언스 콜래보러티브'가 지난 4월에 발표한 설문조사 결과를 보면 부자들과 평범한 사람들의 인터넷 사용에서 가장 두드러진 차이는 뉴스에 대한 태도였다. 연봉이 50만 달러가 넘는 사람들은 70%가 월스트리트 저널(WSJ) 등 언론 사이트에 들어가 뉴스를 읽는다고 답했다. 반면 연봉 20만달러 미만의 사람들은 44%만 인터넷에서 뉴스를 읽는다고 밝혔다.

온라인 뉴스만 좋아하는 것이 아니다. 이 조사에 따르면 연봉 50만달러 이상의 부자들은 일주일에 11시간 이상 종이 신문을 읽는다는 대답이 20.5%였다. 반면 연봉 20만달러 미만의 사람들은 일주일에 11시간 이상 종이 신문을 읽는 비율이 6%에 불과했다. 종이 신문은 거의 안 본다는 대답이 연봉 50만 달러 초과 그룹에서는 18.5%였으나 연봉 20만달러 미만 그룹에서는 33.5%에 달했다.

TV 시청 시간은 반대로 나타났다. 연봉 20만달러 미만 그룹에서는 일주일에 21시간 이상 TV를 본다는 대답이 38.5%, 11시간 이상은 72.5%에 달했다. 반면 연봉 50만 달러 이상 그룹에서는 일주일에 21시간 이상 TV를 본다는 대답이 21.5%로 낮아졌다. 11시간 이상 TV 시청 비율은 53.5%였다. TV를 일주일에 5시간 미만으로 본다는 대답이 연봉 50만 달러 초과 그룹에서는 21%로 상당히 높았으나 연봉 20만 달러 미만 그룹에서는 9.5%로 10%를 넘지 않았다.

다. 부자는 조용하고 빈자는 시끄럽다

TV 시청은 부자와 평범한 사람을 가르는 매우 중요한 기준이 된다. 『돈으로 살 수 없는 것(*What Money Can't Buy*)』이라는 책은 "사회 계층이 낮아질수록 TV가 켜져 있을 확률이 높아진다."고 지적한다.

미국의 계층별 특징을 연구한 『계층 이동의 사다리』라는 책에서도 대물림되는 가난의 특징 가운데 하나로 "TV가 상황에 무관하게 거의 항상 켜져 있다"는 점을 지적한다. 이 책은 또 빈곤층을 특징짓는 3가지 불문율을 제시하면서 "소음이 많다"는 점을 들면서 "TV는 항상 켜져 있고 여러 사람이 동시에 이야기한다."고 밝혔다.

TV를 많이 보는 것은 단순히 TV에 시간을 많이 낭비하기 때문에 문제가 되는 것은 아니다. TV는 환경을 시끄럽게 해서 깊은 생각과 사색과 대화를 방해한다. TV가 항상 켜져 있는 집에서 진지하게 생각을 하거나 가족간에 오순도순 대화하는 장면은 떠올리기 어렵다.

'돈으로 살 수 없는 것'이란 책은 "프롤레타리아는 잡음과 고함 소리가 두드러진다."며 "상류층의 한 가지 표시는 고요함"이라고 지적했다. 한 마디로 부자는 조용하고 빈자는 시끄럽다. '빈 수레가 요란하다'는 속담이 여기에서 나왔을까.

라. 부자는 깨끗하고 빈자는 지저분하다

고요함과 소음의 차이만큼 두드러진 것이 깨끗함이다. 『우리 가운데 살고 있는 가난한 사람들(*The Poor Who Live Among Us*)』이란 책은 "가난한 가족의 집으로 걸어 들어가 보라. 악취가 코를 찌르고 불결함이 눈을 괴롭힐 수도 있다"고 지적한다.

가난하기 때문에 지저분한 지역에 살고 그렇기 때문에 불결하게 된다고 결과론적으로 해석할 수도 있다. 하지만 지저분한 지역에 살아도 의지만 있으면 자신이 사는 집과 집 주변은 깨끗이 할 수 있다. 가난하지만 안에 들어가면 정리정돈이 잘 돼 있어 정갈한 느낌이 드는 집이 있다. 한국의 옛 가난한 선비들을 생각할 때 연상되는 청빈이 있다. 청빈하면 돈이 없어도 부자가 될 수 있다.

주위가 어지러운 것은 그만큼 나태하다는 뜻이다. 주위가 정리가 되지 않으면 머리 속도 정리가 되지 않는다. 새뮤얼 고슬링 미국 텍사스대 교수가 학생들의 자취방과 기숙사 방 83개, 기업 사무실 94개를 조사한 결과가 이를 증명한다. 조사 결과 지저분한 공간을 가진 사람들은 깨끗한 공간을 가진 사람들보다 효율적이지 못하고 체계적이지도 못하며 창의력도 떨어졌다.

마. 부자는 투자하고 빈자는 소비한다.

'또 다른 미국'이란 책은 가난한 사람에 대해 "만족을 지연하지 않아 저금하지 않으며 쾌락을 얻을 수 있으면 즉시 누린다."고 지적했다. 우리나라에서 큰 인기를 끌었던 '마시멜로 이야기'란 책은 성공의 가장 큰 비결을 현재의 쾌락에 빠지지 않고 만족을 미래로 지연시킬 수 있는 능력에서 찾는다.

『계층 이동의 사다리』란 책에서도 빈곤층에게 돈이란 "소비하는 것"이고 부유층에겐 "보존하고 투자하는 것"이라고 지적했다. 돈을 보는 관점 자체가 빈자와 부자는 다르다는 뜻이다.

흔히들 "나는 돈을 많이 벌면 뭐도 사고 뭐도 할 거야"라고 말한다. 이런 사람 중에 부자 되는 사람 없다. 부자들은 무엇을 사고 무엇을 하기 위해 돈을 벌지 않는다. 다시 말해 쓰기 위해 돈을 버는 것이 아니다. 부자들에게 돈이란 지금의 만족을 위해 써 버리는 대상이 아니라 잘 투자해 유지하고 늘리는 대상이다.

게다가 부자들은 돈 자체를 버는데 많은 열정을 쏟지 않는다. 스코피오 파트너십과 스탠더드 차터드 프라이빗 뱅크 등이 유동자산만 200만달러가 넘는 부자들 1,400명을 대상으로 조사해 지난 2월에 발표한 보고서가 이를 보여준다.

스코피오 파트너십은 인생을 사랑하는 것, 의미 있는 목표를 세우고 추구하는 것, 어떤 일이 일어나도록 하는 것, 지식을 얻는 것, 세상을 좀더 살기 좋은 곳으로 만드는 것, 새로운 기회를 잡는 것 등 12가지 삶의 활동을 제시하고 자신의 에너지 수준을 1에서 10까지 표기하도록 했다.

부자들은 거의 전 영역에서 평균보다 훨씬 더 높은 수준의 에너지와 열정을 보였으나 단 한 가지만 순자산이 5만 달러가 안 되는 평범한 사람들보다 낮은 수준의 열정을 보였다. 바로 '금전적으로 성공하는 것'이다. 부자들은 이미 부자이기 때문에 금전적 성공에 큰 의미를 안 두는 것일 수도 있다.

하지만 부자들이 평균보다 월등히 많은 에너지를 쏟는다고 밝힌 분야를 살펴보면 부자는 사고방식 자체가 다르다는 것을 느낄 수 있다. 부자들은 '새로운 기회를 찾는 것'에 평균 수준을 가장 크게 뛰어넘는 열정을 보였고 그 다음이 '일을 다르게 하는 것'과 '일이 이뤄지도록 하는 것'이었다. 가난한 사람들은 소비할 돈에 집중하지만 부자들은 돈을 벌어다 줄 기회와 일에 초점을 맞춘다.

대물림되는 가난은 돈으로 해결할 수 없다. 요즘은 기초생활수급비를 받는 가정의 학생들도 값비싼 스마트폰을 가지고 다닌다. 약정만 맺으면 싸게 살 수 있는데다 통신비를 지원 받기 때문이다. 부자와 빈자의 차이는 스마트폰이 있느냐 없느냐의 차이가 아니다. 돈의 문제를 넘어서는 생각과 태도의 차이다.

5. 한국의 식당 부자들

– 연예인에서 이태원 식당가의 황제로

새 밀레니엄의 시작이라며 모두가 붕 떠 있던 2000년. 하지만 배우 홍석천(43)에게 2000년은 살면서 맛볼 인생의 쓴맛을 쓰나미처럼 받아 냈던 시간이었다. 독특한 외모와 연기로 스타가 됐지만 스스로 '게이'라고 밝힌 커밍아웃은 그제까지 누려 왔던 모든 삶을 송두리째 나락으로 떨어뜨렸다.

15년 후인 2014년 현재 배우·방송인 홍석천은 다시 드라마, 뮤지컬, 예능 프로그램에서 종횡무진 활약 중이다. 커밍아웃이라는 말조차 낯설던 시절, 어찌 보면 성적 소수자의 권익을 상징하는 프런티어 역할을 감내해야 했던 과거를 돌이켜 보면 그야말로 격세지감이다.

"2000년 그 일이 있은 후부터 생계가 막막해졌어요. 모든 활동이 올 스톱됐으니까요. 1년이나 1년 반이면 되지 않을까 싶었는데, 휴식이 3년을 넘어가자 정말 조급해지더군요. 모아 둔 돈도 떨어져 가던 차라 방송 외에 내가 좋아하고 하고 싶은 일을 찾아보자고 마음먹었어요."

- 세상 어디에도 없는 맛을 선물한다.

해답은 요리였다. 시골 출신(충남 청양이 고향)이라 오랜 자취 생활 덕에 음식이라면 자신 있었고 요리 자체를 즐기기도 했다. 활발한 방송 활동으로 외국의 이름난 식당도 많이 찾을 수 있었고 음식은 단순히 먹는 것 이상의 문화라는 것도 진즉 알고 있었다. 한일 월드컵이 막 끝난 2002년, 드디어 이태원에 이탈리아 레스토랑을 열었다.

혹자는 그를 '이태원의 황제'라고 부른다. 2002년 처음 가게 문을 낸 '아워플레이스(지금의 마이엑스)'를 시작으로, 현재 '홍 대표'가 운영하는 식당만 이태원 좁은 골목에 7개에 이른다. 아워플레이스는 '마이엑스'로 상호를 바꿨고 그 이후 마이타이 · 마이타이차이나 · 마이첼시 · 마이누들 · 마이홍 · 마이치치스 등 '마이' 시리즈로 연 매출 수십억 원을 올리는 성공 가도를 달리고 있다. 그렇다고 처음부터 대박의 기쁨을 누렸던 것은 아니다. 성공한 사람들이 으레 그렇듯이 그 역시 실패와 좌절을 성장의 자양분으로 삼아야 했다.

"중국집 · 일식집 빼고 먹어 본 외국 음식이 피자 · 스파게티뿐이어서 아는 것부터 시작하자고 마음먹었어요. 그 대신 서양 요리를 한국식으로 풀었죠. 음식은 칭찬을 받았는데, 생각지도 못했던 장애물을 만난 거예요. 바로 저 자신이었죠. 어쩌다 가게를 찾은 손님도 절 보곤 '게이바 아니냐'며 발을 돌리기 일쑤였어요. 가게 주인을 보면 마음이 편하지 않으니 왔다가 돌아가는 손님이 부지기수였죠. 굉장히 힘들었어요."

그렇다고 어렵게 시작한 첫 사업을 포기할 수 없었다. 바닥이 무엇인지 제대로 겪었던 터라 '살아남겠다.'는 오기가 발동했다. 더 이상

스타 홍석천은 없었다. 손님 앞에 무릎을 꿇고 눈높이를 맞추며 주문 받았고 주방장이 퇴근한 후 찾아오는 손님에겐 직접 조리해 대접했다. 1년여가 지나자 게이바라는 소문 대신 '편하고 맛있는 집'이란 평이 돌기 시작했다.

첫 식당인 마이엑스는 메뉴나 아이템뿐만 아니라 입지 선택도 모험이었다. 6~7층 건물 꼭대기와 옥상에 자리 잡았기 때문이다. 당시만 해도 식당은 당연히 1층, 높아야 2층이 정해진 공식이었다.

"미쳤다고 하는 사람이 태반이었어요. 사업을 시작할 때부터 남들과 다르게 시도하고 싶었는데, 입지부터 파격적이었던 거죠. 다들 '망할 것'이라고 말렸지만 전 그렇지 않아도 복잡한 1층에서 왜 부대껴야 하나 싶었어요."

옥상에서 좋은 전망을 보며 음식을 즐기는 루프트톱 바(roofttop bar)가 이태원에 처음 등장했지만 낮엔 쳐다보는 사람조차 없었다. 밤에 간판 불이 들어와야 알아보는 사람들이 조금씩 늘어갔다.

"외국인들 사이에서 '적은 인원이 알차고 재미있게 파티를 즐길 수 있는 공간'이라는 소문이 나면서 활기를 띠기 시작했어요. '엑스'라는 상호에는 나의 처음, 시작이라는 뜻이 담겨 있죠. 또 한국인과 외국인의 차별이 없고 동서양의 합쳐진 음식·레스토랑(식사)과 파티가 모두 가능하다는 뜻에서 '믹스'의 의미도 있어요."

하루 3만8,000원 매상에서 출발한 마이엑스가 자리를 잡자 새로운 도전에 나섰다. 창업 3년 후인 2005년 문을 연 '마이타이'다. 사실 태국 음식 사업이 처음은 아니었다. 마이엑스의 성공으로 얻은 자신감으로 여의도에 큰 식당을 열었지만 결과는 처참한 실패였다. 결국 이태원으로 복귀해야 했다.

큰 실패를 겪은 후라 절치부심할 수밖에 없었다. 원래 가죽 가게였던 1층 터를 얻기 위해 주인을 3년이나 따라다녔다. 태국을 직접 찾아 수십 명의 주방장을 만났고 인테리어 소품도 거의 현지에서 조달했다. 가게 문을 연 후에도 석 달에 한 번은 태국에 들어가 새로운 메뉴를 찾으며 공부했다. 결과는 대성공이었다. 첫날 매출 3만8,000원의 기억 대신 첫 달 매출 7,000만 원의 대박이었다.

– 겨울철 창업은 망하는 지름길

"7개 식당 모두가 대박인 것은 아니에요. 잘 되는 곳도 있지만 적자인 곳도 있죠. '식당 10개를 오픈하면 1~2개 빼곤 망한다.'는 속설이 사실이에요."

30대의 10년을 온전히 바쳐 이뤄낸 성공 비결은 무엇일까. 홍 대표는 "식당은 무조건 사람"이라고 말했다. 오너와 직원, 손님 간의 커뮤니케이션이 무엇보다 중요하다는 뜻이다. 주변 사람을 배려하지 않는 주인장의 고집만큼 위험한 것은 없다. 잘못된 점은 눈물을 쏟을 만큼 따끔하게 지적하되 큰형 같고 사촌 오빠 같은 넉넉함을 품을 줄 알아야 한다는 게 그의 말이다. 소통의 대상은 직원과 손님만이 아니다. 구청 공무원, 이웃 가게 주인들, 거래처, 시장 상인 등 식당 주인이 상대해야 하는 사람은 끝이 없다.

둘째는 '가격 대비 만족도'다. 물론 맛이 기본이지만 음식 값을 지불하고 나서 만족스러워하는지 반드시 확인해야 한다. '이 가격에도 훌륭하다'거나 '이래서 비싸네'가 돼야지 '이래서 싸구려구나' 소리를 들으면 애당초 접는 게 낫단다.

창업과 관련한 조언도 이어졌다. 요식업은 언제나 겨울이 비수기다. 봄에서 가을까지 열심히 벌고 12~3월엔 버티기 수준이라는 것. 따라서 제일 좋은 창업 시기는 4월이다. 여유 자금이 넘치지 않는다면 겨울 창업은 버티기 힘들다. 정말 식당에 뜻이 있다면 최소한 1년은 몸으로 경험해야 하는 게 좋다. 창업 교육 몇 번 받고 책 몇 권 읽었다고 되는 게 아니기 때문이다. 직접 접시를 나르고 손님의 불만을 처리하고 어디 가야 싸고 좋은 재료를 구할 수 있는지, 즉 가게 운영을 꿰뚫어야 성공적인 식당 창업을 기대할 수 있다는 뜻이다.

30대 젊음을 바쳐 이뤄낸 성공. 지금까지는 자신이 좋아하는 일을 하며 좋은 사람들과 어울리는 게 사업의 목적이었다. 어느덧 40대 중반에 다다른 지금 홍 대표는 새로운 목표를 향해 나아가는 중이다. 본격적인 프랜차이즈 사업으로, 5,000만~1억 원 투자로 가능한 분식집이다. 그 대신 지금까지 그래왔듯이 어디에서도 볼 수 없는 떡볶이와 김밥이 등장할 것이라고 자신했다. 올봄부터 본격적인 가게 오픈에 들어갈 예정이다. 레스토랑 운영 경력 15년 차 '이태원 황제'의 전망은? '잘 될 것'이란다.[4]

6. 삼성그룹 이건희 회장의 '부자가 되는 방법'

가. 부자 옆에 줄을 서라.

산삼 밭에 가야 산삼을 캘 수 있다. 부자가 되고 싶으면 부자들이 모이는 곳에 가서 직접 보고 듣고, 대화를 나누는 식으로 경험을 해봐야 한다. 일단 부자들이 어떤 사람들인지 알아야 부자가 될 수 있다.

나. 늘어본 떡만 먹지 말고, 없으면 나가서 만들어라.

실패한 사람은 문제만 살펴보고 끝나지만, 성공한 사람은 문제의 해법까지 찾는다. 떡이 없는 문제가 생겼을 때, 떡을 만들어낼 해법을 찾는 행동을 하라.

다. 돈 많은 사람을 부러워하지 말라.

그가 사는 법을 배우도록 하라. 돈 많은 사람의 현재만 보고 부러워하지 말라. 그가 어떻게 돈을 벌고, 불려 왔는지 배워라.

4) "한국의 식당 부자들-연예인에서 이태원 식당가의 황제로," http://magazine.hankyung.com, 2014.04.16.

라. 본전 생각을 하지 말라.

손해가 이익을 불러온다. 때때로 일을 하거나 투자를 하다 보면 손해를 보는 일이 있다. 손해를 손실로 생각하지 말고, 더 많은 것을 얻기 위해 투자했다고 생각하라.

마. 돈을 내 마음대로 쓰지 말라. 돈에게 물어보고 사용하라.

돈에게 물어봤자 돈이 대답할 리는 없다. 다만 돈을 쓸 때 이 돈을 어떻게 벌었는가? 어떻게 써야 가치 있게 쓰는가? 따져볼 필요가 있다.

바. 작은 것을 탐내다가 큰 것을 잃는다.

무엇이 큰 것인지를 판단하라. 소탐대실은 널리 알려진 사자성어다. 그럼에도 왜 작은 것을 얻으려다가 큰 것을 잃는 사람들이 그리도 많은가?

아무리 작더라도 눈앞의 이익은 피하기 힘들기 때문이다. 소탐대실하지 않으려면, 넓고 크게 보는 습관을 키워야 한다.

사. 돌다리만 두드리고 있지 말라.

그 사이에 남들은 결승점에 가 있다. 빠르게 변하는 시대다. 너무 오래 생각하다 보면 기회를 잃는다. 신중히 생각하느라 시간을 끄는 것보다 실패하더라도 일단 시도부터 하는 게 좋다. 신중을 핑계로 결정을 미루느니, 빨리 실패하고 다시 재도전하는 것이 성공 가능성을 높이는 길이다.

아. 불경기에도 돈은 살아 숨 쉰다.

돈의 숨소리에 귀를 기우려라. 다들 어려운 불황에서도 돈이 모이는 곳은 있다. 돈이 어디에 있는지, 어디로 향하는지 관심을 갖다보면 돈이 말을 걸어준다.

자. 인색하게 굴지 말라.

인색한 사람에게는 돈도 야박하게 대한다. 부자가 되려고 절약하는 것은 좋지만, 짠돌이, 짠순이처럼 살면서 주위 사람들에게 항상 얻어 먹기만 하고 베풀지 않는 사람들이 있다. 그렇게 짜게 모은 돈은 주인을 야박하게 배신하기도 한다.

차. 있을 때 겸손해라. 하지만 없을 때는 당당하라.

보통 사람들은 있을 때 거만하고, 없을 때는 비굴하다. 하지만 부자가 되려면 반대로 있을 때 겸손하고, 없을 때 당당해야 한다.

7. 부자소질 테스트

부자가 되고 싶은 소비자는 많지만 실제로 부자가 되는 사람은 별로 없다. 부자의 길은 생각보다 좁고 어두워 아무나 가지 못하기 때문이다. 부자가 되어 쿨하게 살기를 원하지만 보통 사람들 중 대부분은 쿨쿨대며 꿈속에서 부자의 길을 좇는다.

13평형 아파트에 세 들어 살면서도 마음이 부자인 사람이 있는 반면 강남에 50평대 아파트를 소유하고도 가난하다고 여기는 소비자도 많다. 그만큼 부자를 재는 잣대는 다양하다. 일반적으로 부자라고 하면 현재 살고 있는 집을 제외하고 10억원 이상의 자산을 가진 사람을 말한다.

인생은 선택의 연속이다. 일부러 가난한 삶을 선택하는 사람은 거의 없다. 최선의 선택이 나중에 보니 부자의 길과는 거리가 멀었다는 경우가 대부분이다. 부자는 땀과 세월이 만든다. 절대적인 기준은 아니지만 부자가 될 소질이 있는지 한 번 체크해 보자. 소질이 있으면 소질을 살리고, 소질이 없으면 소질을 만들어 계발하면 될 것이다.

(1) TV홈쇼핑을 이용해 물건을 구입하지 않는다. 직접 가는 편이다.
(2) 구체적인 목표를 정하고 목돈을 만들기 위해 저축한다.
(3) 수입의 50% 이상을 저축하고 있다.
(4) 물건을 살 때 3번 이상 생각한다.
(5) 물건을 살 때 반드시 깎으려 한다.
(6) 좋은 차로 바꾼 친구를 부러워하지 않는다.
(7) 돈 많은 사람이 돈을 쓰는 것에는 문제가 없다고 생각한다.
(8) 한해에 내가 낸 세금(원천징수 등)이 얼마인지 알고 있다.
(9) 종합소득세를 내고 있다.
(10) 세금에 대한 상식이 있으며 절세하는 법을 잘 알고 있다.
(11) 시중 은행의 이자율이 몇 %인지 알고 있다.
(12) 절약이 몸에 배인 부모 밑에서 자랐고, 부모 생각에 동의한다.
(13) 돈을 열심히 버는 목적은 가정의 행복과 건강이다.
(14) 돈을 아끼고 열심히 모으는 배우자와 함께 산다.
(15) 투자에 밝은 친구 혹은 부자 이웃이 있다.
(16) 일찍 자고 일찍 일어난다.
(17) 돈을 아끼는 이유는 항상 아껴 쓰는 자세가 중요하기 때문이다.
(18) 남들로부터 성실하다는 평을 받고 있다.
(19) 한 번 세운 원칙은 꼭 지키는 편이다.
(20) 주식투자 시 기대 수익률은 20~30%가 적당하다.

〈테스트 결과〉

- 17개 이상/ 당신은 이미 부자다. 더 공부할 것이 없다.
- 10개 - 16/ 상당한 소질을 갖추고 있다. 부자의 길목에 접어들었다.
- 5개 - 9개/ 이제 부자로서의 삶에 눈뜨는 단계다. 부자를 연구하고, 실천하라.
- 5개 미만/ 부자로 가는 길의 반대로 가고 있다. 그러나 지금부터

시작해도 늦지 않다.[5)]

8. 부자 인터뷰

남문기 뉴스타그룹 회장은 29세때 혈혈단신으로 300달러만 들고 미국에 갔던 지난 1981년을 회상하며 이렇게 말했다. 고생고생 끝에 그는 30억달러의 그룹을 일궜다. 그는 “거지는 병들어 죽어도 되지만, 굶어죽으면 안된다”며 “그게 바로 프로근성”이라고 했다. 부자들이 한 자리에 모였다. 모인 그들이 ‘부(富)’를 이야기했다. 단순히 돈을 버는 방향을 논한 것이 아니다. 부자가 돼 그 열정을 누군가와 나누는게 바람직하다는 쪽으로 화제가 모아졌다. 이렇게 얘기한 이들은 세상을 움직이는 기존 대기업 부자는 아니지만, 대신 혼자 힘으로 남부럽지 않게 자신의 사업을 끌어올린 ‘신흥 부자’들이다.

이들의 공통점은 돈 버는데 목숨을 걸면서도, 아낌없이 누군가에 쓰고 또 쓸 수 있다는 철학으로 무장했다는 것이다. 새로운 부자상을 만들어 가는 이들이기도 하다. 헤럴드경제는 지난 25일 오후 서울 종로구 경운동 천도교 수운회관에서 부자학연구학회와 한국지식서비스학회가 주최한 ‘부자학과 지식서비스’ 토론회에서 대한민국의 바람직한 부자상을 제시하는 이들을 직접 만났다.

남문기 뉴스타그룹 회장과 박형문 녹십초 회장, 강윤선 준오헤어 대표, 김기훈 쎄듀 대표, 김영빈 송파합동법률사무소 변호사, 배한성 성우(서울예술대 겸임교수), 이영철 영철버거 대표, 임진호 초당대학교 한중정보문화학과 교수, 한동철 부자학연구학회 회장 등이 토론에 참석했다. 일부는 남들이 알아주는 부자고, 일부는 자신이 정신적 부자라고 자부하는 이들이다. 9명의 패널은 물질적 풍요를 이룬 후에도 사

5) 오승건, “한상복의 저서 『한국의 부자들』에서 인용,” 위즈덤하우스.

람들에게 존경받을 수 있는 올바른 부자의 상을 제시했다. 한동철 회장과 배한성 성우가 공동으로 사회를 보며 토론을 진행했다. 어디서도 들을 수 없는 얘기, 부자들의 솔직토크를 지면에 생중계한다. 얘기는 자유롭게 진행됐고, 가감없이 전달한다.

▶ 부자에도 종류가 있다

- 한동철 회장=부자에 대해 어떻게 생각하십니까.

- 배한성 성우=저는 절대 부자는 아닙니다. 가난한 어린 시절을 보냈습니다. 큰 부자는 하늘이 내린다고 생각합니다. 하지만 부지런히 일하면 작은 부자는 될 수 있겠죠. 부지런해져서 작은 부자가 되자는 생각으로 방송에 임합니다.

- 한 회장=미국으로 건너가 한국인들에게 많은 도움을 준 남문기 회장 말씀 들어보겠습니다. 남 회장은 81년 29세 때 300달러만 갖고 미국에 가서 현재 30억달러의 매출을 올리는 부동산 거부가 됐습니다.

- 남문기 회장=그렇습니다. 제가 미국을 간 건 29살 때입니다. 그때는 고작 300달러만 가지고 가서 아파트도 얻지 못했습니다. 저는 항상 "거지는 병들어 죽어도 되는데 절대 굶어 죽으면 안된다"는 말을 합니다. 그게 프로근성이죠. 부동산 하시는 분들은 부자가 되는 게 정상입니다. 부자가 되려는 욕심은 끝이 없겠지만 돈에 미치지 않고 일에 미치니, 돈이 따라왔습니다.

- 강윤선 대표=우리나라 사람들은 '부자'라고 하면 선입견이 있습니다. 부자가 되기를 갈구하면서도 겉으로 표현을 못하는 이유죠. 하지만 부자에도 종류가 많습니다. 딸부자, 아들부자…. 저는 '직

원부자'입니다. 대단한 사람은 아니지만 미용을 하고 있습니다. 미용이 과거에는 생계용이었고, 열악한 직종이었습니다. 하지만 이게 세계적으로 경쟁력이 있습니다. 그래서 미용은 가난하다는 인식을 깨고 싶었습니다. 우리 직원들을 잘살게 하는 게 목표입니다. 직원이 성공하는 회사. 우리 직원이 2,000명이 좀 넘는데 300명 이상은 연봉 1억원 이상을 받고 있습니다. 미쳐야 미치는 거라고, 그렇게 하니까 미용에 대한 인식도 바뀌게 된 것 같습니다. 직원을 성공시키니까 만족하는 삶을 살게 됐습니다.

- 한 회장=두 분의 공통점은 모두 직원을 부자로 만들어줬다는 겁니다.

- 박형문 회장=저는 5남매 중 막내입니다. 어머니는 "위에서부터 내려오니 물려줄 유산이 없다"며 "공부밖에 줄 게 없다"고 말씀하셨습니다. 어렸을 때 사주에는 '세상이 알 만한 좋은 일을 할 것'이라고 나왔는데, 그 사주는 내 것이 아니라고 생각했습니다. 그런데 신입사원 때 회사에서 잘못한 일을 내 아이디어로, 10명이 고생할 것을 30분 만에 끝낸 적이 있습니다. 그날 새벽에 사주가 생각났습니다. 큰 부자가 될 수 있을 것 같았습니다. 그 이후에는 잠을 안 자도 힘들지 않더군요. 나는 유산없이 무일푼으로 부자가 된 사람입니다. 돈을 벌려면 직관력을 키워야 한다고 생각합니다. 10년 후를 미리 생각해야 부자가 될 수 있습니다.

▶ 가난한 사람이 존경하지 않으면 진짜 부자 아니다

- 한 회장=다음은 6개월 동안 고작 2개의 빵을 팔고도 좌절하지 않고 '영철버거'를 성공시킨 이영철 대표님, 이 대표는 영철버거로 번 돈을 고려대에 기부도 했습니다.

- 이영철 대표=나는 부자가 뭔지 어떻게 돈을 벌어야 하는지 잘 몰랐습니다. 초등학교 4학년 중퇴고, 한정된 삶을 살고 11세에 서울에 올라와서 안해 본 게 없습니다. 사실 돈에 대한 애착이 없었습니다. 처음에는 명문대학생들과 대화를 나누는 게 두려웠습니다. 그런데 학생들이 친형처럼 잘해 주더라고요. 32세에 다시 태어난 기분이었습니다. 그래서 이 학생들에게 뭔가 베풀고 싶었습니다. 어려운 학생들도 많던 시기였으니 기부를 결심했습니다. 부자가 돼야 한다는 결심을 하기보다는 여러분의 가치관만 갖고 산다면 존경받는 부자가 될 수 있습니다.

- 김기훈 대표=나는 부자는 아니지만 영어강의를 통해 두 가지를 강조합니다. 세상이 알려주지 않는 두 가지. 가장 본질적인 것은 배우자를 잘 만나는 것과 부자가 돼서 잘 사는 것 입니다. 지난주에 보니 타워팰리스의 전세값이 23억원이라고 하더군요. 댓글이 1,000개 이상 올라왔습니다. 댓글 대부분이 부자에 대한 잘못된 인식이었습니다. 부가 깨끗이 형성되지 않았고, 정당하지 못한 방법으로 일궜다는 의견이었습니다. 이렇게 생각해서는 부자가 될 수 없습니다. 부자에 대한 연구가 부족하면 부자가 될 수 없습니다. 부자에 대한 올바른 인식이 있어야 부자가 될 수 있는 첫 단추를 꿰는 것입니다.

- 한 회장=그렇습니다. 부의 핵심은 가난한 사람이 존경하지 않으면 절대 부자가 될 수 없다는 것입니다. 혼란의 시기에는 가난한 사람들의 공격과 분노가 가장 먼저 부자들에게 향하곤 합니다.

- 임진호 교수=과거 중국에는 부자가 많았습니다. 땅도 넓고 사람도 많아 토대가 형성돼 있었습니다. 국가에서는 정책적으로 부자들을 법으로 보호했습니다. 정책적으로 부자의 역할을 일반 국민

들에게 베풀 수 있도록 길을 터놓은 것입니다. 부자와 빈자 사이의 간극을 어떻게 좁힐까. 부자에 대한 인식 전환 등의 노력이 필요합니다.

- 김영빈 변호사=살아가면서 행복한 삶을 살고, 자신을 위한 시간뿐 아니라 남을 돕는 삶도 살고 싶다면 부자가 돼야 합니다. 어렸을 때 아버지는 꼭 변호사가 되라고 하셨습니다. 물질적 부자가 아니라 독립적 존재로 자유롭게 서라는 의미였습니다. 제가 부자가 되고 싶은 건 타인을 도와주고 싶기 때문입니다. 부자가 되지 않으면 할 수 없습니다. 나의 재능과 지식을 세상에 나눠줄 수 있으면 부자라고 생각합니다.

- 한 회장=부자학회에서는 '정신적으로 자신이 하고 싶은 일을 하고 그 일을 할 여유가 있고, 사회적으로 그 일로 인정받는 사람'을 부자라고 정의합니다.

- 배 성우=저는 부잣집 딸이었던 어머니 밑에서 자라면서 영화배우 꿈을 키웠습니다. 하지만 중학생 때부터 스스로 벌어서 지금까지 가장 노릇을 하고 있습니다. 대학도 못 들어갈 뻔 했는데 친구가 돈을 빌려줘서 들어갔습니다. 배우가 되고 싶었지만 얼굴도 키도 안돼서 좌절하다가 성우 시험을 봤습니다. 성우시험에선 180 대 1의 경쟁률이어서 떨어질 거라고 생각하고, 떨어지면 한강에서 떨어져 죽겠다고 극단적인 생각까지 했습니다. 2등으로 합격하는 기적이 벌어졌습니다. 어릴 적 힘든 시기를 이겨낸 덕분에 시험날 기적이 일어난 것 같습니다. 고생도 적당히는 해야 합니다. 가난이 에너지가 될 날이 있을 것입니다.

- 강 대표=미용이라는 것은 교육환경이 열악해 주먹구구식으로 배

웠습니다. 일본에서 들어와 후배들에게 전달하기도 어려워 교육에 굉장히 목말라 있었습니다. 아카데미를 통해 미용이 크게 성공했습니다. 빈약했던 우리의 미용 교육을 배우러 베트남, 중국, 필리핀에서 원정을 옵니다. 배울 수 있는 걸 전달하고 가르쳐 주고 굉장히 보람 있었습니다. 가장 하고 싶은 것은 미용 밖에 모르니까 더 투자해서 각국이 한국에 와서 미용을 배우게 하고 싶습니다.

▶ 부자는 고용창출의 주역, 존중받을 필요가 있다.

- 남 회장=저는 부자가 존경을 받아야 한다고 생각합니다. 부자는 고용창출을 많이 하고 세상을 발전시키는 데 기여합니다. 부자는 돈이 있는 사람이고, 좋은 부자, 나쁜 부자가 있는데 좋은 부자는 같이 가는 부자, 함께 가는 부자입니다. 부자인 나 덕분에 주위 사람들이 더불어 부자가 될 때 기분 좋아요. 직원을 부자를 만들어야 진정한 부자가 된다고 생각합니다. 그리고 부자가 되려면 자기 지식에서 전문가가 되는 것과 나아가 자기 자신을 광고해야 합니다. 최고급으로 옷을 입고 이미지 메이킹을 해야 합니다.

- 김 대표=부나 부자에 대한 질시, 부자는 부도덕하다는 의혹의 눈길을 거둬야 합니다. 부자가 되기 위한 공부를 하지 않은 채 타고난 뭔가 있어야 된다라는 생각을 거둬야 부자가 될 수 있습니다. 금융교육과 부에 대한 교육을 통해 실질적인 부자를 만들기 위한 다양한 접근이 필요합니다.[6)]

6) 김영상 · 서지혜 · 김현일, "목숨 걸고 돈 벌고, 미친 듯이 일했더니 부자가 돼 있더라," 헤럴드경제, 2014.10.28.

찾아보기

[저자 약력]

• 염대성

덕수상업고등학교 졸업
홍익대학교 경제학과 B.A.
연세대학교 경영대학원 M.B.A.(재무관리 전공)
미국 The George Washington Univ. M.B.A.(마케팅전략 전공)
미국 Bobson College 연수(BMTP Program)
서울벤처정보대학원 Ph. D.
한국화장품 기획과장
한라그룹 한라펄프제지 기획팀장, 태국지사장
파리크라상 마케팅부장
2009 The Best Korea Award 교육문화부문 대상 수상
현 인덕대학교 관광레저경영과 교수

VIP 마케팅

2016년 2월 20일 초판인쇄
2016년 2월 29일 초판발행

저 자 염 대 성
발행인 유 성 열
발행처 청목출판사
서울특별시 영등포구 신길로 40길 20
전화 (02) 849-6157(代) · 2820 / 833-6090~1
FAX (02) 849-0817
등록 제318-1994-000090호

파본은 바꾸어 드립니다. 값 18,000원

http : //www.chongmok.co.kr

이 책의 무단 전재 또는 복제 행위는 저작권법 136조 1항에 의거, 5년 이하의 징역 또는 5,000만원 이하의 벌금에 처하게 됩니다.

ISBN 978-89-5565-696-1